Entrepreneurship

アントレプレナーシップ

From Basics to Frontiers

清水 洋

有斐閣

まえがき

　65歳のイブン・フィルナスは満を持して，スペインのコルドバ近郊の山
に登りました。875年のことです。宮廷詩人であり，なおかつ科学者のフィ
ルナスはオーニソプターと呼ばれる器具を持っています。これから，「空を
自由に飛びたい」という人類の夢をとうとう叶えるのです。

　オーニソプターは，羽ばたく翼です。鳥や虫，コウモリなど空を飛べるも
のは，みんな翼を持っています。翼を羽ばたかせています。空を飛ぶには翼
が必要で，それを羽ばたかせることで浮かぶのだと考えられていました。そ
のため，人々は空を自由に飛び回る鳥や虫の翼を参考に，オーニソプターを
作っていたのです。

　フィルナスのチャレンジは勇気あるものでしたが，残念ながら墜落し，
フィルナスはお尻に大怪我を負いました。しかし，このようなチャレンジは
後を絶ちませんでした。翼を持って，高いところから飛び降りるので，タ
ワー・ジャンパーと呼ばれていました[1]。レオナルド・ダビンチも，オーニ
ソプターの設計図を描いていたほどです。空を飛ぶものはみんな翼を羽ばた
かせていますから，模倣するのは当然です。本物の鳥の羽で翼を作ったり，
動力をつけてみたり，試行錯誤が繰り返されていました。ツバメや鳩，ある
いはコウモリなど，よく飛ぶ生物の翼がいろいろ試されました。

　このようなベストプラクティスの模倣が繰り返されていたのですが，人が
空を飛べるようになるのは揚力が解明されてからです。揚力とは，液体や気
体の中を移動するモノの進行方向に対して垂直に働く力です。揚力により，
浮力が出るのです。揚力の理解に代表されるように，流体力学が進展したか
らこそ，世界中で空の旅が可能になったのです。

　アントレプレナーシップも同じです。成功したアントレプレナーやスター
トアップの経営者が何をしていたのかを学び，自分たちも同じようにやって
みようという考え方がこれまで主でした。考え方や行動，言葉遣い，ネット

1　Brady［2000］.

ワーキングから服装までです。これは，自分を奮い立たせたり，ロール・モデルをつくったりするのには，有効かもしれません。しかし，いくらベストプラクティスから学んでも（いくら空を飛ぶ生き物と同じ翼を背負ってみても），しっかりとしたメカニズムがわかっていなければ落ちてしまいます。アントレプレナーシップというと，「何のことだかよくわからない」「重要だと思うけど，よくわからない」と思う人も多いはずです。フランス料理のメインディッシュの前に出される料理かなと思うグルメな方もいらっしゃるかもしれません（ちなみに，それはアントレ〔entrée〕です）。本書はそのような読者のために書かれています。

　1980 年代初頭から，アメリカでスタートアップに注目が集まってからは，アントレプレナーシップというとスタートアップのことだろうと考えられることも多くなりました。確かに，スタートアップを設立することは，いかにもアントレプレナーシップが高そうです。しかし，単に新しい組織をつくるだけであれば，いくつかの書類をそろえればすぐにできます。

　本書で見ていくように，アントレプレナーシップは，スタートアップや中小企業，あるいは大企業など，企業の規模や歴史などにかかわらず，イノベーションを生み出すための不可欠な要素であり，すべての企業にとって重要なものです。また，経済の成長にとってもアントレプレナーシップは重要であり，その点で政府の政策的な課題でもあります。アントレプレナーシップに対する本質的な理解なしに，アントレプレナーシップを無理に促進させようとすると，アントレプレナーシップっぽいものを増やすだけの違ったゲームが始まってしまう可能性もあります。スタートアップの企業の数を増やすことだけを目的とした施策は，みせかけのアントレプレナーシップの向上につながりかねません。

　アントレプレナーシップは，イノベーションにとって欠かせない要素です。しかし，まだまだよくわかっていないことも多く，知のフロンティアともいえます。ここでは，これまで明らかになっていることを整理しながら，どこにフロンティアがあるのかを見ていきましょう。

　最後に，皆さんに最初に伝えておくべきことがあります。残念ながら，本書を読むだけで，あなたのアントレプレナーシップが高まることは（たぶん）ありません。「それじゃあ，意味がないから読むのはやめよう」と思っ

たあなた。早まらないでください（どうせなら，早まって本書を2ダースぐら
い買ってください）。本書で考えていくのは，アントレプレナーシップが高く
なったり，低くなったりするメカニズムです。メカニズムがわかれば，いろ
いろな対策を講じることができます。高いところから飛び降りるなら，その
前に飛ぶメカニズムを知っておくに越したことはありません。次のページに
は，「本書の読み進め方」があります。ぜひ，参考にして読んでいってくだ
さい。

本書の学び方

【本書の読み進め方】

　本書は 4 つの部からなっています。どこから読んでもらってもかまいません。自由に好きなところから読んでいただいてかまいません（右から左へ，あるいは下から上に読むと，理解が難しくなります）。第Ⅰ部でアントレプレナーシップがそもそも何のことなのかについてはしっかりとおさえた上で読み進めていくのがおすすめです。

　第Ⅰ部は，アントレプレナーシップの基本です。アントレプレナーシップが何のことなのかをしっかりと確認してからスタートしましょう。アントレプレナーシップについてのいくつかの誤解も解いていきます。アントレプレナーシップは，組織の新旧や大小問わず，重要性の高いものです。そこで，第Ⅱ部は，スタートアップや既存企業，そして大学などの研究機関といった組織の観点からアントレプレナーシップを考えていきます。第Ⅲ部では，アントレプレナーシップの程度の高い人とはどのような人なのかを考えていきましょう。アントレプレナーシップの高い人にはどのような特徴があるのでしょうか。アントレプレナーシップは醸成することができるのでしょうか。最後の第Ⅳ部では，アントレプレナーシップと社会の関係を考えていきましょう。アントレプレナーシップを高めることが重要であるといわれていますが，それが高まっていくと社会にどのような影響がでるのかを考えていきます。

　アントレプレナーシップとイノベーションは切り離せません。そのため，姉妹書の『イノベーション』と本書を両方セットで読んでいただくとイノベーションとアントレプレナーシップについてより理解が深まるはずです。

　（なお，本書の文中の人物の敬称は省略し，所属は当時のものを記しています。）

【各章を読み進める前に】

　それぞれの章の前に「この章を読み進める前に」として，ぜひとも考えてもらいたい設問が 2 つずつ用意してあります。その章を読み進める前に，少

し落ち着いたところで時間をとって考えてみてください。検索すればどこか
に答えが出てくるような問いではありません。本を読んで学ぶことは，自分
への投資です。落ち着いて考えて，自分の答えを書き出してみてください。
自分の考えを持ち寄り，グループで議論してみてもよいかもしれません。

　自分の考えがまとまったら，章を読み進めてください。その中で，自分が
当初考えていたことが「やっぱりそうだ」と確認できることもあるでしょう。
あるいは，考え方が違っていたことがわかり，最初の自分の考えを（こっそ
りと）訂正したくなることもあるかもしれません。この確認作業はとても大
切な学習のプロセスです。ぜひ，抜かさずにチャレンジしてみてください。

　本書を教科書として使う教員の方々には，「この章を読み進める前に」に
ついての簡単なティーチング・ノートが有斐閣のウェブサポートページに用
意してあります。また，本書の図表も同ウェブサポートページからダウン
ロードすることができます。授業やディスカッションなどを通じて理解を深
めるためにお使いください。

【もう一歩詳しく知るためのリーディング】

　それぞれの章の最後には，おすすめの書籍を 2 冊ずつ紹介しています。ア
ントレプレナーシップについての文献でおすすめしたいものには英語で書か
れたものも少なくありません。ただ，ここではできるだけ日本語の文献，少
なくとも 1 冊は日本語で読めるものをおすすめしています。また，おすすめ
のポイントや読む際に注意してほしいところも率直に書いていますので，ぜ
ひ，興味がある方は手にとってみてください。

─── ウェブサポートページのご案内 ───

　以下のページで，教員の先生方に本書のティーチング・ノートな
どを提供しています。ぜひご利用ください。

http://www.yuhikaku.co.jp/books/detail/9784641165984

目　次

第 I 部　アントレプレナーシップの基本

第Ⅱ部　組織とアントレプレナーシップ

コラム一覧

第 **I** 部

アントレプレナーシップの基本

　アントレプレナーシップとは，何のことなのでしょう。アントレプレナーシップの定義はこれまで変遷してきました。そのため，何のことなのかがややわかりにくくなっています。

　しかし，変遷しているのにはきちんと理由があります。その理由を見ていくと，アントレプレナーシップという概念で，どのような現象を捉えようとしているのかが明確になってきます。曖昧に語られることが多い用語なだけに，しっかりおさえたいところです。その上で，アントレプレナーシップの測定や新しいビジネス機会の生成，起業という選択，資金調達，生存などの基本的なポイントを見ていきましょう。この第I部は，本書でアントレプレナーシップを考えていく上での土台となる部分です。

第1章

アントレプレナーシップとは？

■ アントレプレナーシップが高いと思う企業家を5人リストアップして
　 ください。

■ その5人に共通する特徴はどのようなものでしょうか。

　　アントレプレナーシップと聞いて，皆さんは何を思い浮
かべるでしょうか。「詳しいことはよくわからないけど，
やる気に満ち溢れたビジネスパーソン」というイメージを
持っている人が多いのではないでしょうか。トーマス・エ
ジソン，アンドリュー・カーネギー，あるいはスティー
ブ・ジョブズ，ジャック・マー（馬雲），日本では松下幸
之助や本田宗一郎などの具体的なビジネスパーソンが思い
浮かぶかもしれません。スタートアップのことかと思う人
もいるでしょう。企業家精神，いや起業家精神という日本
語訳が思い浮かぶ人もいるかもしれません。本章では，ア
ントレプレナーシップとは何のことなのか，なぜアントレ
プレナーシップを考えることが大切なのかについて一緒に
考えていきましょう。

1　アントレプレナーシップとは

アントレプレナーシップとは，「現在コントロールしている経営資源にとらわれることなく，新しいビジネス機会を追求する程度」です。この定義で大切なポイントは2つです。

最初のポイントは，「現在コントロールしている経営資源にとらわれることなく」という点です。既存の経営資源を活用することは，経営学の基本中の基本です。既存企業にとっては，未利用資源の利用や経営資源の多重利用による新たなビジネス機会の追求はとても大切です[1]。注意が必要なのは，既存の経営資源を活用していたら，アントレプレナーシップの程度が低いというわけではないという点です。大切なのは，「とらわれることなく」という点です。現在コントロールしている経営資源に限りがあったとしても，新しいビジネス機会を追求するために資源を獲得していくというのは，アントレプレナーシップの程度が高いということになります。反対に，既存の経営資源の範囲内ではできないからとビジネス機会の追求をやめてしまうとすれば，アントレプレナーシップの程度は高くないということになります。

2つめのポイントは，新しいビジネス機会という点です。既存のビジネス機会をそれまでと同じようなやり方で追求することに意味がないということはありません。既存のビジネスでしっかり稼ぐことは既存企業にとっては大切です。また，既存ビジネスへの新規参入は，市場を競争的にします。その結果，良いものが安くなったりしますから，社会的な厚生が上がります。しかし，これから見ていくように，アントレプレナーとはイノベーションを企図し，実行していく人物です。既存のビジネス機会を既存のやり方で追求していては，イノベーションにはなりません。だからこそ，新しいビジネス機会という点が大切になってくるのです。

このように，アントレプレナーシップとは，スタートアップか既存企業かという企業の新旧や，中小企業か大企業かなどという規模の大小などにより定義されるものではないのです[2]。

1　Penrose［1980］.

2　定義の変遷とその理由

　アントレプレナーシップの研究は，2000 年代に入って大きく進展しました。2000 年代以前のアントレプレナーシップの研究は，①イノベーションを生み出す上でアントレプレナーシップの重要性を指摘するもの，あるいは，②成功した企業家のケーススタディが多かったのです。そこから，研究は大きく進展したのですが，その理由の 1 つは，アントレプレナーの定義上の転換にあったのです。定義が転換していくのには理由があります。その理由を見ていくと，なぜ，前節の最初の定義に行き着いているのかが理解できますし，アントレプレナーシップという言葉によってどのような現象を捉えようとしているのかもわかります。

■ アントレプレナー

　アントレプレナーシップとは，アントレプレナー（Entrepreneur）とシップ（Ship）からできています。まず，アントレプレナーから考えていきましょう。アントレプレナーの語源はフランス語の Entreprendre です。フランス語の発音はなかなか難しいのですが（とくに r が），その意味は「着手する」あるいは，「取りかかる」「企てる」です。つまり，アントレプレナーとは，着手したり，取りかかったり，企てたりする人のことです。

　このアントレプレナーを経済用語として最初に使ったのはアイルランド系フランス人銀行家のリチャード・キャンティロンだといわれています。彼が1730 年に書いた『商業論』（Essai sur la Nature du Commerce en Général〔Essay on the Nature of Trade in General〕）に，アントレプレナーが出てきます[3]。しかし，その後，すぐにアントレプレナーという用語が一般的になったわけではありません。忘れ去られたといってもよいかもしれません。

　再び，アントレプレナーに注目を呼び戻したのは，ジョセフ・シュンペーターです。キャンティロンからおよそ 180 年後のことです。シュンペーター

2　Wennekers and Thurik [1999].
3　Cantillon [1755].

は 1912 年に彼が発表した『経済発展の理論』で，新結合を実行する人をア
ントレプレナーと呼びました[4]。新結合とは，既存のモノゴトを創造的に破
壊するモノゴトの新しい組み合わせです。つまり，イノベーションです。
シュンペーターは，イノベーションを経済成長の大切な源泉の 1 つだと考え，
それを生み出す人をアントレプレナーと呼んだのです。

　アントレプレナーは，イノベーションを生み出す人ですから，当然，とて
も大切です。それでは，アントレプレナーとはどのような人物だと考えられ
ていたのでしょう。シュンペーターは，企業家（アントレプレナー）と管理
者を明確に区分しています。ビジネスパーソンなら誰でも企業家というわけ
ではありません。企業家とは創造的な破壊を企図・実行する人であり，管理
者とは既存のビジネスを粛々と行っている人です。つまり，既存のビジネス
を既存のやり方で運営している人は，アントレプレナーではないのです。ま
た，シュンペーターは，投資家とも区別をしています。投資家は新規性の高
いプロジェクトに投資をするかもしれませんが，おカネを出すだけではアン
トレプレナーではないのです。イノベーションを企図して実行する人が，企
業家なのです。

　このように，シュンペーターはアントレプレナーを，管理者でもなく，投
資家とも違う，イノベーションを実際に企図・実行する人と考えたのです。
これは，アントレプレナーを他の職能と分け，その役割の重要性を示したも
のであり，イノベーションやアントレプレナーシップの研究を進める大きな
一歩でした。アメリカの経済学者のウィリアム・ボウモールが，ビジネスの
分析をするのにアントレプレナーが登場しないのは，デンマーク王子が登場
しないハムレットのようなものだと言っているほどです[5]。

　しかし，アントレプレナーの定義にはやや困った点がありました。アント
レプレナーはイノベーションを生み出す人と位置づけられていました。その
ため，イノベーションが生み出されれば，定義的にそこにアントレプレナー
が存在していることになります。イノベーションが生み出されなければ，そ
こにアントレプレナーはいなかったということになります。イノベーション

---

[4]　Schumpeter and Opie［1934］.

[5]　Baumol［1968］.

を生み出す要因として，アントレプレナーシップを考えようとすると，これがかなり困ったことになったのです。なぜ，困るのかを考えてみましょう。

「AならばB」という条件文を考えてみましょう。ここでは，Aは前件，Bは後件と呼ばれています。たとえば，「努力をすれば，成果が上がる」という上司のセリフを考えてみましょう。成果が上がれば，努力が実ったねと褒めてもらえます。成果が上がらなければ，努力が足りない！　と怒られるわけです。

これは，上司の単なる飲み会トークであればよいのですが，科学ではまずいのです。前件が，後件から導かれてしまっているからです。この例だと，努力が成果によって定義されてしまっています。この場合，命題は常に真となります。「努力をすれば，成果が上がる」というのは常に正しく，反証できません。反証が不可能な命題は，科学としては受け入れられません。仮説のもっともらしさを検証できないからです。

イノベーションを生み出す要因としてアントレプレナーを考えると，どうしても「アントレプレナーがいれば，イノベーションが生まれる」となってしまいます。シュンペーターのアントレプレナーの定義だと前件が後件から導かれてしまっており，常に真となり，反証不可能なものとなってしまうのです。

このような定義上の課題もあり，イノベーションの研究では，どのような場合にイノベーションが生み出されるのか，イノベーションの生成にはどのようなパターンがあるのかなどに分析の焦点が移っていきました。企業家の存在は小さくなっていったのです。

■ シップと精神

メンバーシップやリーダーシップ，あるいはリレーションシップなどからもわかるように，「シップ」は，「〜のあり方」を表す接尾語です。アントレプレナーシップは，日本語では企業家精神と訳されています。アントレプレナーを企業家，そしてシップを精神と訳したわけです。「シップ」は日本語にはとても訳しにくいものです。また，確かに，「精神的なあり方」も含んでいるものです。しかし，アントレプレナーシップを企業家精神と訳してしまうと，どうしても，精神論になってしまいがちです。実際に，初期のアン

トレプレナーシップの研究には，個人の伝記に近いようなものが多くありました[6]。歴史に残るようなイノベーションを生み出した企業家のキャリアやビジョン，パーソナリティや意思決定を記述していくものです。企業家のカリスマ性も注目されてきました。

企業家のキャリアやビジョン，あるいはパーソナリティなどを知ることは，自分のキャリア，あるいは人生のロールモデルを考える上でも大切です。それより，なにより，私たちの世界がなぜこうなっているのか（自然にこうなっているわけではなくて，人々がつくり上げてきたわけです）を考えるために，教養としても大切です。

しかし，それだけだと，どうしても「ヘンリー・フォードはどうした」とか「本田宗一郎はこう考えた」という記述だけになってしまいます。また，時間的な前後関係と因果関係が混在している記述も少なくありませんでした。「お昼ごはんに，刺身定食を食べた。美味しかったが，その後，腹痛になった」というのは，単に，刺身定食を食べたことと，腹痛になったことの時間的な前後関係を記述したものです。しかし，多くの人は腹痛の原因として，「きっと刺身が悪かったのかな」と考えるはずです。もちろん，この記述からだけでは，腹痛の原因はわかりません。午前中にバリウム検査を受けていたのかもしれませんし，もともと病気だったのかもしれません。午後にサボりたい授業や仕事があったのかもしれません。それでも，このような特定の因果関係を想起させるような時間の前後関係の記述は多くなされてきました。

企業家の伝記的な記述の分析単位や分析方法などはさまざまであり，共通の土台の上で分析がされてきたとはいえません。そのため，研究はどうも上手く積み上がらず，個別の企業家について知ることはできるのですが，なかなか体系的な研究になりにくかったのです。

---

6 たとえば，Livesay [1979] は，アンドリュー・カーネギーやトーマス・エジソン，ヘンリー・フォード，アルフレッド・スローンなどといったアメリカの成長期のパイオニアたちを描いています。日本の企業家については，PHP経営叢書の『日本の企業家』の全13巻のシリーズや丸善の『日本の企業家群像』の全3巻シリーズなどが日本の代表的な企業家について記述しています。

■ 精神論から行動特性へ

　このようにやや曖昧に考えられてきたアントレプレナーシップですが，2000 年代に入り大きな転換がありました。それは，アントレプレナーシップを，有名な企業家の精神論的な側面から考えるのではなく，ビジネスに関する人間の行動面での特徴の 1 つとして考えるという転換です。

　精神論的な側面やカリスマ性だけに焦点が当てられると，どうしても，実務的な観点では英雄待望論になってしまいがちです。カリスマ的なリーダーシップを発揮する人を待っているのでは，組織としては脆弱です。なかなかスキルにすることが難しく，教育として伝えることも難しくなってしまい，「企業家とはこうあるべし」という規範論的なものになってしまうのです。勉強をサボって遊んでばかりの子どもに，「ほら，やる気を出しなさい。エジソンは，子どもの頃から，好奇心旺盛で自分で勉強していたのよ」と諭すようなものです。それでやる気を出してくれる子どももいるかもしれませんが，依然としてぐうたらの子どももいるでしょう。

　行動特性として考えることができれば，どのような条件があると，そのような行動が多くなるのか（あるいは少なくなるのか）を考えることができます。成功した企業家はどのような行動をとっていたのか，勉強する子どもはどのような行動をとっている傾向があるのかなど行動に注目してその特性を探るわけです。人の心理的な側面を見るのはなかなか難しいのですが，行動は比較的見えやすいのでデータをとりやすいという利点もあります。だからこそ，実証的な分析を蓄積しやすいという側面もあります。

　行動特性がわかってくると，次に，どのような条件である行動が多くなったり少なくなったりするのかを分析することができます。これができると，ある行動を促進できたり，抑制できたりとコントロールできる可能性が出てきます。子どもが勉強をするような環境を整えることができます。もちろん，すべての子どもが勉強に向かうわけではないかもしれません。常に，例外（外れ値）はあるわけです。しかし，平均的に見ると，子どもを勉強に向かわせる環境がわかれば，それを上手く活用することもできるのです。

　本書でこれから見ていくように，さまざまな研究が蓄積されつつあります。精神論的なものの割合は相対的には減っています。だからこそ，アントレプレナーシップを企業家精神と訳して，「精神」だけに限定してしまうことは，

非常にもったいない狭義化です。そのため，本書では，アントレプレナーシップは日本語に訳さずにそのまま用いていきましょう。

■ イノベーションを実現する人からビジネス機会を追求する人へ

アントレプレナーシップを企業家の行動特性として捉えることは精神論から離れる大きな転換でした。これに加えて，もう1つ転換があったのです。それは，アントレプレナーをイノベーションとは切り離して定義しようというものです。

この定義の転換のポイントは，ビジネス機会の追求に焦点を当てたことでした。この契機となったのは，ハーバード大学のハワード・スティーブンソンとスイスの国際経営開発研究所（International Institute for Management Development：IMD）のカルロス・ジャリーロが1990年にアントレプレナーシップを「個人が現在コントロールしている経営資源にとらわれることなくビジネス機会を追求するプロセス」と定義したことでした[7]。

この定義は3つの点で新しさがありました。1つめのポイントは，上述のように企業家の行動に着目したという点です。アントレプレナーシップというと，企業家の心の持ちようや心構えのようなものに注目が集まってきたのはこれまでも指摘してきた通りです[8]。これに対して，スティーブンソンらの定義はビジネス機会を追求するプロセスと定義したのです。どのようなプロセスを経てビジネス機会が追求されるのかが明らかになれば，アントレプレナーシップを体系的な教育として提供できるようになると彼らは考えたのです。アントレプレナーシップを企業家の行動特性として考える第一歩となったのです。

---

[7]　Stevenson and Jarillo [1990].

[8]　もちろん，アントレプレナーシップで注目されてきたのは精神論的な側面だけであったわけではありません。アントレプレナーシップを，「イノベーションを生み出す能力」とする定義もありました。しかし，アントレプレナー（企業家）はイノベーションを生み出す人であり，イノベーションを生み出す能力がアントレプレナーシップなのですから，この定義は同義反復的です。イノベーションが生み出されれば，定義的にアントレプレナーが存在し，定義的にそのアントレプレナーはイノベーションを生み出す能力があったということになるからです。企業家の能力としてアントレプレナーシップを捉える点については，米倉 [1998] を参照してください。

　2つめのポイントは，既存企業の組織内にまでアントレプレナーシップの対象範囲を広げたことにあります。アントレプレナーシップというと，新しい組織をつくる（起業する）ことばかりが注目されてきました。しかしながら，新しい企業を設立するだけであれば，いくつか書類を用意すれば完了です。ペーパー・カンパニーを増やせばよいのであれば，いくらでも増やせるでしょう。ただし，そこに大きな意義はありません。また，既存企業であっても，新しいビジネスを生み出すことは重要です。新しい組織を設立するときにだけアントレプレナーシップが大切になって，既存企業にとってはアントレプレナーシップはそれほど大切ではないということは決してないとスティーブンソンらは考えたのです。

　最後は，ビジネス機会の追求という点です。スティーブンソンらは，それまでの企業家の捉え方を変えました。図表1-1は，アントレプレナーとイノベーターの関係の捉えられ方の変化を示しています。図表1-1の左側のように，それまでは，企業家はイノベーションを企図し，実行する人と考えられてきました。つまり，アントレプレナーとイノベーターは，定義的に同じになってしまいます。そこで，彼らはイノベーションから独立して企業家を定義したのです。現在コントロールしている経営資源にとらわれることなくビジネス機会を追求することがアントレプレナーシップの重要な要件だと考えたのです。ビジネス機会を追求したからといって，そのすべてがイノベーションにつながるわけではありません。失敗も多いのです。ビジネス機会を追求する中から，成功したものが事後的にイノベーションとなるわけです。つまり，アントレプレナーの一部が，イノベーターになるのです。この定義によって，アントレプレナーシップが結果としてのイノベーションから少しだけ自由になったといえます。

■ ビジネス機会から企業家的機会へ

　このようにスティーブンソンらは，アントレプレナーシップを，既存の経営資源にとらわれることなくビジネス機会を追求するプロセスと定義しました。これはアントレプレナーシップをイノベーションから独立して定義する点で大きな一歩でした。

　しかし，疑問も出てきました。ビジネス機会であればどのようなものでも

■ 図表 1-1：アントレプレナーとイノベーター

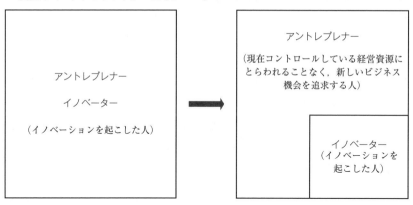

出所：著者作成。

よいのかというものです。ビジネス機会と一言でいってもいろいろあります。たとえば，「この街にはどうやら美味しいラーメン屋はなさそうだ。自分のとんこつラーメンの腕は確かだし，ここで開業してみようか」という人がいたとします。確かに，この人が考えているのはビジネス機会の追求といえますし，この街に愛されるラーメン屋となり，ビジネスも上手くいくことがあるかもしれません。しかし，このビジネス機会自体は新しいものではありませんし，その追求の手段も新しくはありません。

　もしも，アントレプレナーをイノベーションから完全に切り離して考えるのであれば，追求するビジネス機会自体の性質はどのようなものでもかまわないかもしれません。しかし，アントレプレナーシップをイノベーションを生み出すための重要な要件の1つとして考えるのであれば，企業家が追求するビジネス機会がイノベーションにつながるものであることは欠かせません。

　ジョセフ・シュンペーター以来，企業家が大切になるのはやはりイノベーションの担い手だからだという考え方が主流であったため，その後，ビジネス機会という点について修正が試みられました[9]。そこで重要な視点を提供したのは，ウィスコンシン大学のジョナサン・エックハートとメリーランド

9　何がイノベーションなのかについては，本書の姉妹書『イノベーション』（清水洋著，有斐閣，2022）をぜひ読んでみてください。

大学のスコット・シェーンらです。彼らは，企業家的な機会（Entre-preneurial Opportunities）というものがあり，それは一般的なビジネス機会とは異なるものだと指摘しています[10]。彼らは，企業家的な機会をビジネス機会の中でも「新しい手段や目的，あるいは手段と目的の関係が形作られることを通じて，新しい製品やサービス，原材料，市場，そして組織化する方法が導入されうる状況」と定義しています。重要なポイントは，新しい手段や目的，あるいは手段―目的の新しい結びつきを通じたビジネス機会かどうかです。つまり，それまでに開拓されてきた手段や目的，あるいはその関係を通じて利潤を最大化することは，通常のビジネス機会の追求であり，企業家的なものではないとシェーンとエックハートは指摘したのです。簡単にいえば，これまでに（どこかで）追求されてきた手段や目的，その関係であれば新規性はなく，イノベーションにつながるビジネス機会とはならないから分けて考えたほうがよいというわけです。これは，スティーブンソンらの定義に重要な修正を加えるものでした。

　企業家が追求するビジネス機会をいちいち，「新しい手段や目的，あるいは手段と目的の関係が形作られることを通じて，新しい製品やサービス，原材料，市場，そして組織化する方法が導入されうるビジネス機会」と表現するのは大変なので，本書では以下，「新しいビジネス機会」と呼んでいきましょう。

■ プロセスから程度へ

　スティーブンソンらの定義は，アントレプレナーシップを企業家の行動特性として捉える第一歩となるものでした。行動特性として捉えることにより，どのような場合に，その行動特性は大きくなるのか，どのような場合には小さくなるのかと考えることができるようになります。体系的な研究やそれに基づく教育が期待できるわけです。

　ただし，スティーブンソンらは，アントレプレナーシップをプロセスとして定義していました[11]。プロセスは，あるモノゴトが進む上でのステップです。そもそも既存の経営資源にとらわれることなくビジネス機会を追求する

10　Eckhardt and Shane [2003].

上でどのようなプロセスがあるのかも，よくわかっていなかったのです。だからこそ，そのプロセスを明らかにすることには大きな意味がありました。そのプロセスについては，次の章で詳しく見ていきます。

　そのプロセスが明らかになってくると，今度は，どのようにすれば新しいビジネス機会の追求がなされるのかがポイントになってきます。もっと具体的にいえば，どうすれば新しいビジネス機会の追求がたくさんなされるようになるのか，なぜ新しいビジネス機会の追求が期待よりも少ないのかなどを知りたくなるわけです。新しいビジネス機会の追求の程度がポイントになってきます。実際，アントレプレナーシップの実証的な研究の多くがアントレプレナーシップをプロセスとして捉えるのではなく，程度と考えて分析を進めるようになっています。本書でも，新しいビジネス機会を追求する程度としてアントレプレナーシップを見ていきましょう。

■ アントレプレナーとマネージャー

　ここで，一度，整理しましょう（図表1-2）。まず，アントレプレナーは，新しい企業でも既存企業でも大切です。企業の歴史（新しいか古いか）や企業の規模（小さいか大きいか）などにかかわらず，「現在コントロールしている経営資源にとらわれることなく，新しいビジネス機会を追求する程度」をどのように上げていくのかはそれぞれの組織にとって大切です。既存企業内で新しいビジネス機会を追求する人物は，コーポレート・アントレプレナーやイントラプレナーと呼ばれることもあります。

　スタートアップで働いていたとしても，既存のビジネスの管理を行っているとすれば，それはアントレプレナーではなくマネージャーです。マネージャーが大切ではないということを意味しているわけではないことには注意してください。既存企業は，しっかりと稼げる既存のビジネスがあるからこそ，新規性の高いプロジェクトにも投資できるのです。新しい企業にとっても，新しくつくったビジネスをしっかり管理し，そこからできるだけ多くの収益を得ることはとても大切です。そこではマネージャーの能力が問われる

11　スティーブンソンらが初めてプロセスとして捉えたわけではありません。1980年代中頃からプロセスとして捉えることの重要性は指摘されていました（Gartner [1985], [1989]）。

■ 図表 1-2：アントレプレナーとマネージャー

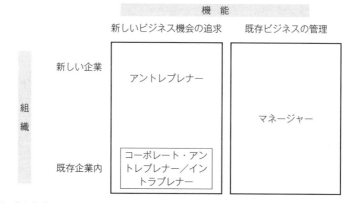

機　能

	新しいビジネス機会の追求	既存ビジネスの管理
新しい企業	アントレプレナー	マネージャー
既存企業内	コーポレート・アントレプレナー／イントラプレナー	

組織

出所：著者作成。

のです。しかし，アントレプレナーシップとは分けて考えることが大切です。

■ 事前の合理性の低さと企業家の必要性

　そもそもなぜ，アントレプレナーシップが大切なのでしょう。それは，新しい試みを企図するときには必ず不確実性が伴うからです。経済学者のアルバート・ハーシュマンは，成功するためにどのような障害を乗り越えなければならないかを事前に認識している企業家はほとんどおらず，もしもそれらがわかっていたら，そもそも事業を起こす企業家などいないのではないかといっているほどです[12]。

　新規性が高い試みであればあるほど，それが上手くいくかどうかは事前にはわかりません。やったことがないから当然です。しかも，タダではイノベーションは生み出せません。ヒトやモノやカネといった経営資源を動員しなくてはなりません。もちろん，経営資源には限りがあるので，新しいチャレンジに経営資源を動員するとすれば，既存のプロジェクトに動員されている（あるいは動員しうる）経営資源を削減しなくてはなりません。当然，削減されるプロジェクトからは，「なぜ」という声が上がるでしょう。この「なぜ」に対して，事前にはなかなか正当性を確保することが難しいので

---

12 Hirschman [1967].

す[13]。

　不確実性が高ければ高いほど，事前に経済合理的な説明を行うことが難しくなります。「実績はあるのか」と言われれば，「ありません」と答えるしかありません。「他でやっている会社はあるのか」と聞かれれば，これも「ありません」と答えるしかないでしょう。既に実績があったり，他でやっている会社があったりするプロジェクトは，そもそも新規性が高いとはいえません。「どのくらい儲かるのか」と聞かれれば，がんばって試算して「○○ぐらいが見込まれます」という答えになります。「本当か」と言われれば，「そう信じています」としか言えません。新しいチャレンジへの経営資源の動員に対して，正当性の確保が難しいのです（社内のイノベーションの芽を刈り取ろうと思ったら，「実績はあるの？」と何かにつけて尋ねる上司を数名用意すれば，あっという間にきれいになくなるはずです。もしも，組織でのアントレプレナーシップを高めようと思ったら，このような上司にはできるだけ早く退出してもらってください）。

　株主や債権者などとは違い，企業家は社内の情報を持っています。業界のビジネスにも精通しているでしょう。株主や債権者が認識できるよりも，より良いビジネスの投資機会をより高い精度で知っているはずです。だからこそ，株主や債権者は自分の資金を企業家に預け，彼らに経営資源の動員を託すのです。

　事前の経済合理性ばかりを気にして，確実性が高いプロジェクトばかりに投資するような経営者は，企業家とは呼べません。良い投資機会を見いだせず，配当ばかりしているような経営者は，社会的な役割を果たしているとはいえないでしょう。企業家の役割は，今の段階では不確実性は高いものの，将来の大きなイノベーションにつながると考えるプロジェクトに対して，経営資源を動員していくことにあります。

　しばしば，「イノベーションを起こすためには危機感がなくてはだめ」と言われます。これは，危機感があったほうが，新しいチャレンジに経営資源を動員しやすいからです。しかし，危機に陥らなければイノベーションが起こせないというのでは，組織としては脆弱です。危機に陥らなくても，きち

13　武石・青島・軽部［2012］。

～ コラム①　企業家とアニマル・スピリッツ ～

　一般的に「ヒト」は理性的である（そうでない人もいるでしょうけれど）一方で、「動物」は本能的に動くといわれます。ヒトが動物より思慮深く、よく考えて意思決定するのは当たり前だろうと思われるかもしれませんが、実はそうでもないのです。

　ケンブリッジ大学のジョン・メイナード・ケインズは、人々は時々、経済合理性だけでは説明できないような投資行動をしていることに気がつきました。そして、彼は、『雇用・利子および貨幣の一般理論』で、そのような行動を引き起こす原因は、人間のアニマル・スピリッツにあると考えました。アニマル・スピリッツとは、「血気」「野心的意欲」「動物的な衝動」などと訳されていますが、ここでは原典のままアニマル・スピリッツと呼んでいきましょう。ケインズの説明を聞いてみましょう。彼は次のように述べています。

　　「投機に基づく不安定性がない場合にも、われわれの積極的な活動の大部分は、数学的期待値——道徳的、快楽的、経済的を問わず——に依存するよりもむしろ、自生的な楽観に依存しているという人間本性の特徴に基づく不安定性が存在する。十分な結果を引き出すためには将来の長期間を要するような、なにか積極的なことをしようとするわれわれの決意のおそらく大部分は、血気——不活動よりもむしろ活動を欲する自生的衝動——の結果としてのみ行われるものであって、数量的確率を乗じた数量的利益の加重平均の結果として行われるものではない[14]。」

　簡単にいえば、ヒトは、経済的な意思決定をするときでも、いろいろなことを念頭において計算して冷静に判断しているというよりも、わりと「えい！」と楽観的に決めているというわけです。直感的に意思決定をしたり、あるいは根拠が曖昧なまま決めたりしているのです。確かに実感に合っていると感じる方も多いのではないでしょうか。

　ケインズは、このアニマル・スピリッツは企業にとっても大切なものだと考えていました。もしも、「アニマル・スピリッツがなくなり、自生的な楽観がくじけ、数学的期待値以外にわれわれの頼るべきものがなくなれば、企業は衰え、死滅する」と言うのです[15]。

　しかし、このアニマル・スピリッツという言葉は、その後の経済学からは徐々に消えていきました。20世紀が終わる頃には、ほとんど忘れ去られたといってもよいかもしれません。

　ところが、今世紀に入ると、ニューケインジアンと呼ばれる人や行動経済学の研究者らが、もう一度、アニマル・スピリッツを経済学の枠組みの中に取り入れようとし始めました。たとえば、ともにノーベル経済学賞を受賞しているカリフォルニア大学バークレー校のジョージ・アカロフとイエール大学のロバート・シラーは、アニマル・スピリッツが不況や失業、あるいは企業の投資行動などを考える上で重要な役割を担っていると分析しています[16]。

んと将来のイノベーションのタネを準備しておく必要があります。ここにアントレプレナーシップの重要性があります。

3　アントレプレナーシップについての誤解

アントレプレナーシップについては，典型的な誤解や混同がいくつかあります。ここではその中でもよく見られる3つを見ていきましょう。

■ 企業家と起業家

ビル・ゲイツ，ジェフ・ベゾス，イーロン・マスクやラリー・ペイジ，スティーブ・ジョブズ，ジャック・マー（馬雲），歴史を遡れば，コーネリアス・ヴァンダービルト，アンドリュー・カーネギー，ヘンリー・フォード，日本でも，渋沢栄一，盛田昭夫，松下幸之助や本田宗一郎，小倉昌男など，アントレプレナーシップといったときに頭に浮かぶイメージはこのような企業家ではないでしょうか。

彼らの多くは創業者です。新しい企業を設立して，イノベーションを起こした人たちです。アントレプレナーは，企業家ではなく，起業家と書かれることもあります。アントレプレナーシップの場合でも，企業家精神ではなく，起業家精神といわれる場合もあります。しっかりと分けられているのであればまだよいのですが，日本ではいまだにこの2つが混同されていることもあります。

起業家とは，新しい企業を立ち上げる人です。新しい組織を企業として立ち上げる起業は，スタートアップの活発さを測る1つの重要な指標です。アメリカでは活発なスタートアップが経済の成長を支えている一方で，日本では1980年代後半から廃業率が開業率を上回ってきたことなどが背景となり，新しい企業を興す「起業家」が注目を集めてきました。

しかし，イノベーションを企図・実行することが大切なのは，起業のフェーズばかりではありません。スタートアップや大企業などの組織の規模

14　Keynes［1936］, pp.161-162（『雇用・利子および貨幣の一般理論』では159-160頁）.
15　Keynes［1936］, p.162（『雇用・利子および貨幣の一般理論』では160頁）.
16　Akerlof and Shiller［2009］.

や，伝統的な産業か知識集約的な産業かなどにもよらず，ビジネスにとって
は常に大切になります。新しい企業を興さなかったとしても，革新的な企て
を実現する企業家は存在します。既存企業の中での新しい事業の創造などは
まさにこの例です。新しい企業を立ち上げたとしても，起業しただけで，イ
ノベーションを企図も実行もしていない人もいるでしょう。アントレプレ
ナーシップを起業家精神と考えてしまうと，この本質的な重要性を見失って
しまいます。

　本書では，現在コントロールしている経営資源にとらわれることなく，新
しいビジネス機会を追求する人を，企業家あるいはアントレプレナーと呼ん
でいきましょう。起業家は，新しい企業を立ち上げる人をとくに意味する場
合にのみ使うこととしましょう。

■ 中小企業や零細企業のこと？

　アントレプレナーシップというと，「ああ，中小零細企業のことね」と思
う方もいらっしゃいます。実際に，大学では「中小企業論」というよりもウ
ケが良いので，その看板を「アントレプレナーシップ」にかけ替えるケース
もあるぐらいです。横文字にするとなんだかカッコいい気もします。

　これまでの中小企業や零細企業に関する研究が意味がないというわけでは
決してありません。中小企業や零細企業は，通常，その資本金の額や従業員
の数で定義されています。日本では中小企業基本法によって，たとえば製造
業であれば，資本金の額または出資の総額が3億円以下，あるいは従業員数
が300人以下が「中小企業」として定義されています。零細企業というのは，
さらに規模が小さい企業です。中小企業基本法では，小規模企業と区分され
ており，たとえば，サービス業であれば従業員5人以下，製造業であれば
20人以下の企業といった具合に定義されています。これは補助金や税率な
どの算定において重要になるのですが，あくまでも資本金や従業員数による
定義です。欧州委員会（European Commission）では，従業員数で0～9人を
零細企業，10～99人を小企業，100～499人を中企業と分類しました。こ
れも規模による分類です。

　中小企業や零細企業は多くの場合，現在コントロールできる経営資源の制
約が相対的に大きいため，そのような企業にとってのアントレプレナーシッ

プの重要性は高いとは言えます。しかし，多くの場合，中小企業や零細企業でも，現在コントロールできる経営資源の範囲内で，慎ましく目標を立てています。そもそもの目標が，ビジネスを拡大するというよりもむしろ，家計を安定的に成立させることにあることも多いのです。1998 年に起業したオランダの 517 名の起業家の調査では，81％の起業家がビジネスの成長を望んでいなかったということも明らかになっています[17]。「オランダ人は謙虚なんだ」という声が聞こえてきそうですが，多くの国で同じような傾向が見られています[18]。さらに，中小零細企業には，そもそも生産性を向上させようともしていないのではないかと思うような経営をしているところがたくさんあることもわかっています[19]。

　アントレプレナーシップと組織の規模については関係があります。それについては，第 8 章で詳しく見ていきましょう。しかし，ここで大切なのは，アントレプレナーシップとは，中小企業や零細企業のことではないということです。そもそも，アントレプレナーシップは「現在コントロールしている経営資源にとらわれることなく，新しいビジネス機会を追求する程度」なので，ある特定の規模の組織のことを意味していると考えるほうがおかしいのです[20]。規模が小さいというだけで，イノベーションの担い手と見なすということは「神話」だとサセックス大学のマリアナ・マッツカートも指摘しています[21]。

　これまで中小企業を対象として，その存続や繁栄を図るためにイノベーションを促進するさまざまな政策がとられてきました[22]。しかし，その政策の多くは失敗してきました。実際に，経済的な価値を生み出して，経済成長に貢献していたのは，数少ない急成長を遂げた企業だったのです。急成長を遂げる企業の多くは規模でいえば小さい企業です。しかし，同時に多くの小

17　van Gelderen et al.［2005］.

18　Ács et al.［2004］.

19　Bloom and van Reenen［2007］.

20　これまでの研究を整理し，次に研究するべきポイントを提示する論文はレビュー論文と呼ばれています。レビュー論文を書くときには，まずは整理すべき研究をピックアップする必要があります。アントレプレナーシップについてのレビュー論文では，中小企業についての論文を除外しているものもあります（Ireland et al.［2005］）。

21　Mazzucato［2015］.

規模企業は，そのような急成長を遂げるわけではないのです。だからこそ，多くの政府がイノベーションを促進することを目的として，中小企業や零細企業に補助金や減税を提供することは問題視されるようになってきています。

■ 日本人はそもそもアントレプレナーシップの程度が低い？

　アントレプレナーシップというと，「日本人は農耕民族であり和を尊ぶからそもそもアントレプレナーシップは低い」とか，「アメリカ人は野心的だからアントレプレナーシップも高い」と考えられることも珍しくありませんでした。つまり，そもそも本来的な性質として，アントレプレナーシップが高い人と，高くない人がいて，日本人はそれほど高くない人たちだと考えられることがあるのです。これは，かつて広く信じられてきた説明であり，現在でも信じている人は多いかもしれません。

　これは，本当でしょうか。どのような個人がアントレプレナーシップの程度が高いのかについては，第12章で詳しく見ていきます。しかし，ここであらかじめ注意しておきたいのは，現在までのところ，日本人はアントレプレナーシップの程度が生まれながらにして低いということを実証的に裏づけるものはないという点です。補足すると，アントレプレナーシップは人間の生まれ持った性質などよりも，その環境に左右されると考えられているのです。もしも，日本人のアントレプレナーシップの程度が低くなっているとすれば，それは日本人が生来的に持っている性質が原因というよりは，環境に影響されているのです。つまり，アントレプレナーシップは，社会的なものだといえます[23]。もちろん個人差がないわけではありません。しかし，いきなり個人差にとびつくよりも，人々が新しいビジネス機会を追求するのはどのような状況なのかを考えていきましょう。

22　実際には，「イノベーション」と名づけられると，資源動員の正当性が高まったので，中小企業に対する政策にもそのような名前がついているだけという側面もあるかもしれません。便乗予算といわれたりするものです。これについては，谷口［2017］を参照してください。

23　Kanter［1988］.

⟶ コラム②　ヤクザはアントレプレナーシップが高いのか ⟶⟶⟶⟶⟶⟶⟶⟶⟶⟶

現在コントロールしている経営資源にとらわれることなく，新しいビジネス機会を追求する程度がアントレプレナーシップだとすれば，いわゆるヤクザやマフィアはアントレプレナーシップの程度がきわめて高いということになりそうです。

ヤクザやマフィアといった，反社会的な勢力は，儲かりそうなところにどんどん進出していきますし，手段は選びません。さらに，儲かりそうであれば，手を替え品を替え，新しい方法を開拓していきます。ヤクザやマフィアなどの反社会的な組織でなかったとしても，企業は自社の利益のために不正を行うこともあります。不正な品質管理や，虚偽やおおげさな広告宣伝，不正会計，不当な取引制限など，企業もさまざまな方法で自社の利益を大きくしようとします。

確かに，アントレプレナーシップを「現在コントロールしている経営資源にとらわれることなく，新しいビジネス機会を追求する程度」と定義すれば，ヤクザやマフィアなどは，きわめてその程度が高いということになります。アントレプレナーシップというと，善きことであると考えられる傾向があります。しかし，新しいビジネス機会を追求すること自体は，それ自体に，善きも悪しきもありません。そもそも，そのような価値判断は，何にとって善いのか悪いのかを考えなくてはいけません。

経済成長や生活の便利さという観点からすれば，ビジネス機会が合法的なもの（少なくとも違法ではないもの）で，しかも，生産的な方法でなされる場合には，アントレプレナーシップは善きものということになります。

ビジネス機会の追求が，合法的なものになるのか，あるいは非合法的なものに向かうのか，生産的なものになるのか，そうでもないのかなどは，社会の制度によります。非合法的に新しいビジネス機会を追求していては損になる制度があり，それが上手く機能していれば，わざわざ非合法的なことをしようと考える人や組織は少なくなります。反対に，非合法的なことを行っても，見つからなかったり，見つかったとしてもおとがめが小さかったりすれば，非合法的な方法でのビジネス機会の追求が増えるでしょう。新しい知識へのアクセスが容易であれば，それを使ったビジネス機会の追求が増えるでしょうし，それが容易でなければ，既存のモノゴトの延長線上あるいは生産的ではないやり方でのビジネス機会の追求が進みます。アントレプレナーシップが，経済成長をもたらし，生活を便利にしてくれる源泉となるかどうかは，社会の制度によるのです[24]。

24　Baumol［1996］。

4　本章のまとめ

　アントレプレナーシップは，誰もがその大切さは認めているものの，「尊敬を集めてきた領域とはいえない」とまで言われてきました[25]。体系的な分析と議論が積み上がってこなかったからです。その原因の1つが，アントレプレナーシップの定義の問題でした（もう1つの原因は測定にあります。この点は，第3章で見ていきましょう）。

　本章で見たように，アントレプレナーシップについての定義は変わってきています。アントレプレナーシップという概念を通じて見たいものは何なのかを議論する中で，定義も変化しているのです。その中でも，アントレプレナーシップを精神論ではなく，新しいビジネス機会の追求という行動を中心に捉えることは重要な転換点でした。次の章では，もう1つの大切な転換点のビジネス機会というところを見ていきましょう。

もう一歩詳しく知るためのリーディング

　アントレプレナーシップについての教科書では，実務的，学術的に目配りがされているものとしては，ウィリアム・バイグレイブらのものが良書です。

⇨ Bygrave, William D. and Andrew Zacharakis [2008], *Entrepreneurship*, J. Wiley & Sons.（高橋徳行・田代泰久・鈴木正明訳『アントレプレナーシップ』日経BP社，2009年）

　また，次の本は，アントレプレナーシップをスタートアップという観点から見ていくもので，とてもバランスがとれています。読みやすく，入門書としておすすめです。

⇨ 忽那憲治・長谷川博和・高橋徳行・五十嵐伸吾・山田仁一郎 [2013]，『アントレプレナーシップ入門：ベンチャーの創造を学ぶ』有斐閣。

25　Low [2001], Low and MacMillan [1988].

第**2**章

チャンスはどう生まれ，どうなくなるのか？

■ ビジネス機会は，どのように生まれるのでしょうか。これまでに生まれたビジネス機会はどのように生成したのかを具体的に1つ事例を挙げて説明してください。

■ 新しいビジネス機会を見つけようと思ったら，あなたは何をするでしょうか。具体的にあなたが思い浮かぶTo Doリストを作ってみましょう。

　新しいビジネス機会はどのように生み出されるのでしょうか。ビジネス機会は自然に生まれてくるわけではありません。気合を入れて探し回れば見つかるというものでもなさそうです。

　本章では，ビジネス機会について，①新しいビジネス機会の生成，②新しいビジネス機会の発見，③新しいビジネス機会の追求，そして，④新しいビジネス機会の収束という4つのプロセスに分けて概観していきます。本書の大きな見取り図となる4つのプロセスです。

1　新しいビジネス機会の生成

　新しいビジネス機会の追求は，アントレプレナーシップの大切な要素の1つです。そのため，どのような場合に，新しいビジネス機会が生まれるのかを考えてみることはアントレプレナーシップを理解するためには欠かせません。ビジネス機会が生まれていないのに，それを追求することはできないからです。

　新しいビジネスの機会は，人々が持っている信念や情報が異なるために生成すると考えられています。信念や情報が異なるため，人々はビジネスに対しても異なる認識を持ちます。どのような製品やサービスが顧客に受け入れられるのかに対する期待が違ってきます。どのような価格づけが良いのかについての考えも違うでしょう。

　人々が，製品やサービス，あるいはそれを生産するのに必要な価格について異なる期待を持っていると，財は適切な価格（財を生産する限界費用）よりも高い価格だったり，低い価格だったりで売り買いされることになります。財の価格が高すぎたり，低すぎたりするのです。言い方を変えると，最も効果的な利用がされていない状態になるわけです。

　ここにビジネス機会が生成します。製品やサービスの生産のために取引されている財の価格が低すぎると企業家が認識した場合，その企業家は，より高い価格で売れる他の場所や，新しい財の組み合わせを考えるわけです。新しい市場を開拓するかもしれませんし，新しい技術との組み合わせを考えるかもしれません。「もっと良いやり方がある！」と考えるわけです。

　それぞれの人が持っている信念や情報が概ね一致する場合もあるでしょうし，かなり異なっている場合もあるでしょう。効果的に活用されていない資源についての情報や，新しい技術，まだ満たされていない需要，政府の規制の変化などは，すべての人々や組織に平等に広がっていくわけではありません。人々がビジネスの機会に対する異なる認識を持つのは，情報が人々の間で非対称的に分散している結果です。

　情報の非対称性とは，人々が同じ情報を共有できていないということです。他の人が知らない情報を持っていると，それをビジネスに活かすことができ

ます。快晴という天気予報なのに突然大雨が降ることを他の人に先駆けて知っていれば，傘をたくさん用意して儲けることができるでしょう。しかし，これは，新しいビジネス機会なのでしょうか。傘の横流しです。ビジネス機会も新しくありませんし，ビジネス機会の満たし方も新しいわけではありません。

　また，情報が非対称的に存在していると，いろいろな問題も生じます。典型的な問題は，上手く市場取引が機能しなくなるというものです。これは，売り手と買い手の間に情報の非対称性がある場合です。ジョージ・アカロフの「レモン市場」の問題は有名です[1]。中古車を選ぼうと思ったとき，どのクルマが品質に問題がなく，どのクルマに問題があるのかを判断するのは，素人には難しい問題です。売り手は，品質に問題のあるクルマでも売ろうとするかもしれません。売り手と買い手の間に情報が非対称に存在している場合には，市場がそもそも成立しなくなってしまいます。買い手は，問題のあるクルマ（中古車業界ではレモンと呼ばれています）を売りつけられることを嫌がって，そもそも中古車を買おうと思わなくなるからです。このように，情報は非対称的に存在していればよいというわけでもなさそうです。

　それでは，どのような情報の非対称性が重要なのでしょう。ここでは，①研究開発，②不均衡をもたらすショックの2つの観点から考えていきましょう。これらの2つは新規性につながる非対称性の典型例です。

■ 研究開発

　新しいビジネス機会の源泉として重要な役割を担うものの代表が，研究開発です。研究開発は，R&D（Research and Development）とも呼ばれています。その名の通り，研究と開発です。あるモノゴトを研究したり，開発したりする活動のことです。

　研究開発は，その目的により，①基礎研究，②応用研究，そして③実験的開発（以前は，開発研究とも呼ばれていました）と3つに分けられています[2]。基礎研究とは特別な応用，用途を意図したものというよりも，仮説や理論を

1　Akerlof [1978].

2　これはイノベーションの調査のための国際的な基準を作る目的で作成されているOECDのオスロマニュアルによる区分です。

形成するためもしくは現象や観察可能な事実に関して新しい知識を得るために行われるものです。応用研究は，基礎研究によって発見された知識等を利用して，特定の目標を定めて実用化の可能性を確かめる研究，およびすでに実用化されている方法に関して，新たな応用方法を探索することを目的としています。そして，実験的開発は，基礎研究，応用研究，あるいは経験から得た知識をもとに，新しい材料，装置，製品，システム，工程等の導入または既存のこれらのものの改良を目的とするものです。

　このように一口に研究開発といっても，その目的はさまざまです。しかし，その目的によらず，研究開発の成果を煎じ詰めると，そこには新しい知識があります。新しい知識を生み出すものだからこそ，新しいビジネス機会を生み出す重要な源泉なのです。他社がまだ知らない新しい知識を用いて，新しい製品やサービスを生み出したり，新しい原材料やプロセスを開発したりできるのです。新しいビジネス機会に結びつく情報の非対称性の源泉ともいえます。

　研究開発は新しいビジネス機会の生成にとって大切です。実際に，研究開発投資をしている企業からスタートアップが輩出される傾向が大きいことも観察されています[3]。しかし，専有可能性が小さい領域がある点，規模が小さい企業はコスト面で不利であるという課題もあります。それぞれ見ていきましょう。

専有可能性が小さい基礎的な研究

　研究開発の投資は，専有可能性（Appropriability）が小さいという特徴があります。とくに，研究開発が基礎的なものになればなるほど，専有可能性は小さくなっていきます。

　専有可能性とは，イノベーションを生み出した企業（あるいは個人）が，そのリターンを専有できる程度です。ここでは，研究開発に投資をした企業が，そこから得られるリターンをどの程度獲得できるのかということになります。

　研究開発投資には，知識の波及効果があります。他の組織が行った研究開

---

3 Babina and Howell [2018].

発投資の成果から学習できるのです。良い製品やサービスが市場に出てくれ
ば，企業は製品を分解したりどのようなサービスなのかを徹底的に分析して，
学習します。ライバル企業が出した特許や論文から学ぶことも多いでしょう。
知識は，組織を越えて波及していくのです。だからこそ，研究開発投資は社
会的に重要です。もちろん，その波及の範囲やスピードはさまざまです。重
要なポイントは，研究開発の成果のすべてを自社で専有することは難しいと
いうことです。

　基礎的な研究になればなるほど，専有可能性は低下していきます。基礎的
な研究の多くの目的は，「モノゴトの理解」にあります。だからこそ，その
成果は，ある現象がなぜ起きるのか（あるいは起こらないのか）についての理
解です。基礎的な研究の成果は，多くの場合，論文として公開されます。論
文は，一般に公開されるので，基礎的な研究の成果を独り占めすることはで
きません。モノゴトの理解ができたとしても，そのままでは特許化すること
もできません。特許は，自然法則を利用した発明でなければダメです。つま
り，自然法則についての新しい理解ができたとしても，それだけでは特許を
獲得できないのです。

　そのため，企業は基礎的な研究開発を行うインセンティブが小さいので
す[4]。専有可能性が小さい基礎的な研究開発には，ベンチャー・キャピタル
にとっても投資をするインセンティブは大きくありません。そのため，企業
だけに研究開発を任せていると，社会的には研究開発投資が過少投資になっ
てしまいます。だからこそ，国が基礎的な研究開発投資をする正当性がここ
にあるのです。

研究開発の規模の経済性と範囲の経済性

　多角化したいわゆる大企業と比べると，スタートアップは研究開発投資に
はコスト面で不利になるという特徴もあります。これは，次の3つが大きな
理由です[5]。

　第1点は，規模の経済性です。研究開発費の多くは企業にとっては固定費

4　Nelson［1959］．
5　この点については，姉妹書『イノベーション』の第8章で詳しく議論しています。

になります。だからこそ，研究開発の成果をもとに事業化を進めるときには，できるだけ大量生産・大量販売を行いたいところです。そうすれば，固定費の配賦分が小さくなり，平均費用を低減させることができます。いわゆるスケールメリットを効かせることができるわけです。そのため，大量生産するための生産設備や，大量販売するための流通網といった研究開発にとって補完的な経営資源を有している企業のほうがコスト面で有利になります。

　第2点は，範囲の経済性です。範囲の経済性とは，多重利用可能な経営資源を活用した多角化を行った場合に得られる経済性です。たとえば，差別化した革製品を販売するために高級ブランドを構築した場合には，そのブランドを利用してスカーフも販売できるかもしれません。そのような場合には，高級ブランドを構築して革製品だけを販売する場合，あるいはスカーフだけを販売する場合と比べると，両方販売したほうが高級ブランドを構築するコストを分けることができるので，コスト面で有利になります。研究開発の成果も同じように，複数の事業で多重利用できる可能性があります。専業企業よりも多角化した企業のほうが範囲の経済性を得られる可能性があります。そのため，複数のビジネスに多角化している企業のほうがコスト面で有利になります。規模の経済性と範囲の経済性は，コスト・スプレディング（Cost Spreading）という面からの大規模企業の優位性です。コスト・スプレディングとは，その名の通り，費用を広くビジネスに配賦することです。この優位性があるため，大企業は期待収益が小さい研究開発プロジェクトでも行えるのです。

　第3点は，投資家と経営者の間の情報の非対称性です。研究開発には高い専門性が必要になります。さらに，研究開発にはどうしても不確実性がつきものです。投資家（の多く）は，自分で研究開発を行ってはいません。また，企業がどのような経営資源を有しているのかなどについての企業の内部の情報についても，それほど多くの情報を持っているわけではありません。しかし，経営者は自社内に蓄積したこれまでの研究開発の知見や組織内部の情報を持っています。どの領域への研究開発投資が筋が良い投資なのかについては，投資家よりも経営者のほうがより良い情報を持っているといえます。そのため，研究開発のための資金を市場から調達しようとすると，どうしても資本コストが高くなってしまいます。資本コストとは，企業が資金を調達す

～コラム③　基礎研究への投資は経済成長につながるのか～

研究開発投資は新しいビジネス機会の源泉です。しかしながら「いくら研究開発投資をしたとしても，全然利益にならない」とか「研究開発投資をしたとしても，ちっとも経済成長につながらないのでは」という声も聞こえてきそうです。

研究開発が結果として経済成長へとつながるのかについては，これまでさまざまな研究がなされてきたにもかかわらずまだ実証的によくわかっていません。どれだけ基礎研究に投資をすると，何年後にどのくらいのリターンになって社会に還元されるかはよくわからないのです。

それでも推計はされています。たとえば，研究開発の GDP に対する割合は，日本は3％以上を保っています。これは，国際的に見れば高い水準です。そして，研究開発の GDP 比が1ポイント上昇すると，経済成長率への効果（TFP〔全要素生産性〕の上昇率）はおよそ 0.3 ～ 0.4％程度だといわれています[6]。領域によって違いはあるものの，基礎研究のスピルオーバー効果は繰り返し確認されています[7]。

企業レベルでも研究開発投資の効果は議論の余地があるところです。研究開発は，企業の成長にプラスの効果を持っていることを示している研究がある一方で，ほとんど影響がないのではないかという結果を得ている研究もあります[8]。

基礎研究への投資が実際に経済的な価値を生み出すまでには，とても長い道のりがあります。基礎研究を行い（しかも，それが適切にマネジメントされる必要があります），その成果をもとに応用開発研究が行われます。そして，製品化のためには，設備投資も必要でしょうし，原材料の調達から小売りまでのサプライチェーンもしっかりと構築する必要もあります。競争戦略を立てて，マーケティングも行わなければなりません。このように基礎研究から長い道のりがあるので，研究開発投資の効果を推計するのは簡単ではないのです。

る際に，資金の出し手に支払わないといけない費用のことです。研究開発についての情報をよく知らない投資家から資金を調達しようとすると，投資家は不確実性があるために高い資本コストを要求するのです。しかし，社内に内部留保があれば，それを利用して研究開発に投資することができます。

これらの規模の経済性，範囲の経済性，あるいは情報の非対称性が存在し

6　TFP については，姉妹書『イノベーション』の第2章を参照してください。森川［2015］。

7　Salter and Martin［2001］.

8　Geroski and Machin［1992］，Yasuda［2005］らはプラスの効果を発見しています。Almus and Nerlinger［1999］，Lööf and Heshmati［2006］は研究開発の影響はそれほど大きくないことを示唆しています。

ていると，どうしてもいわゆる大企業のほうがコスト面で研究開発投資については有利になります。コスト優位にあるので，大企業のほうが期待収益率が低いプロジェクトでも研究開発投資を行えてしまうともいえます。小さな企業であることの利点も存在しますが，それは第8章で見ていきましょう。

■ 不均衡をもたらすショック

　既存のモノゴトのあり方のバランスを崩すショックも新しいビジネス機会の源泉となります。戦争や自然災害，感染症，あるいは政府の規制などは典型的な例です。このようなショックの中には，既存のモノゴトの間のバランスを崩すものもあります。これまで使っていた原材料が途絶えることもあるでしょう。あるいは，あるスキルを持った労働力の供給がなくなることもあるでしょう。

　このようなショックは当事者にとってはとても大変なものですが，新しいビジネス機会の源泉になります。それは，生産要素の相対価格が変化するからです。ある原料の供給が途絶える（あるいは途絶える可能性が高くなった）場合，企業は新しい原材料の供給源を探したり，その原材料なしでも生産できるように新しいプロセスを探ったりします。つまり，新しいやり方でビジネス機会を追求しようとするのです。

　しかし，どのような新しいやり方が効果的なのかについては，よくわからないというのが普通です。新しいものであれば，誰もやったことがない（実績がない）のです。そのような場合，人々が持っている信念や情報の差異が大きく作用します。「よし，ここに賭けてみよう！」と思うところが人それぞれ違ってくるのです。

　このような既存のモノゴトに不均衡をもたらすショックは外生的にもたらされるものとは限りません。新しい技術の中には，既存のモノゴトのバランスを崩すものがあります。産業革命の例を見てみましょう。1733年に，ジョン・ケイはフライング・シャトル（飛び杼）を発明しました。これはイギリスの繊維産業でのイノベーションが連鎖する最初の大切なきっかけとなりました。フライング・シャトルは，布を織るプロセスの生産性を格段に上げるものでした。布を織るには，経糸の間に緯糸を通していきます。緯糸をシャトルにつけ，そのシャトルを経糸の間に通していくのです。それまでの

織布のプロセスでは，シャトルを経糸の間に通すのは手動でした。それを
ジョン・ケイは経糸の間を飛ぶように進むシャトルを作り，自動化したので
す。これにより，布を織る生産性が向上しました。

　布を織る技術の生産性が向上すると，布を織るのに必要な糸が足りなくな
りました。糸を紡ぐ新しいプロセスを開発できれば儲かるという状況が生ま
れたのです。ただし，どのようにすれば，糸を紡ぐプロセスの生産性を上げ
られるのかについては，当時はよくわかりません。何を達成すれば儲かるか
はわかっているのですが，その方法についてはわからないのです。そのため，
人々は自分の信念や手に入れた情報をもとにして，さまざまな方法を試しま
した。その結果，紡績技術において多くのイノベーションが続いたのです。
1764年にジェームズ・ハーグリーブスはジェニー紡績機を発明しました。
リチャード・アークライトは1771年に水力紡績機を，サミュエル・クロン
プトンは1779年にミュール紡績機を発明しました。

　新しい技術が，新しいビジネス機会をつくり，次のイノベーションが生ま
れているのです。大切なのは，フライング・シャトルが，既存の布を織るプ
ロセスと糸を紡ぐプロセスの生産性のバランスを崩したという点です[9]。
ジョン・ケイもなんとなく思いつきでフライング・シャトルを考え出したわ
けではありません。布を織るのに必要な人数を減らして，生産性を上げれば
儲かると考えたわけです。つまり，ビジネス機会があると思ってこの新しい
技術を開発しています。ただし，その生産性の上げ方については，誰もよく
わからないという状況だったわけです。

2　新しいビジネス機会の発見

　人々の信念や情熱，興味関心，あるいは直感は異なっています。さらに，
これまで学んできたこともそれぞれ違うでしょう。能力も異なっています。
そのために，仮に同じ情報にアクセスしたとしても，それをビジネスの機会

9　ネイサン・ローゼンバーグは，技術的な不均衡（インバランス）が次のイノベー
　　ションを呼ぶと指摘しています（Rosenberg [1976]）。また，イノベーションがイノ
　　ベーションを生むプロセスについては，Arthur [2009]，米倉 [1999] を参照してく
　　ださい。

として認識するかどうかにも違いがあります。この点は，これまで大きく2つの領域から研究がされてきています。心理学的なアプローチと社会資本からのアプローチです。これらは第3部で詳しく見ていくので，ここではごくごく簡単な紹介にとどめましょう。

(1)　心理学的なアプローチ

なぜ，ある人はビジネス機会を認識し，ある人はできないのでしょうか。それは，人々の心理的な特性が異なるからだと考えるのが，心理学的なアプローチです。他の人よりも早く，あるいは他の人が認識しないようなビジネスの機会を発見する企業家に共通するパーソナリティなどの特徴を分析していくものです。

企業家に特徴的な心理的な特性として，①達成への渇望，②コントロール志向，③高いリスク・テイクへの性向，④曖昧さへの高い許容，⑤タイプA的な行動（野心的，社会的に高い地位への強い意識づけ，プロアクティブなど)[10]などが，たびたび観察されてきました。企業家に特徴的な心理的な特性を探るアプローチは，アントレプレナーシップ・オリエンテーション（EO：Entrepreneurship Orientation）と呼ばれています。この点については，第12章で詳しく見ていきましょう。

(2)　社会資本からのアプローチ

イギリスの産業革命期には多くの新しいビジネスが企業家によって生み出されましたが，19世紀末からは衰退していきました。たまたま18世紀中頃からイギリスにある心理的な特性を持った人が多く生まれ，その後（なぜか）いなくなってしまったのでしょうか[11]。確かに，心理的な特性も大切かもしれないけれど，それだけで説明するのは無理がありそうです。それまで育った家庭環境や教育，あるいは，職場の人間関係や経済の状況など，その他にもいろいろな影響があるのではないかとも考えられます。われわれ人間は，暮らす環境に埋め込まれています。環境が異なれば，そこから得られる情報や知識も異なるでしょうし，アクセスできる経営資源も違うでしょう。

10　1950年代から心臓病のリスク要因を分析するために，人々の個人的な行動特性を分析し，行動特性をタイプAとタイプBに分類した研究が健康心理学の分野でなされています。

11　この点については，Cain and Hopkins [1993a], [1993b] を参照してください。

社会資本的なアプローチとは，ネットワークや文化といった企業家が埋め込まれている環境を分析していくものです。もちろん，環境と一言でいっても，それはさまざまです。どのような環境が人々のビジネス機会の認識（あるいはビジネス機会の追求）を促進するのかを分析しています。これらの2つのアプローチは必ずしも排他的なものではありません。むしろ，補完的なものです。

3 新しいビジネス機会の追求

新しいビジネスの機会を認識したとしても，人々はそれを常に追求するとは限りません。なぜでしょう。チャレンジ精神が足りないのかもしれません。あるいは，その追求の仕方を知らないということもあるでしょう。企業家が認識したビジネスの機会の追求に影響を与える要因は多くあります。その中でも最も基本的なポイントは利潤です。

新しいビジネス機会を認識したとしても，それでどの程度儲かるのかが大切です。それほど儲けが期待できなければ，その機会を追求しないかもしれません。大きな儲けが期待できれば，その機会を追求する人も多くなるでしょう。

■ 利潤と利益

儲けを大きくするのは何でしょうか。需要の大きさは大切そうです。そもそも需要が大きくなければ，売上を大きくすることはできません。新しいビジネス機会を見つけて，上司に相談した場合に，最も典型的な反応は，「ところで，市場はどのくらいあるのだね」というものでしょう。もちろん，市場が大きくても，それに伴って自社の売上も大きくなるとは限りません。どのくらいの売上が見込めるのかは大切です。ビジネス機会を追求するために必要なコストも気にかかるところです。いくら売上が大きくても，コストが高くては利益が小さくなってしまいます。低いコストでビジネス機会が追求できれば，利益が大きくなります。一般的にも，利益が期待できるとか，利益が期待できないなどといわれたりします。

それでは期待利益が大きいことが，そのビジネス機会の追求には大切なの

でしょうか。実は，違うのです。アントレプレナーシップを考える上でより重要なのは，利潤です。ここでぜひとも明確にしておきたいのが，利益と利潤の違いです。何が違うのでしょうか。まず，利益は会計上の概念（会計には，たくさんの利益概念があります）であり，利潤というのは経済学の概念です。簡単にいえば，利益は，総収入（売上）から総費用（コスト）を引いたものです。利潤は，同じように総収入から総費用を引いたものなのですが，機会費用（Opportunity Costs）も費用に含むものです。機会費用とは，あるモノゴトを得るためにあきらめた利益のことです。時間やおカネには限りがあります。そのため，私たちは日々選択をしています。常に選択しているといってよいでしょう。たとえば，かつ丼を食べるのも，デートをするのも，大学に進学するのも，就職先を決めるのも選択です。何も考えずにダラダラした時間を過ごすのも，それを選択しているわけです。

　時間は有限ですから，何かを選択すれば，当然，その時間に選択しなかったものが存在することになります。今の選択のために失われた機会があるのです。選択の背後で，失われた機会がもたらしたであろう便益が機会費用です。

　自分がしている選択の結果として得られる売上とそれにかかった費用は，わかりやすいですし，私たちは注意を払います。しかし，機会費用は，なかなか目に見えません。実際には選択していないので，そこで生み出された便益もなかなか可視化されないのです。せいぜい，「あのとき，もっと勉強していれば」「夜食にカツ丼など食べなければ」と後悔するぐらいです（不思議なことにこのような後悔はすぐに記憶から消えてしまいます）。だからこそ，注意が必要です。

　図表2-1は利益と利潤の違いを示したものです。ビジネスの機会を追求するかどうかは，期待される利益ではなく，期待される利潤によって決まります。期待される利潤が大きい場合には，企業家はその機会を追求します。ビジネスの機会の追求にかかるコストやそこから得られると期待される売上とともに，機会費用も企業家のビジネス機会の追求を大きく左右しています。新しいビジネスの機会を追求するためには，経営資源の動員が必要です。ということは，その新しいビジネス機会を追求することで得られる利益が，その経営資源の動員を他に使っていたら発生するであろう利益（これが機会費

■ 図表 2-1：利益と利潤

出所：著者作成。

用部分です）を上回っている必要があるわけです。いくら大きな利益が見込まれそうな新しいビジネス機会であったとしても，機会費用が高ければ，そのビジネス機会の追求は進みません。

　起業して，新しいビジネス機会を追求する場合の機会費用は，起業を選ばなかったら得られたであろう収入です。典型的には，起業をしたことで，放棄した賃金です。現在の賃金が低い人は，起業の機会費用は小さくなります。起業した結果，そのビジネス機会が期待したほどの経済的なリターンを生むものではないということがわかったとしても，それまでの賃金よりは所得が高くなる限りはそのビジネスにとどまります。

　1988 年から 1990 年までの労働市場活動調査（Labor Market Activity Survey）を用いた，カナダの 352 人の新規の企業家とカテゴライズされるグループの人々（この調査ではサラリーをもらっていた従業員から，他の人を雇用する経営者へと転換した人）を分析したところ，自分で新しい企業を設立した人々は，起業する前は，自分でビジネスを起こさなかった人よりも低い賃金で雇用されていたことがわかっています[12]。この結果は，機会費用が重要な役割を担っていることを明らかにしています。

　現在高い賃金をもらっている人（あるいはもらえる見込みが高い人）は，起業の機会費用が高くなります。起業せずに得られる所得の水準が高いからです。そのため新しいビジネス機会に直面したとしても，そこから期待できる経済的なリターンが小さければ，起業しない人は多くなります。だからこそ，

12　Amit et al. [1995].

高賃金の人が選択する起業は，自らの相対的に高い機会費用を考慮に入れた
としても，期待できるリターンが大きそうな領域でのものになります。小さ
なリターンしか期待できないようなビジネス機会であれば，追求しないので
す。そのため，そのようなビジネス機会は，低賃金の人がとっていくことに
なります。

　賃金が中間的な人は，賃金が低い人と比べると，機会費用は相対的に高く
なります。そのため，賃金が低い人と中間的な賃金の人が，賃金が高い人が
放棄したビジネス機会を追求する競争をすると，その追求の仕方に優劣がな
ければどうしても中間的な賃金の人には厳しい競争になりがちです。低い賃
金しかもらっていなかった人のほうが低い価格づけでもビジネスを存続しや
すいからです。誰がビジネス機会を追求しやすいのかについては，第 4 章で
も詳しく見ていきます。

　少し話がそれました。戻しましょう。時間は有限ですから，ある選択（何
も選択をしないという選択も含めて）をすることで，選択できなくなるものが
あります。アントレプレナーシップを考える場合に重要になるのは，企業家
が認識した新しいビジネス機会を追求するために，とれなくなった他の選択
肢が生み出したであろう利益です。現在の所得が高い場合（さらに，仕事の
内容に満足している場合はなおさら），わざわざ現在の仕事をやめて，新しい
ビジネス機会を追求しようと考える人は少ないでしょう。これは機会費用が
大きいということになります。企業レベルで考えても同じです。現在のビジ
ネスが順調で，高い利益を上げている場合には，わざわざ新しいビジネス機
会を追求するというのは機会費用が大きいということになります。機会費用
が大きい場合には，いくら期待できる利益が大きかったとしても，ビジネス
機会の追求はなかなか進みません。機会費用は，企業家の現在の状況に依存
します。つまり，同じ新しいビジネス機会を認識したとしても，機会費用が
違っているので，そのビジネス機会が追求されたり，されなかったりするわ
けです。

　これまでの研究で，新しいビジネス機会の不確実性が高い場合には，ス
タートアップを設立することで追求される傾向が高いことは繰り返し指摘さ

13　Casson［1982］.

れてきました[13]。また，ビジネスのチャンスが既存企業の既存ビジネスを大きく破壊するようなものの場合にはそのチャンスはスタートアップが追求することが多く，既存のビジネスのための能力を高めるようなものの場合は既存企業によって追求されることが多かったことが発見されています[14]。これらも，スタートアップや既存企業によって機会費用のあり方が異なっているからこそ，組織によって新しいビジネス機会の追求がされたり，されなかったりすると考えることができます。

■ 流動性制約

　新しいビジネス機会を認識したとしても，その追求に必要な経営資源を獲得するのに大きなコストがかかってしまうと困ります。期待できる利潤が小さくなってしまうのです。その点で，流動性制約（Liquidity Constraints）は見逃せないポイントです。流動性制約とは，その名の通り，流動性が限られているということです[15]。何の流動性かというと，ヒト・モノ・カネといった経営資源です。ビジネスを行うためには，これらの経営資源が必要です。残念ながらタダで追求できるビジネス機会というのはありません。

　新しいビジネス機会を追求しようとする企業家は，必要な経営資源を調達してこなければいけません。しかし，調達が難しかったり，調達のためのコストが大きかったりする場合があります。必要な人材を集められなかったり，必要な技術が手に入らなかったり，あるいは，資金調達が上手くいかなかったりすることもあるでしょう。このような場合，流動性制約が大きいということになります。その反対に，すぐに必要な人材を集められたり，技術を手に入れられたり，資金調達がスムーズに進む場合には，流動性制約が小さいということになります。経営資源の流動性が高ければ，ヒト・モノ・カネはより大きな利潤が期待できるビジネス機会に移っていきます。流動性制約があるということは，より大きな利潤が期待できるビジネス機会を見つけたとしても，それを追求するために，必要な経営資源がなかなか手に入らないということになります。

14　Tushman and Anderson［1986］.
15　流動性制約の役割を中心に分析した研究の代表的なものとしては，Evans and Jovanovic［1989］があります。

　そのため，その他の条件が同じであれば，流動性制約が小さければ新しい
ビジネス機会の追求は進み，流動性制約が大きければ，その追求は進まなく
なります。アントレプレナーシップの程度が低いと思ったら，まずチェック
したいポイントが流動性制約です。

■ 許容できる損失

　新しいビジネス機会を追求すると，失敗も多くなります。失敗をすれば当
然，失うものも出てきます。どの程度まで失っても大丈夫かは，人によって
異なります。これは，ビジネス機会の追求における個人差を説明する上では
とても大切です。許容できる損失はアフォーダブル・ロス（Affordable Loss）
と呼ばれています。これは，新しいビジネス機会を追求する上での機会費用
をどの程度受け入れることができるかと考えることができます。

　許容できる損失が大きければそれだけ，新しいビジネス機会の追求もやり
やすくなります。新しいビジネス機会を追求する上で，失敗したときに失う
ものの中で重要なものは「時間」です。多くの時間を新しいビジネス機会の
追求につぎ込んでも大丈夫な人もいれば，上手くいくかもわからないビジネ
ス機会の追求にはそれほど長い時間をつぎ込めないという人もいるでしょう。
これは，自分に残されていると考える時間にもよります。もちろん，われわ
れの人生がいつ終わるかはわかりません。それでも，「まだまだ時間がある」
と考える人と，「もう残された時間は短い」と考える人では，許容できる損
失も違います。楽天的な人もいるでしょうし，ロス回避的な人もいるでしょ
う。

　さらに，どのくらいの時間を失ってもよいかは，どのくらい資産を持って
いるかにもよります。すでに多くの資産を持っていて，とくに追加的な収入
を必要としていない人にとっては，許容可能な損失は大きくなります。しか
し，どうしてもすぐに収入が必要という人にとっては，許容できる損失は小
さくなります。許容できる損失が大きければ，当然，新規性の高いビジネス
機会の追求は進みますし，それが小さければ早い段階であきらめることにな
ります。組織的にアントレプレナーシップを高めようと思った場合には，許
容できる損失の水準を大きくすることは大切です。

4　新しいビジネス機会の収束

　新しいビジネス機会はずっと機会として存在しているわけではありません。いつか，その機会もなくなります。それではビジネス機会はどのように収束するのでしょうか。

　超過利潤が発生している間は，このビジネス機会に参入を試みる企業家が次々と現れます。多くの企業家が追求しているということは，それ自体で，大きな利潤が期待できるというビジネス機会であるというシグナルにもなります。

　とくに，新しいビジネス機会に対する人々の認識がきわめて不確定な初期の段階では，追随する参入者の存在は，そのビジネス機会が正当なものであるということの妥当性を高めるものでもあります。参入企業が多くなれば，全体の需要を上昇させることもあり，予言の自己成就的にビジネス機会が生成されることもあります。

　もしも，ビジネス機会を追求し，企業家の認識と期待が正しければ，企業家は利益を得られます。しかし，企業家の期待は常に実現するわけではありません。実際には，外れることもあります。むしろ，期待通りのほうが少ないぐらいでしょう。期待したほど魅力的なビジネス機会でないことがだんだんわかってくることもあるでしょう。大いなる楽観主義があだになり，間違った方向に突き進んでしまうこともあるかもしれません。その場合には損失を被ることになります。

　新規参入がどれだけ続くかは，参入障壁に依存するとともに，サブマーケットの数にも依存しています[16]。サブマーケットとは，既存のマーケットで蓄積された知識を応用できる新しい市場です。既存の知識を応用できるのですが，それだけでは十分ではありません。新しいマーケットの開拓にはその領域特殊的な知識も必要です。たとえば，医療用のレーザーは通信用のレーザーにとっては典型的なサブマーケットです。基盤となる技術は同じですが，医療用に応用するためには通信用のレーザーに必要な知識とは異なる

16　Buenstorf and Klepper [2010].

知識も必要となります。このようにサブマーケットには，既存のビジネスとは異なる知識が必要になるため，新規参入企業にとってチャンスとなります。新規参入がどの程度多く見られるかは，単なる需要の拡大だけでなく，サブマーケットの大きさにも依存しています。いつまでも新規参入が続く市場はありません。

　ビジネスの機会が多くの企業家によって追求されればされるほど，その情報は広く社会に拡散していきます。また，多くの企業家が同じビジネス機会を追求すればするほど，そこから得られる超過利潤は逓減していきます。その結果，ビジネス機会が収束していくのです。

　いつまで超過利潤が続くかは，参入障壁に依存します。新規参入から得られる利益は，参加者が多くなればなるほど，分割されていきます。そのため，潜在的な企業家がそのビジネス機会を追求するインセンティブは，徐々に小さくなっていくのです。このようにして，新しいビジネス機会も消えていくのです。

5　本章のまとめ

　第 1 章でも見てきたように，新しいビジネス機会の追求は，アントレプレナーシップの重要な要件の 1 つです。この章では，①新しいビジネス機会の生成，②新しいビジネス機会の発見，③新しいビジネス機会の追求，そして④新しいビジネス機会の収束という 4 つのプロセスを見ていきました。これらの 4 つのプロセスは，アントレプレナーシップを考える上で基本的な枠組みになるものです。

　最後に，新しいビジネス機会の新しさについて少し考えてみましょう。これはなかなか難しい問題です。自分（あるいは自社）にとっては新しいのだけれども，すでに誰かが追求しているようなビジネス機会というのもあります。これまで誰も考えたことがないような新規性の非常に高いビジネス機会というのもあるでしょう。新しさは，新しいものと新しくないものが完全に線引きできるような離散的なものではありません。むしろ，新しさは連続的なものであり，程度の問題です。ビジネス機会には，新規性の高いものもあれば，新規性のそれほど高くないものもあるのです。これらについては，あ

～ コラム④　ビジネス機会は客観的に存在しているのか論争 ～～～～～～

　本章で見てきたように，新しいビジネス機会は，アントレプレナーシップにとって重要なポイントです。この点について1つの論争がありました。それは，新しいビジネス機会が客観的に存在していてそれを企業家が認識するのか，企業家が新しいビジネス機会だと認識するから存在する（存在しているように見える）のかという点についての論争です。

　アントレプレナーシップ研究を大きく展開させたのは，ビジネス機会を中心に分析をしていこうという転換でした。これは，ハーバード大学のハワード・スティーブンソンとスイスのIMDのカルロス・ジャリーロの1990年の論文や，メリーランド大学のスコット・シェーンとバージニア大学のS・ヴェンカタラマンらの2000年の論文が重要な起点でした[17]。この点は，前章で見てきた通りです。

　これに対して，「ビジネス機会なんて，本当に存在しているのか」という疑問が出されたのです。もしも，ビジネス機会が実際に存在し，それを追求したとするならば，失敗するのはなぜだろうとデンバー大学のシャロン・アルバレズやユタ大学のジェイ・バーニーらは考えたのです[18]。実際に，多くの企業家がビジネス機会があると認識し，それを追求したのに，ほとんどすべてが失敗することもあります。むしろ，そのように失敗するほうが多いかもしれません。

　そのような場合に，ビジネス機会があったといえるのでしょうか。その追求の仕方がまずかったという見方もできるかもしれませんが，そもそも，そのような場合には，存在していたのは，ビジネス機会ではなく，過度の楽観主義だったのではないのかと考えたのです。彼らは，ビジネス機会は客観的に存在しているとする立場を批判しています。彼らは，ビジネス機会が客観的に存在し，それにある企業家が気づくというわけではなく，ビジネス機会というのは企業家が埋め込まれている環境でさまざまな行為主体によってあたかも存在しているかのように考えられているものだと主張しています。

　この批判は，実在しない弱い仮想敵（ウィーク・ストローマンといわれたりします）を勝手につくり上げて，それを叩いているのではないかと思える節もあります。そもそも，シェーンらも，ビジネス機会が客観的に存在することを前提にしているわけではないと反論しています[19]。しかし，この批判の重要性が低いわけではなさそうです。

　シェーンたちは，ビジネス機会を中心に分析することで，それまでアイデンティティ・クライシスに陥っていたアントレプレナーシップ研究を，きちんと独立した研究分野にしようと考えていたのです。彼らはアントレプレナーシップ研究が既存の戦略マネジメントの領域の中に位置づけられるのを避けようとしたのです。もしも，既存の戦略マネジメントの中に位置づけられると，アントレプレナーシップの重要なポイントが見落とされたままになってしまうという危惧をいだいていたのです。

> もしも，アントレプレナーシップを他の領域とは区別された独立の研究分野と
> して確立しようとするのであれば，「ビジネス機会が生成し，ある人たちがそれ
> に気がつく」と捉えるよりも，「人々がどのようにビジネス機会を主観的に構想
> し（もしかしたら大いなる楽観主義に基づく勘違いということもあるでしょう），
> それが間主観的にビジネス機会として成立していくのか」のプロセスを分析する
> というのはよいかもしれません。この考え方は，第9章でもまた少し出てきま
> す。

まり研究では分けて考えられていないのが現状です。ここはアントレプレ
ナーシップの研究をさらに進める上でのブレークスルーのポイントの1つか
もしれません。さて，次章では，アントレプレナーシップを研究する上で大
切な測定を見ていきましょう。

もう一歩詳しく知るためのリーディング

　ビジネス機会については，多くの啓蒙書が出版されています。どのよう
にビジネス機会を見つけるかはそれだけビジネスパーソンにとって大きな
課題になっているわけです。ビジネス機会についての啓蒙書の多くは発想
法です。確かに，他の人と違う見方ができれば，それは非対称な情報とい
うことになりますから，ビジネス機会が生成するのかもしれません。ビジ
ネスのための発想法にとどまらず，より一般的なモノゴトの見方（常識的
な見方を疑う力）を養うためには，次の本はおすすめです。

⇨　苅谷剛彦［2002］『知的複眼思考法：誰でも持っている創造力のスイッ
　　チ』講談社。

　本章でも少し出てきたシェーンの次の本は，単なる発想法にとどまるも
のではなく，体系的にビジネス機会とその追求を描いてくれています。

⇨　Shane, Scott Andrew［2005］, *Finding Fertile Ground: Identifying
　　Extraordinary Opportunities for New Ventures*, Pearson Education.（スカ
　　イライトコンサルティング株式会社訳『プロフェッショナル・アント

17　Stevenson and Jarillo［1990］, Shane and Venkataraman［2000］.
18　Alvarez et al.［2014］.
19　この一連のやりとりは，Shane and Venkataraman［2001］, Alvarez and Barney
　　［2013］, Zahra and Dess［2001］などで見られます。

レプレナー：成長するビジネスチャンスの探求と事業の創造』英治出版，2005 年)

第3章

アントレプレナーシップをどう測るのか？

■ この章を読み進める前に

■ 特定の国を選び，その国のアントレプレナーシップの推移を測定し，
　分析してください。

■ その測定の長所と短所を考えてください。

　あるモノゴトを理解したり，促進したり，制御したりし
ようとすれば，測定は大切です。最初の一歩は，記録して，
分析し，ある現象がなぜ起こるのかを考えることです。

　社会科学の対象は人間です。人の行動や考えなどを分析
します。ただ，分析のために人間を切り刻んだり培養した
り，特定の環境で何年も保管したりすることはできません。
さらに，愛や友情，アイデンティティや偏見などといった，
測定しにくいけれども大切な概念もたくさんあります。測
定しやすいものばかりを分析してもいられないのです。

　社会科学では操作化と測定がとても大切になります。操
作化とは，ある概念を測定できるものに指標化することで
す。アントレプレナーシップも同じです。測定ができなけ
れば，アントレプレナーシップが高まっているのか低くなっ
ているのかわかりません。しかし，アントレプレナーシッ
プの測定は難しいのです。その原因の1つはアントレプレ
ナーシップという概念の操作化にあります。「これで測定
しておけば，アントレプレナーシップはOK！」という操
作化ができていないのです。そのため，さまざまな測り方
がされています。それぞれの長所と短所をきちんと理解し
た上で使わなければ，群盲象を評す状態になってしまいま
す。ここでは，それぞれの測定方法を見ていきましょう。

1 アウトプットの測定

　社会科学では，アンケート調査や実験，あるいは観察などを通じて，さまざまなデータのとり方がされます。そのデータのとり方で重要な考え方の1つに，人々の行動の足跡をたどるというものがあります。「人々がある行動をとったらどのような足跡（行動の痕跡）が残るだろうか」を考え，その跡をたどっていくわけです。それでは，新しいビジネス機会を現在コントロールしている経営資源にとらわれることなく追求すると，どのような足跡が残るでしょう。

　はじめに，アントレプレナーの測定として最も頻繁に使われるアウトプットの測定から見てみましょう。現在コントロールしている経営資源にとらわれることなく，新しいビジネス機会を追求していくと，どのような成果（アウトプット）が見られるかと考えるわけです。

■ 個人事業主の人数

　アントレプレナーシップの代表的な測り方の1つに，個人事業主（セルフ・エンプロイメント）の数を数えるというものがあります。一般的に，個人事業主とは，働いている人の中で，被雇用者ではない人のことです。組織に頼らず，自分でビジネス機会を追求していく人が増えれば，個人事業主の数も増えるはずだと考えて，アントレプレナーシップという概念を操作化しているわけです。

　セルフ・エンプロイメントの正確な定義は，統計を公開している機関によって若干異なっています。アメリカの国税庁（Internal Revenue Service）は，セルフ・エンプロイメントを，①個人事業主あるいは独立した請負業者としてビジネスを営んでいる人，②合名会社のメンバーとしてビジネスを営んでいる人，あるいは，③自分自身のためにビジネスを行っている人と定義しています。労働省労働統計局（Bureau of Labor Statistics）は，自分自身のビジネスや専門職，貿易，あるいは農場などで営利目的で働く人々と定義しています。ただ，労働省労働統計局の場合，調査の目的によって，定義が微妙に違ったりもします。日本で一般的には個人事業主とは，法人を設立しないで，

個人でビジネスを営んでいる人のことです。税務署に開業届を出せば，個人
事業主になります。セルフ・エンプロイメントに近いものでは，個人企業と
いうものもあります。総務省統計局は，個人が経営する経営体で法人として
登記をしていないものを個人企業と呼んでいます。

　このようにセルフ・エンプロイメントの定義はそれぞれ若干異なっている
のですが，確定申告などでその数を捉えやすいため，数えやすいというメ
リットがあります。個人事業主の人数の推移は捉えやすいので，アントレプ
レナーシップがどのように変化しているのかもわかります。

　ただし，注意しなければいけないポイントがあります。まず，個人事業主
は，少なくとも現段階では，法人を設立するのではなく，個人としてビジネ
スを営むことを選択している人たちです。法人を設立すると，経費として認
められる範囲が個人事業主よりも広かったり，赤字の繰越しの期間が長かっ
たりと税制上で有利な点もあります。そのため，ビジネスで大きな売上が期
待できる場合や，大きな投資が必要な場合には，法人を設立することが合理
的になります。にもかかわらず法人を設立しない個人事業主は，本当に新し
いビジネス機会を追求しているのかという疑問が出てくるのです。

　個人事業主の人たちが追求しているビジネス機会やその追求の仕方などに
ついてはよくわからないのです。個人事業主の人たちを，新しいビジネス機
会を追求している人たちと考えるのは，十把一絡げにすぎるのです。もちろ
ん，仕事はある程度把握できます。アメリカで個人事業主の代表的な人は，
子どもや介護を必要とする人のお世話をするパーソナル・ケアラーとして働
く人たちです[1]。しかし，彼らが追求している機会が第2章で見たような企
業家的な新しいビジネス機会なのかはわかりません。手段や目的，あるいは
その関係がどの程度，新規性があるものなのかが把握できないのです。既存
のビジネスを営んでいる人たちも多く含まれています。そのため，昔ながら
のビジネスを営んでいる人とビジネス機会をこれまでにないような手段に
よって追求している人を一緒に数えてしまうのです（決して昔ながらのビジ
ネスを営む人が悪いわけではありません）。さらに，個人事業主の数でアント
レプレナーシップを測定する場合には，法人としての企業で働いている人た

1　Torpey and Roberts［2018］.

ちのアントレプレナーシップは測ることはできません。

■ 新規企業の数

　個人事業主の人数と並んでアントレプレナーシップの測定によく使われる
ものが，新しく設立された企業の数です。新しく設立されたのだから，既存
の経営資源にとらわれることなくビジネス機会を追求しているのだろうと考
えて，アントレプレナーシップを操作化してるのです。

　登記事項は一般に開示されます。設立した企業の概要，すなわち商号（社
名）や本社所在地，代表者の氏名と住所，事業の目的などを一般に開示する
ことにより，取引をしやすくしているのです。そのため企業の登記情報から
新しく設立された企業の数を数えるというのは，データがとりやすいという
メリットがあります。

　個人事業主の人数と同じように，新規企業の数はとてもシンプルな指標で
す。このようなわかりやすい指標は一般的に好まれます。また，個人事業主
の数と比べると，もう少し，アントレプレナーシップのイメージに近いとも
いえます。個人事業主には，自分でビジネス機会を追求していこうというよ
りも，自由度の高い働き方を求めていたり，仕事の性質上個人事業主のほう
がやりやすいという人も多いのです。それに対して，新規企業の数の場合に
は，法人として登記していることから，ビジネス機会の追求をしていること
はより強く前提にすることができます。このことから，開業率（既存企業に
おける新しく設立された企業の割合）をアントレプレナーシップの指標と考え
ることもあります。

　しかしながら，個人事業主の場合と同じように，新しく設立された企業が，
新しい手段，目的あるいはその関係を通じてビジネス機会を追求しているの
かどうかはわかりません。新しく設立される企業の中には，既存の手段で，
既存の目的，あるいは既存の手段と目的の関係でビジネス機会を追求してい
るところも少なくありません（おそらくそのほうが多いぐらいです）。節税効
果を求めて，企業を設立する個人事業主も少なくありません。これらをアン
トレプレナーシップの代理指標として素直に考えてよいのかというとやや疑
問が残るのです。

　起業の選択をする人は，ビジネス機会を追求するベストなタイミングを見

計らって起業するというよりも，必要に迫られて起業するという人の割合が高いことも観察されています。アントレプレナーシップの代表的な質問票調査のグローバル・アントレプレナーシップ・モニターでは，「あなたが起業したのは，ビジネス機会を追求するためか，あるいは他に仕事の選択肢がないからか」という質問があります。これに「他に仕事の選択肢がない」と答えた人は少なくありません。実際の数字は国や時代によって異なりますが，必要に迫られて起業する人も多いのです。そして，このような必要に迫られて設立された企業は，規模が小さく，ほとんど成長しないことも観察されています[2]。これは，起業といっても，必ずしも新しいビジネス機会を追求しているとは限らないということを示しています。

　さらに，登記情報から新規企業の数を得て，それをアントレプレナーシップの測定に用いて国際比較をすることには注意が必要です。国ごとに，企業の登記についての慣行が違うからです。国によっては，登記していない企業と登記している企業の数は，100 対 1 ぐらいという試算もあるほどです[3]。国の制度によって，登記のインセンティブが違うのです。だからこそ，「日本は開業率がアメリカと比べて低いから，やっぱり日本人はアントレプレナーシップが欠けている」という安易な議論には注意が必要です。ちなみに，日本の開業率については，総務省，厚生労働省，そして法務省がそれぞれ統計を出していますが，それぞれの定義が異なっており，数値に違いがあることにも注意が必要です。

　また，新しく設立された企業をアントレプレナーシップの代理指標として考えると，既存企業で新しいビジネス機会を追求することはすっぽりと抜け落ちます。しかし，既存企業でも新しい手段や目的，あるいは新しい手段と目的関係を通じてビジネス機会を追求することは十分にあるのです。この点にも注意が必要です。

■ 新しくなおかつ成長している企業
　OECD は，企業の登記情報から新規設立企業数をカウントするとともに，

2　Poschke [2013].
3　この点については，Ács et al. [2014] を参照してください。

高い成長率を見せている企業を測定の指標として使っています。新しく設立された企業でなおかつ成長率が高い企業は，アントレプレナーシップの水準が高いはずだというわけです。

　確かに，いくら新しい企業を設立したとしても，既存のやり方で既存のビジネス機会を追求しているとすれば，急成長することはないでしょう。だからこそ，新しくなおかつ成長している企業は，アントレプレナーシップの重要な指標です。そのような企業は，新しい雇用を生み出したり，既存企業に対して競争圧力を高めたりなど，経済的な価値を生み出すという点でもとても重要な役割を果たしています。

　しかし，これにも注意が必要です。第1点は，企業の成長は，その企業の戦略だけで決まるものではありません。経営学を勉強している人は，個別の企業の戦略あるいは組織の視点からビジネスのパフォーマンスを考えることが多いでしょう。これは，「自分がマネジメントするのであればどうしよう」という経営学で重要な考え方です。イノベーションを起こした企業のケーススタディをしていると，「なるほど，わが社でもこのような組織をつくろう」とか「確かに，この戦略は有効だ。ぜひ取り入れよう」などと考える人も少なくありません。しかし，当たり前の話ですが，ある企業のパフォーマンスは，その企業の戦略や組織だけは決まりません。ライバル企業や買い手，供給業者といった産業の動向，あるいはマクロ経済の影響を大きく受けるのです。企業のパフォーマンスが，その企業の戦略や組織によってのみ左右されることはありません。

　もしも高い水準の成長を見せている新しい企業があったとしても，それは単にマクロ経済の環境がとても良かったのかもしれません。個別企業だけを見ていては，その企業の成長がアントレプレナーシップが高かったからなのかどうかはわからないのです。産業やマクロ経済の動向をしっかりと考慮しながら，成長している企業を特定していく必要があります。

　2点めは，アントレプレナーシップは，新しいビジネス機会を追求する程度ですから，成長するかどうかは本来定義的には関係ないのです。ビジネス機会の新規性が高ければ高いほど，失敗する可能性も高くなります。成長している企業をアントレプレナーシップの測定に使うと，新しいビジネス機会を追求したのに失敗してしまった企業はアントレプレナーシップが低かった

と判断されてしまいます。これでは，新規性の高いビジネス機会を追求している企業家のアントレプレナーシップを過小評価してしまうことになります。

■ 企業のリスク・テイクの程度

　ここまで考えてきたのは，個人のアントレプレナーシップでした。つまり，個人が，現在コントロールできる経営資源にとらわれることなく，新しい手段や目的，あるいはその関係を介してビジネス機会を追求する程度です。しかし，アントレプレナーシップが重要になるのは個人ばかりではありません。組織としても重要です。

　現在では，1人で完結する仕事はなかなかありません。組織で分業をしてビジネス機会を追求していくことが多いのです。いくら，ある個人のアントレプレナーシップの程度が高かったとしても，組織としてそれが上手く発揮できないということもあるでしょう。あるいは，そこで働く人たちのアントレプレナーシップを促進するような仕組みを持った組織もあるでしょう。組織レベルのアントレプレナーシップは，コーポレート・アントレプレナーシップ（Corporate Entrepreneurship）といわれることもあります。これは第8章で詳しく見ていきます。

　組織レベルのアントレプレナーシップの測定は難しい挑戦です。アンケート調査で認識を尋ねるということも考えられます。しかし，本当のことを答えてくれるかわかりませんし，答えてくれるのは認識であり，実態とは違うかもしれません。質問票調査については次の節で見ていきます。

　組織のアントレプレナーシップの水準が高ければ，どのような痕跡が残っているかを考えてみましょう。たとえば，アントレプレナーシップが高ければ，新しい製品やサービスがたくさん生み出されているかもしれません。そのため，新しい製品やサービスからの売上が，全体の売上高に占める割合の高い企業は，アントレプレナーシップは高いといえるかもしれません。これは，比較的よく使われる測定なのですが，失敗を上手く捉えられないという課題があります。たくさん新しい製品やサービスを出しているのにもかかわらず，その多くの売れ行きが良くないこともあるでしょう。新規性が高ければ高いほど，失敗することも多いでしょう。そうすると，どうしても，売上高に占める新製品や新サービスの割合は下がってしまうのです。

　組織のリスク・テイクの程度が組織レベルのアントレプレナーシップの測定に使われることもあります。しかし，リスクをどれだけとっているのかを直接観察することはなかなか難しいので，リスクをとっている痕跡を追うことになります。そこで，収益性のボラティリティ（Volatility）が組織のアントレプレナーシップの測定で使われます。ボラティリティとは，簡単にいえば，変動です。リスクをとって新しい手段や目的，あるいはその関係を介したビジネス機会に投資をしたとすれば，当然，成功することもあるし，失敗することもあります。そのことから，総資産利益率（ROA：Return on Assets）などの変動が大きくなることが予想できます。そこから，ROAのボラティリティを組織のアントレプレナーシップの代理指標として使うわけです。上場している企業であれば，総資産や利益の額は開示されていますから，参照点を明確にした時系列の分析や比較研究をすることができる利点があります。

　注意点が2つあります。第1は，収益性のボラティリティの高さは，そもそもの収益性の水準に依存するというポイントです。たとえば，日本とアメリカのいわゆる大企業（東京証券取引所のプライム上場企業やニューヨーク証券取引所に上場している企業など）のROAのボラティリティを比較してみると，平均的には日本企業は低く，アメリカ企業は高いことが知られています[4]。しかしながら，そこから日本企業はアメリカ企業と比べると，リスク・テイクの程度が低いと考えるのは早計です。そもそものROAの水準が日米企業では異なっているからです。アメリカ企業のROAは，日本企業のそれと比べると水準が高いのです。そのため，ROAのボラティリティをそのまま計算すると，アメリカ企業のほうが当然に大きく出るのです。そのため，ROAの変動をROAの水準で割り引く必要があります。これは，標準偏差を平均値で割った値であり，変動係数といわれています。第2は，ボラティリティを高める要因はリスク・テイクだけではないというポイントです。収益性のボラティリティは外的なショックなどにより大きくなります。たとえば，震災やパンデミックなどは，収益性のボラティリティに大きく影響するでしょう。原材料の価格の変動や工場の火災などもあるかもしれません。外的なショックの影響を考慮に入れて分析する必要があります。

---

[4]　Yamaguchi et al. [2018].

2 態度での測定

　あなたは，新しいビジネス機会を追求したいと思いますか。アントレプレナーシップの程度を測るのに，このように人々に直接聞いてみるという方法もとられます。1人ひとりインタビューをして聞いていくのは大変なので，通常は質問票調査で行われます。

　アウトプットでの測定は，企業家が新しい手段や目的，その関係を通じてビジネス機会を追求していくとどうしてもついてしまう行動の痕跡をたどっていくものです。それに対して，質問票調査は，新しいビジネス機会の追求に対する態度やリスクへの選好あるいは自己効力感などの心理的特性などを調査します。

■ ユーロバロメーター

　このようなアンケート調査はさまざまな組織が行っています。その中でも欧州委員会が実施している世論調査であるユーロバロメーター（Eurobarometer）での企業家の調査は，世界的にもカバーの範囲が大きい調査の1つです。

　ユーロバロメーターは，企業家だけを調査しているものではありません。EU加盟国が直面しているさまざまな課題や重要なトピックについてのデータをとるために1973年から行われているものであり，サーベイ調査としては世界でも規模の大きなものです。ユーロバロメーターでは，EU加盟国だけでなく，比較のためにEU加盟国以外の国も調査の対象となることもあります。

　ユーロバロメーターの調査は，質問票を送付して回答してもらう，あるいはインターネットで回答してもらうというものではなく，インタビューで回答をしてもらっています。それぞれの対象の国で無作為で抽出された対象者に対して，電話でインタビューが行われています。実際に企業家として新しいビジネス機会を追求している人も，そのようなことをまったくしていない人も含まれています。

　ユーロバロメーターのアントレプレナーシップについての調査では，さま

ざまな角度から人々の態度が調査されています。たとえば，セルフ・エンプロイメントへの選好（それを望んでいるか），その理由，企業家についてどのように思うか，リスク・テイクへの態度や自己効力感などといったことから，企業家のための教育，起業などについて調査しています。

■ グローバル・アントレプレナーシップ・モニター

アントレプレナーシップに特化した質問票調査もあります。グローバル・アントレプレナーシップ・モニター（Global Entrepreneurship Monitor）です。これは，1999 年にバブソン大学とロンドン・ビジネス・スクールとの共同のプロジェクトとして開始されました。最初の調査は，10 カ国を対象としたものでした。それ以降，対象国を増やしています。

グローバル・アントレプレナーシップ・モニターは，分析対象国の学術機関を中心としたチームがデータを収集しています。グローバル・アントレプレナーシップ・モニターは，2 つのそれぞれ補完的な調査から構成されています。1 つめは，成人調査（Adult Population Survey）です。この調査では，起業の動機やプロセス，あるいは起業に対する態度を調査しています。この調査は，それぞれの調査対象国で少なくとも 2000 名の成人を対象に実施されています。この成人調査はグロバール・アントレプレナーシップ・モニターの基盤的なものです。もう 1 つは全国専門家調査（National Expert Survey）です。これは，分析対象国でアントレプレナーシップを高めるような条件がどの程度整備されているのかを専門家たちが評価するものです。グローバル・アントレプレナーシップ・モニターでは，アントレプレナーシップに大きな影響を与える要因を 9 つ特定しており（これはアントレプレナーシップ・フレームワーク・コンディションと呼ばれています），それが分析対象国でどの程度満たされているかをそれぞれの対象国の専門家に回答してもらうのです。

■ 質問票調査の利点と注意点

質問票調査の大きな利点は，アウトプットとしてなかなか表れにくい人々の態度や心理的な状態を聞けることです。たとえば，新しいビジネス機会の追求が実際になされていなかったとしても，①新しいビジネス機会をそもそ

も追求したいと思っていないのと，②新しいビジネス機会を追求したいとは思っているのとでは，アントレプレナーシップの程度を上げたいと思ったときに行うべき対策が異なってきます。だからこそ，新しいビジネス機会の追求に関する態度を質問票調査によって聞くことには大きな意味があります。

　もちろん，質問票調査にも注意点があります。まず，サーベイ調査の設計には注意しなくてはなりません。サーベイ調査はやり直しが難しいのです。これはアントレプレナーシップの測定に限った点ではありません。対象者の選定（サンプリング）や調査の方法，質問項目の設定などを適切に設計する必要があります。言葉遣いについても重要です。きちんとそれぞれの概念を定義し，操作化した上でサーベイ調査を設計しなければ，単に人々の言葉遣いを聞いている結果となってしまうのです。日本人は他の国の人に比べて，質問票調査の「完全にそう思う」や「まったくそう思わない」といった両極端な回答をすることが少なく，「ある程度そう思う」というような回答が多くなるかもしれません。実際に，民主主義やジェンダー，仕事，幸福，宗教などに対する人々の態度を調査している世界価値観調査（World Values Survey）では，日本人はほとんどすべての項目において，「とても当てはまる」や「当てはまる」と答えた人の割合が，国際的に見てきわめて低い水準だったのです。

　さらに，質問票調査を行う際やその結果を分析する際には，参照点がどこにあるのかを明確にすることが重要です。たとえば，ある質問票調査で，スタートアップを設立してビジネス機会を追求することについて，リスクが高いと回答者の80％が考えているという結果が出たとしましょう。この結果をどう解釈すればよいのでしょうか。80％は，多いのでしょうか。あるいは，妥当な割合でしょうか。あるいは結構少ないと考えるべきでしょうか。「80％ということは過半数を大きく超えて，多くの人がリスクが高いと感じているわけだから，それは多いでしょう」と考える人もいるでしょう。しかし，80％が多いのかどうかは，他の国と比べたり，過去の質問票調査の結果と比べたりしないと，参照点がないので評価できないのです。このことからすると，質問票調査をある年に1回だけやったとしてもそれほど大きな成果は見込めないかもしれません（もちろん，参照点が明確であれば大きな成果が見込めるでしょう）。参照点が不明確だと，そこで得られた結果の評価が難し

―・コラム⑤　起業の意図・～～～～～～～～～～～～～～～～～～～～～～～～～～～

　図表3-1はグローバル・アントレプレナーシップ・モニターの質問項目の1
つの企業家的な意図（Entrepreneurial Intention）をプロットしたものです。こ
れは18歳から64歳の人々の中で，3年以内にビジネスを始めようという意図
を持っている人の割合を示しているものです。何らかの企業家的な活動にすでに
関与している人は除かれています。2002年の調査からこの項目は測られていま
す。図表3-1では，2002年と2019年の2つの調査の両方でともにこの項目
が調査されている国をプロットしています。

　まず，この図を見ると，日本において3年以内にビジネスを始めようと考え
ている人の割合は他国と比べると小さいことがわかります。チリやブラジル，あ
るいはインドではその割合は大きいこともわかります。もちろん，ここからすぐ
に「日本人は，新しくビジネスを始める意図を持った人が少ない（けしから
ん！）」という結論にジャンプするのは危険です。まず，自分でビジネスを始め
る割合は，その国の経済発展の状況（経済発展の水準と自営業の割合は相関する
といわれています）や既存企業の雇用を生み出す（あるいは維持する）力にも依
存しているでしょう。さらに，質問項目にも注意は必要です。どのようなビジネ
スを始めるのかについては聞いていません。ですから，新しいビジネスを開拓し
ようとしている人だけでなく，既存のやり方で，既存のビジネスに新規参入をし
ようとしている人も含まれます。しかし，どのくらいの割合の人が，ビジネスを
自分でスタートしようとする意図を持っているのかを知ることは大切です。また，
その意図を持った人の割合がどのように推移しているのかを知ることも有効で
しょう。

■ **図表 3-1：ビジネスを始める意図を持った人の割合**

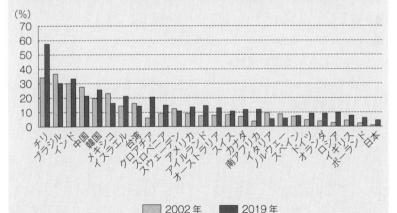

出所：Global Entrepreneurship Monitor から著者作成。

いのです。

　最後に，質問票調査で調査しているのは主に，アントレプレナーシップに対する態度です。実際の行動ではありません。アウトプットの測定が実際の行動の痕跡を追っているのに対して，質問票調査は測定している内容が違うのです。そのため，ビジネス機会への追求に対する好意的な態度がサーベイ調査で明らかになったとしても，実際に本当に行動に移しているかどうかはまた別の話なのです。たとえば，「机の上を片付ける」という態度を僕は毎朝表明していますが，それを行動に移したことはほぼありません。だからといって，態度を調査することに意味がないわけではありません。重要な意義があります。態度は行動のポテンシャルと考えることができます。実際の行動として「机の上が片付いていない」としても，そもそも片付けようという気がないのか，片付けようという態度は持っているのかで，打つべき対応策が大きく異なってくるはずです。

3　アントレプレナーシップの程度に影響する環境

　どのような環境におかれると，アントレプレナーシップの程度は高まるでしょうか。産業や地域，あるいは国によって，新しいビジネスのしやすさが異なっているかもしれません。アントレプレナーシップを促進する基盤的な環境が整えられているかどうかを測定する指標もあります。

■ ビジネスに対する国の規制

　世界銀行は，ビジネスのやりやすさを指標化（Ease of Doing Business Index）し，国際比較をしています。この指標はアンケート調査を行い，ビジネスを行う上で直接的に影響する規制がどの程度少ないのか（あるいは多いのか）を測定しています。教育の質や，犯罪，一般的なインフラストラクチャーなどビジネスのやりやすさに影響するものの，その影響は間接的なものについては対象とはしていません。より具体的には，新しいビジネスを始めるためにかかる手順の煩雑さ，必要となる最低資本の額，企業情報の開示の範囲や企業の信用情報の豊富さ，訴訟の容易さ，輸出入の手続の煩雑さ，破産手続の容易さなどを調査しています。この指標の数値が低いほど，ビジ

ネスに対する規制が少なくなり，ビジネスがよりやりやすくなると考えられています。アントレプレナーシップの分析もその調査の目的の1つではありますが，目的はそれだけではありません。ビジネスの環境についてのより一般的な調査を目的としているといえるでしょう。

　もちろん，われわれの生活はビジネスのためだけにあるわけではありません。ビジネスのために何でもかんでも規制を緩和すればよいわけではありません。しかし，企業家がビジネス機会を追求する際には，国の規制が障壁になることもあります。これらはビジネスを行うにあたって重要な影響を与える規制ですから，当然，アントレプレナーシップのあり方にも影響を与えるものです。また，これは国レベルの規制の調査です。アントレプレナーシップの国際比較をする際には，重要な指標の1つとなるでしょう。

　政策担当者にとっては，アントレプレナーシップの程度を高めようと考えると，新しいビジネス機会を追求しようとする人を支援することとともに，そのような人々が直面する障壁を取り除くことも効果的だと考えられるようになってきています。実際に，規制によってビジネスがやりにくくなっている国は，民主主義的でなく，経済成長もしにくいということが議論されてきました[5]。だからこそ，新しいビジネスを行う上での障壁をできるだけ低めて，ビジネスをしやすくすることが大切だと考えられるようになったのです。

　ビジネスのしやすさの測定にも注意は必要です。これは，実際に新しいビジネスがどの程度生まれているのかを測定しているわけではありません。あくまでも，ビジネスのやりやすさに影響を与える規制の調査です。そのため，アウトプットの測定や態度での測定など，その他の測定と組み合わせて分析していくと，より豊かな分析になるはずです。さらに，この指標が調査しているのは，標準的な企業のビジネスのやりやすさであることには注意が必要です。

　実際に，ビジネスのしやすさをとにかく上げればアントレプレナーシップが高まるというわけでもなさそうだということを示唆する研究結果もあります。39カ国のビジネスの規制とアントレプレナーシップ（この論文では，グローバル・アントレプレナーシップ・モニターが測定に使われています）の関係

5　Djankov et al. [2002].

を分析した研究では，新しくビジネスを始めるのに最低限必要になる資本が大きくなると，アントレプレナーシップの程度は低下することが明らかになっています[6]。その一方で，新しいビジネスを始めるのにかかる書類上の手続の煩雑さなどは，アントレプレナーシップとの間に明確な関係は見られていません。

4　本章のまとめ

　本章では，アントレプレナーシップをどのように測定するのかを考えるために，これまでの測定方法を見てきました。それぞれの方法には長所と短所があります。これで測っておけば完璧というような指標はありません。それは，アントレプレナーシップが「新しい」「ビジネス機会」「現在コントロールしている経営資源にとらわれない」「追求する」といった複数の要素から成り立っているものであり，それぞれの要素の測定も簡単ではないからです。だからこそ，ある側面に焦点を当てた測定が行われています。自分が使う測定の方法が，アントレプレナーシップのどの側面に光を当てているのかを常に明示的にしておくことは大切です。

もう一歩詳しく知るためのリーディング

　　アントレプレナーシップの測定はなかなか難しい問題です。ここにブレークスルーが求められているところでもあります。また，アントレプレナーシップの測定だけを取り上げている書籍はありません。測定だけを議論しているものはそもそも面白くはありませんし，かなり細かな専門的な話ですから論文で議論がなされています[7]。

　　そのため，ここでは少し趣向を変えて2冊おすすめの本を紹介したいと思います。1冊めは，管理会計に近いものです。学術書ではなく，とても読みやすい本です。「会計？」と思う人もいるかもしれません。しかし，

6　van Stel et al.［2007］.

7　ちなみに，論文では，Ács et al.［2014］はおすすめです。また，Chandler and Lyon［2001］ではアントレプレナーシップの研究のリサーチ・デザインについても整理してくれています。やや専門的ですが，もう一歩深く踏み込む人にはおすすめです。

アントレプレナーシップを社内で高めようと思ったら，何を測定し，何を評価すればよいのかを考えさせてくれる1冊です。OKRというやや流行りの概念も出てきますが，測定とマネジメントとの関係を考える上ではおすすめです。

⇨ Doerr, John E. [2018]. *Measure What Matters: How Google, Bono, and the Gates Foundation Rock the World with OKRs*, Portfolio: Penguin. （土方奈美訳『メジャー・ホワット・マターズ：伝説のベンチャー投資家がGoogleに教えた成功手法OKR』日本経済新聞出版社，2018年）

　2冊めはアントレプレナーシップとは直接関係ないのですが，どのような状況で数値化がなされるのかについて分析した良書です。著者のポーターは，専門家に対する社会からの信頼が揺らぐときに数値化が進むと指摘しています。そして，私たちは数値化されたものを客観的なものであると考えがちですが，それは本当に客観的なものなのか，抜け落ちているものはないか，ということを問いかけてくれる骨太の論理がある良書です。

⇨ Porter, M. Theodore [1995], *Trust in Numbers: The Pursuit of Objectivity in Science and Public Life*, Princeton, N.J.: Princeton University Press. （藤垣裕子訳『数値と客観性：科学と社会における信頼の獲得』みすず書房，2013年）

第4章

起業しますか？

この章を読み進める前に

■ どのような人が起業をしやすいのでしょうか。その理由もあわせて説明してください。

■ スキルの高い人と低い人では，それぞれどのような職業選択をする傾向があるでしょうか。あなたの考えをまとめてください。

　　　　　　　　　新しい企業を設立することは，新しいビジネス機会を追求する経路の1つです。外部から多くの経営資源を調達し，新しいビジネス機会を追求するスタートアップは，アントレプレナーシップが結晶化されたものと考えることができます。ここでは，起業という選択の基本的なポイントを考えていきましょう。どのような人が起業という選択をしているのでしょうか。

1　起　　業

　起業とは，業（ビジネス）を起こすというのが本来的な意味です。現在では，起業は，ビジネスを行うために，企業を設立することとして一般的に使われるようになっています。やや本来的な意味からそれてきています。言葉の語源からすると，既存企業での新規ビジネスの開拓も起業ということになりますが，それを起業と呼ぶ人はあまりいません。

　起業にはさまざまな目的がありますが，新しく企業を設立する（あるいは独立する）ことの主な目的は，もちろん，ビジネスを行うことにあるといってよいでしょう。そのため，アントレプレナーシップを測定する上での代理指標として使われてきました。新しいビジネス機会を追求するためにスタートアップを設立するのは，ここで想定されている典型例です。

　この章で起業について考えていく前に，少し整理しましょう。まず，起業にはさまざまな形態が含まれています。新しいビジネス機会を追求するために企業を設立する人もいるでしょうし，節税のために企業を設立する人もいます。自営業や個人事業主も含まれています。起業は，新しい企業を設立するという意味であり，それ以上でも，それ以下でもありません。

　スタートアップとは，創業間もない新しい企業のことです。ただ，創業間もなければどのような企業でもスタートアップなのかといえば，そうでもありません。近所に新しく美味しいケーキ屋さんができました。カヌレやクルミのタルトが最高です。創業間もないので，スタートアップといえなくもなさそうです。それでも，「スタートアップの起業，おめでとうございます。カヌレが最高です！」と声をかけたとすれば，「…」という気まずい違和感につつまれることでしょう。この違和感は何でしょうか。

　スタートアップとは，一般的には，新しいビジネス機会を追求している新しい企業を指します。しかし何が新しいビジネス機会で，何は新しいビジネス機会ではないのかという点については，学術的にしっかりとした定義があるわけではありません。ここに，アントレプレナーシップの操作化と測定の難しさが表れています。カヌレが最高のケーキ屋さんについても，①追求しているビジネス機会が新しいのか，②ビジネス機会をどの程度まで追求しよ

■ 図表 4-1：起業，スタートアップ，エンプロイー・スタートアップ ■

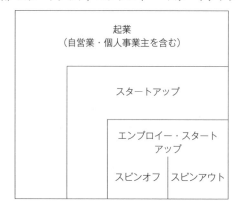

出所：著者作成。

うとしているのか，という 2 つのポイントが気になるところです。

　スタートアップのサブ・カテゴリーに，エンプロイー・スタートアップ（Employee Startup）と呼ばれるものもあります。これは，ある組織で働いている人が新しく設立した企業です。いわゆる社内ベンチャーは，エンプロイー・スタートアップということになります。それに対して，たとえば，大学在学中，あるいは退学や中退して企業を設立し，新しいビジネス機会を追求するような場合には，エンプロイー・スタートアップとはいわれません。

　さらに，エンプロイー・スタートアップは，スピンオフとスピンアウトに分けることができます。スピンオフとは，創業者が働いていた企業と新しく設立したスタートアップの間に資本関係があるものです。社内ベンチャーは，通常，親会社から資本提供を受けてスタートするので，スピンオフということになります。そのような資本関係がないものをスピンアウトといいます。

　最後に，ベンチャー（日本ではベンチャー企業，ベンチャー・ビジネスなどともいわれます）という言い方もあります。ベンチャーとは，ベンチャー・キャピタル（あるいはエンジェル）から資金調達をしているスタートアップです。スタートアップであっても，ベンチャー・キャピタルから資金調達をしていなければ，ベンチャーとはいえませんが，一般的にはスタートアップもベンチャーもほとんど同義に使われています。

　ここから，起業という選択について考えていきましょう。やや抽象的なモ

デルや専門的で実証的な分析結果が出てきますが，とても大切なところなので少しだけ我慢してついてきてください。

2　起業の選択

どのような人が起業しているのでしょうか。起業は職業上の選択です。さまざまな観点からどのような人が起業を選択しているのかが分析されています。その中でも，繰り返し観察されてきたのは，人のスキルと起業という選択の間の U 字型の関係です[1]。起業の確率が高いのは，スキルの低い人と高い人なのです。学歴別に見ると起業率が高いのは，高校未満（中学卒業あるいは高校退学）あるいは大学院卒業で，中間的な高校卒業や大学卒業などでは起業率は低いのです。

この U 字型の起業のパターンは，1980 年代以降（それ以前はなかなか体系的なデータが整備されておらず，分析がそれほど進んでいません）のさまざまな国で観察されています。年齢や性別，世帯の人数，子どもの数，移民かどうかなどを考慮に入れても規則性が確認されています[2]。

ところで，なぜ，スキルを学歴で見ているのかと疑問に思う人もいるでしょう。本来は，スキルの高い人が起業を選んでいるのか，あるいはスキルの低い人が起業を選ぶ傾向があるのかを分析しようとしていたのですが，人のスキルを測ることはなかなか難しいのです。そこで，学歴がスキルの代理変数として使われたのです[3]。

1　たとえば，Blanchflower [2000]，Hamilton [2000]，Campbell and De Nardi [2009]，Hipple [2010]，Le Maire and Schjerning [2007]。

2　U 字型になっているために，起業を選択する確率を，就学年数で回帰し，線形の効果だけを調査すると，基本的には（サンプルなどにもよりますが）結果は出ません。U 字型の関係があるのに（つまり，就学年数がかなり小さい人とかなり大きい人が起業という選択をする傾向が高い場合），そこに線形的な関係を見出そうとすると，統計的に有意な推定値は得られません。

3　日本で学歴というと，入学試験の偏差値の高い学校が高学歴，低い学校は低学歴と考えられることもあります。グローバルにも同じような大学ランキングは存在しています。ランキングの高い大学は優れた教育や研究がなされており，入学難易度も高くなります。しかし，一般的な研究で学歴は，中学校卒業，高校卒業，専門学校卒業，大学の学士（いわゆる大学の学部卒業），修士，あるいは博士などで測られています。

「学歴で人の能力などは測れない」という批判もあるでしょう。人の能力は多様であり，学歴だけで測れるはずがないというわけです。当然です。そのため，前職の賃金も分析している研究もあります[4]。能力の高い人は，おそらく前職での賃金も高いはずです。前職の賃金を見ても，相対的に前職の賃金が高い人と低い人が，起業する選択をしている傾向が見られています[5]。

　U 字型の起業確率とともにもう 1 つ繰り返し観察されているものがあります。起業によって得るリターンの分散の大きさです。従業員として得る賃金と比べると，起業を選択した人が得るリターンの分散が大きいのです[6]。平均値ではなく，分散が違うという点がポイントです。分散が大きいということは，バラツキが大きいということです。これまでの研究では，起業を選択した人のリターンと従業員として得る賃金，それぞれの標準偏差をとるとおよそ 2 倍から 4 倍近くの違いが見られています[7]。リターンについては第 11 章で詳しく見ていきますので，ここではリターンの分散が大きいということを頭に入れておいてください。

■ 起業の意思

　そもそも，スタートアップを起業する人たちは，なぜそのようなキャリアを選んでいるのでしょうか。

　起業の意思（Entrepreneurial Intention）とは，新しいビジネスをスタートさせることに対する個人のコミットメントです[8]。これは，起業する上での最初のステップと考えられています。「あれ？　気がついたら起業していた」という人はあまりいないのです。多くの人が，起業することを意図的に選択するわけです。いくら，新しいビジネス機会がありそうだと思ったとしても，起業の意思がなければ，スタートアップは設立されません（本書で繰り返し述べてきた通り，スタートアップを設立すればよいというものではありませんが）。

4　Poschke [2013].

5　Poschke [2013].

6　Hamilton [2000], Moskowitz and Vissing-Jørgensen [2002], Cagetti and De Nardi [2006].

7　Hamilton [2000], Borjas and Bronars [1989].

8　Krueger and Carsrud [1993].

まさに起業するプロセスにいる人たちと,いわゆる普通の人々に,次の6つにどれくらい価値をおいているかを尋ねた研究があります[9]。その6つとは,①イノベーションを起こす(ここでは何か新しいことをやろうという意図のことです),②自律性を持つ(自由やコントロール,柔軟性),③承認を得る(ステータスや家族や友人あるいはコミュニティからの承認),④役割を担う(家族の伝統を守ることや他の人の手本となること),⑤自己実現をする,そして,⑥経済的な成功を収めることです。

この6つはスタートアップを起業しようとしている人のほうが,どれも大きな価値をおいていそうなものばかりです。起業しようとしている人と普通の人を比べると,前者の人たちのほうがこの6つを重視する程度が大きいと予想できます。

しかし,実際の結果を見てみると,イノベーション,自律性,自己実現,そして経済的な成功では,スタートアップを起業しようとしている人と,そうでない人の間には顕著な違いは見られなかったのです。それだけではなく,役割を担うことや承認を得ることを高く評価していたのは,起業したばかりの人たちではなかったのです。

ある研究では,親の影響が強いと分析されてきました。自分が育った家庭の環境も影響することがわかっています。父親あるいは祖父からの影響が強いのです。父親や祖父が,企業家的であると,その子どももやはり企業家的になる(新しい組織をつくって,そこでビジネス機会を追求しようとする意思が強くなる)ということが見られています[10]。しかし,この結果は,他の研究ではそれほどサポートされているわけではありません[11]。また,比較的小さい規模あるいは新しく設立された企業での就業経験についても,それほど明確な結果は見いだせていません。

起業の意思について,頑健性の高い結果はまだ見出されていません。これらにはいくつかの原因があります。起業の意思に影響するのはさまざまな要因があり,それらを上手く統制して,特定の要因の影響だけを取り出すことが難しいのです。また,これまでの研究では,起業家への身近さに注目する

---

9 Carter et al. [2003].

10 Laspita et al. [2012].

11 たとえば,Kolvereid and Isaksen [2006]。

ものが多くありました。確かに，身近であれば，起業家について学習できます。しかし，身近に起業家がいたからといって，常にポジティブな学習をするわけではありません。たとえば，身近な起業家が失敗していたり，ロールモデルとして適切でなかったりする場合は，「起業はやめておこう」とネガティブな学習をする可能性もあるのです。

3　職業選択としての起業

　話がそれてしまったので，元に戻しましょう。スキルと起業の確率の間には，U字型の関係が見られるのはなぜでしょうか。どのような人が起業を選択するのかについては，基本的には，①リスク愛好的な人，あるいは②企業家としての能力のある人と考えられてきました[12]。しかし，これではどうも起業について観察されている事実（起業から得られている経済的なリターンの分散が大きいということや，経済的なリターンが小さくても存続している小規模企業も多いこと，あるいは，低スキルの人も多く起業していることなど）を説明できないのです。そのため，起業選択のモデルが考えられ，修正がされてきました。ここではその基礎的なモデルから修正までを見ていきましょう。少し抽象的な話が続くので，コーヒーとドーナツ，ワインとチーズ，あるいはチャーシュー麺とチャーハンなど自分がリラックスできるものと一緒に頭の中でモデルを動かしてみてください。

■ 古典的な起業選択モデル

　基本的な考え方は，ケンブリッジ大学のアンドリュー・D・ロイの職業選択のモデルがベースです[13]。これは，スキルが異なる人の職業選択をモデル化したもので，ロイ・モデルと呼ばれています。

　ロイは，漁業と狩猟の2つの職業を例に，人々はどのように職業を選択するのかを考えました。少しこのモデルを考えてみましょう。漁業と狩猟のどちらを選択しても，一定期間にどれだけ収穫があるかについては，不確実性

12　起業の選択については，以下の2本は基本的なものであり，古典といえるでしょう。Kihlstrom and Laffont [1979]，Lucas Jr. [1978]。

13　Roy [1951]。

はないと考えます。もちろん，環境変化などで収穫が期待していたより良かったり，悪かったりすることは実際には起こることですが，モデルはあくまでも，できるだけシンプルに考えていくことが大切です。人々は職業選択を自由に行います。漁業と狩猟で違いがあるのは，スキルです。ここで漁業のほうがより高い水準のスキルが必要になると考えましょう。このような場合，人はどちらの職業を選ぶでしょうか。

　これは，人々のスキルによるというのがロイのポイントです。漁業と狩猟にはそれぞれ必要なスキルがあります。そして，それぞれのスキルをどのくらい持っているかは人によって異なります。スキルが高い人がいれば，スキルが低い人もいます。

　次に，漁業と狩猟のスキルの間の相関関係を考えてみます。パターンは3つです。1つめは，漁業が得意な人は，狩猟も得意という正の相関関係です。2つめは，漁業と狩猟のスキルの間には何も相関関係がないというものです。そして，3つめは，漁業が得意な人は，狩猟は得意ではないというような負の相関関係です。

　2つのスキルの間に正の相関関係がある場合，スキルの高い人は，漁業に集中することになり，狩猟にはスキルの高い人はいなくなります。なぜでしょう。前述のように漁業のほうが狩猟よりもスキルが必要だという前提があります。漁業のほうがスキルが必要であり，スキルが高い人はたくさんとれますが，スキルが低い人は漁獲高は小さくなります。狩猟はそれほど高いスキルが必要ではないので，スキルが高い人と低い人の差はそれほどありません。つまり，狩猟の収穫高のほうが，漁業よりも平均値に集中しているといえます。そのため，スキルが高い人は漁業を選択することが合理的になります。その結果，狩猟にはスキルの高い人はほとんどいなくなります。もしも，2つの職業のスキルの間に相関関係がなかったり，あるいは負の相関関係がある場合には，このようなことは起こらず，漁業にも狩猟にもスキルの高い人が存在することになります。つまり，もしも2つの職業に必要なスキルが正の相関関係がある場合には，スキルの高い人はスキルがより重要な職業を選択することになるというわけです。

　また，ロイは，もしも，ウサギ（狩猟をする人たちはウサギを獲っているのです）に対する魚の相対価格が上がったらどういうことが起こるのかも考え

ています。魚の価格が上がったので，それまで狩猟をしていた人たちの中には，漁業に移るという人もいるでしょう。もしも，漁業と狩猟のスキルの間に正の相関関係がある場合，漁業と狩猟の 2 つのセクターでの全体の生産性は下がることになります。なぜでしょう。

　負の相関関係があるような場合から考えてみます。これらの場合には，狩猟をやめて，新しく漁業を始める人の漁業のスキルは，もともと漁師を選択していた人のスキルよりは低いはずです。生産性の低い人が参入してくるのですから，漁業のセクターの平均生産性は低下します。しかし，狩猟から漁業へは，狩猟のスキルが低い人（つまり，漁業のスキルが高い人）から移っていきます。その結果，スキルのより低い人が少なくなるので，結果として，狩猟セクターの平均生産性は上がります。

　正の相関関係がある場合，漁業を選択している人に比べて，狩猟を選択している人のスキルは低いということは，これまで見てきました。魚の相対価格が上がったために，狩猟から漁業に人が移ってきますが，彼らのスキルは，すでに漁業を選択している人と比べると低いので，漁業セクターの平均生産性は下がります。これは，相関関係がない場合や負の相関関係がある場合と同じです。違いがあるのは，正の相関関係がある場合は，狩猟のセクターの生産性も下がってしまうという点です。狩猟から漁業に転職する人のスキルは，狩猟を続ける人よりは高いからです。つまり，スキルの高い人が抜けてしまうので，狩猟セクターの平均生産性も低下するのです。相関関係がほとんどない場合には，漁業セクターの平均生産性は下がるものの，狩猟セクターにはほとんど影響がないということになります。

　基本的な考え方は，スキルが高い人もいれば，低い人もいて，それにより職業選択や産業の生産性も変化するということです。スキルが高い人は，自分のスキルが活かされる程度が高い（スキルの高さが成果に結びつきやすい）職業を選択し，スキルが低い人はスキルの高低が成果に影響しにくい職業を選択するというわけです。このロイのモデルをベースにさまざまな分析がされています。

■ なぜ U 字型でリターンの分散が大きいのか

　ニューヨーク大学のボヤン・ヨバノビッチは，ロイの漁業と狩猟の職業選

択のモデルを，起業するか既存企業で従業員として働くかという職業選択に
応用しました[14]。ロイは漁業と狩猟の2つのスキルを考えていましたが，ヨ
バノビッチは起業してビジネスを経営するスキルと従業員として働くスキル
の2つの能力に着目しました。ビジネスを経営するスキルとは，創業者とし
て起業し，スタートアップを経営する能力です。従業員として働くスキルと
は，既存企業の従業員として成果を上げる能力です。ロイのモデルと同じよ
うに，これらのスキルは，人々の間で不均質に存在しています。スキルの高
い人もいれば，低い人もいるのです。

　経営するスキルと従業員として働くスキルが正の相関関係にある（つまり，
経営するスキルが高い人は，従業員として働くスキルも高い）場合に，高い経営
スキルを持つ人材が，起業という選択をせず，従業員として賃金労働者にな
る傾向が強くなることをヨバノビッチの分析は示しています。起業のほうが
不確実性が高く，自分のスキルが高かったからといって高い報酬が得られる
とは限らないからです。違う言い方をすれば，従業員として働くほうが，不
確実性が低く，自分のスキルによって自分の所得が決まる程度が高いとヨバ
ノビッチは考えたわけです。しかし，実際には，スキルの高さと起業の選択
の間にはU字型の関係があります。つまり，スキルが高い人も実際には起
業という選択をしているのです。謎が残ります。

　カナダのマギル大学のマルクス・ポシェケは，人々の能力は不均一であり，
スキルの高い人と低い人がいるということはこれまでのモデルから引き継ぎ
ながらも，①起業をせずに（あるいは起業していたものを放棄して），賃金労
働から得られるリターンに対する期待と，②適切なプロジェクトを探索する
能力という2つの点を新たに考慮して分析しました。ポシェケはこの2点を
考慮したモデルで，スキルが高い人とスキルが低い人が起業する選択をとる
傾向が高いことを導き出しました。さらに，NLS（National Longitudinal
Survey）79と呼ばれるアメリカの若者を対象としたパネル調査のデータを用
いて，このモデルが実際のデータとも整合的なのかを確認しています[15]。

　なぜ，スキルの高い人と低い人が起業を選択する確率が高いのでしょうか。

---

14 Jovanovic［1994］.
15 Poschke［2013］.

まず，起業して新しいビジネス機会を追求するとどの程度のリターンが期待できるのかは，やってみないとわからないという側面があります。高スキルの人は，あまり見込みのないプロジェクトをやめる決断を適切にすることができます。そのため，それほど大きなリターンが見込めないプロジェクトは放棄するのです。

また，スキルが高い人は，起業をせずとも，賃金労働から得られるリターンが高くなります。これは，起業を選択する機会費用が高いということを意味しています。だからこそ，スキルの高い人は，賃金労働から得られるであろうリターンを上回ると期待できるプロジェクトを見つけたときにのみ起業を選択するのです。

スキルの低い人は，賃金労働から得られるリターンはそれほど高くありません。つまり起業という選択肢の機会費用が低いのです。また，低スキルの人は適切なプロジェクトを探索する能力もそれほど高くないため，あまり見込みのないプロジェクトでも起業を選択するのです。

このポシェケのモデルは，起業によるリターンの分散の大きさも説明してくれます。スキルの高い人は，起業の機会費用も高く，プロジェクトの見る目も優れているため，相当見込みのあるプロジェクトでしか起業を選択しないのです。その結果，成功したときのリターンも大きくなります。スキルの低い人は，起業の機会費用が低く，プロジェクトを適切に判断する力もそれほど高くありません。その結果，リターンの低いプロジェクトを選んだり，リターンが小さかったとしてもそれを放棄せずに継続する傾向が強くなります。そのため，リターンは小さくなりがちになります。全体的に見ると，起業することのリターンの分散が大きくなる理由の 1 つはここにあると考えられます。

4 スタートアップを選ぶ若い人

自分で起業しなかったとしても，スタートアップを働き先として選ぶ人も増えています。スタートアップの創業者やそこで働いている従業員の年齢は若い人が多いことがわかっています[16]。たとえば，アメリカの国勢調査局のデータで見ると，設立 1 年から 5 年の企業では，従業員の約 27％が 25 歳か

ら34歳で，70%以上が45歳以下です。一方，創業20年以上の老舗企業では，25歳から34歳までの従業員は18%以下であり，45歳以上の従業員が半数近くを占めていることがわかっています。

なぜ，若い人はスタートアップを選ぶのでしょうか。若気の至りでしょうか。いやいや，そんなことはありません。序列的マッチング（Assortative Matching）という観点からすると，マッチングの結果といえそうです。

まず，就職しようと考えている人（新卒や中途採用を問わず）は，できるだけ生産性が高い企業で職を得るほうが得です。生産性が高いということは，少ないインプットで大きな成果を上げるということですから，自分の賃金も高くなることが期待できるからです。もちろん，就職は賃金だけで決めるものではないでしょう。仕事の中身や働き方，場所なども重要な要件です。しかし，他の条件が同じであれば，もちろん，高い賃金が期待できるほうがよいわけです。

この点で，スタートアップはやや不利です。まず，スタートアップは平均すると，すでに競争で生き残ってきている既存企業よりも生産性が低くなります。きわめて高い成果を上げるスタートアップもあれば，すぐにダメになってしまうものもあります。玉石混交です。平均的に見れば，市場での競争で生き残っている企業と比べるとその生産性は低いのです。そのため，スタートアップの賃金は平均すると低い傾向があります[17]。スタートアップは設立されて間もない企業であり，ターゲットとするビジネスの新規性が高ければ高いほど，不確実性も高くなります。さらに，スタートアップはどこも自社のビジネスの有望さを宣伝します。スタートアップにこれから就職しようという人にとっては，どこが有望なのかを見極めることはなかなか難しくなります。そのため，設立されて間もないスタートアップは人材確保に苦労します。

若い人材は，生産性において平均的には既存企業より不利なスタートアップと同じような状況にあります。若い人は，とびぬけて優秀な人もいるかもしれませんが，平均すると，ベテランのビジネスパーソンよりも生産性は低

---

16 Ouimet and Zarutskie [2014].

17 既存企業が年金や健康保険などの福利厚生をより豊富に提供している点を考慮に入れると，その差はさらに大きくなります。

くなるからです。

　企業は生産性の高い優秀な人材から雇用しようとします。就職を希望する人もできるだけ有望で生産性の高い企業を選びたいと考えています。それぞれの生産性に応じて企業と人材がマッチングしていきます。つまり，生産性の高い優秀な人材は有望で生産性の高い企業とマッチングします。生産性の低い企業は，相対的に生産性の低い人材しかとれないのです。このようなマッチングは，序列的マッチングと呼ばれています。このような場合には，どうしてもスタートアップには若い労働者が集まりやすいのです。

　ただし，この序列的マッチングからの説明にはやや謎が残ります。若い人（たとえば，高校卒業や専門学校卒業，あるいは大学の学部や大学院を最初に卒業したばかりの人）に限ると，若い人材のほうがスタートアップを選択する傾向があるとは必ずしもいえないのです。むしろ，最新の知識を持った大学院や学部を卒業した人たちがスタートアップを選択している傾向が高くなります。

　なぜでしょうか。スタートアップ側から見ていきましょう。スタートアップが新規性の高いビジネスをターゲットにする場合には，アップデートされた知識を持っている人材は重要です。若い人は教育を受けてから間もないのです。スタートアップで働く人の多くは大学の学部あるいは大学院を卒業した人です。その人たちのスキルは最新で，しかも体系的にアップデートされたものだといえます。これは，スタートアップにとっては重要です。新しい製品やサービスをこれから出そうという若い企業は，既存の製品やサービスにはない新規性を付与しなければなりません。とくに，サイエンスベースの産業では最新の知識が企業の競争力を左右します。だからこそ，若い人材はサイエンスベースのビジネスを行おうとするスタートアップにとっては重要なのです。

　若い人の側の事情もあります。若い人のほうが相対的にリスクに対する許容度が高い可能性があります。スタートアップは，マクロ経済的なショックに敏感です。また，景気後退期に企業が失敗すると，そこにいた労働者にとっては，次の就業機会を見つけることが難しくなります。これは，スタートアップで働く人にとってはリスクになります。若年層はリスク許容度が高い傾向にあることは古くから観察されています[18]。このことから，スタート

アップにはリスク許容度が高い若い人が集まってくるのです。また，リスク許容度が高いということは，そのような人が入社後に企業内でリスクの高いプロジェクトを選択する可能性が高いということも示唆しています。これは，スタートアップの成果の分散が大きいこととも整合的です。

また，若い人は，自分の能力や趣向について自分でまだよく理解していないこともあるでしょう。自分にどのような能力があるのか，自分が何をしたいのかについてまださまざまな迷いがあるのです。そのため，若い労働者は，自分に合った仕事を見つけるまでに，試行錯誤を繰り返していきます。その迷いは，職務経験を重ねていくと徐々に解消されていくのです。転職が若い人に多いのもこれが原因の1つです。

これらから，スタートアップには最新のスキルを持った若い人が集まりやすいのです。それでは，スタートアップに若い人が多いことは，どのような影響があるのでしょうか。ベンチャー・キャピタルは，より新規性の高いスタートアップを投資先として選ぶ傾向があり，若い従業員の割合が高いスタートアップは，ビジネスの新規性が高いということがわかっています[19]。さらに，若い従業員の割合が多いスタートアップで，その後の競争に生き残った企業は，高い成長を経験する傾向が見られています。これは，若い労働者がリスクをとる傾向が高いということと，アップデートされた知識を持っているということと一致しています。

若い労働者の供給は，スタートアップの生成に影響があるでしょうか。若い人が少なくなると，スタートアップにも影響があるでしょうか。人口に占める若年層の割合がアメリカの州ごとに違うことを利用して，若者の労働者の供給とスタートアップの生成を分析した研究では，ハイテク産業における若者の労働者の供給と新規企業の設立との間には正の相関関係が観察されています[20]。これは，スタートアップの生成にとって若い人材の供給は重要であることを示唆しています。

---

18 たとえば，Vroom and Pahl [1971]，Hensley [1977]。

19 Hellmann and Puri [2000].

20 Ouimet and Zarutskie [2014].

5　本章のまとめ

　本章では起業という選択について考えてきました。スキルの低い人と高い人が起業という選択をする傾向が高いことが観察されています。これがなぜなのかを職業選択モデルから考えてきました。また，スタートアップを選ぶ人には，なぜ若い人が多いのかについても見てきました。

　職業選択は大切です。カネは分散投資をすることができます。分散的に投資することにより，リスクを減らすことができます。しかし，自分の時間は分散投資をすることはできません。もちろん，時間を分割し，複数の職業を掛け持ちすることはできるでしょう。それでも，自分の時間を同時に複数のプロジェクトに使うことはなかなかできません。カツ丼を食べながらオンラインの会議を聞くことはできるかもしれませんが，株主総会で営業報告をしながら，顧客に新製品のプレゼンテーションをすることはできません。そのため，個人にとっては，自分の時間の機会費用は気になるところです。従業員として働くのか，あるいは起業するのかは，個人によってそれぞれに得られるものも違うでしょうし，機会費用も違うのです。

もう一歩詳しく知るためのリーディング

　スタートアップについて学術的にまとめられているものは，それほど多くありません。とくに，日本語で書かれているものはとても少ないのですが，次の書はおすすめです。スタートアップについて基本から学びたいと思ったら，まずはここから読んでみましょう。

⇨ 加藤雅俊 [2022]，『スタートアップの経済学：新しい企業の誕生と成長プロセスを学ぶ』有斐閣。

　起業というと，華やか（だけど大変）なイメージがあります。それに対して，起業を選択している人の実際の姿を見せてくれるのは，シェーンの次の本です。個人事業主や自営業までも起業に含んでいるというところがこの本のポイントです。

⇨ Shane, Scott A. [2008], *The Illusions of Entrepreneurship: The Costly*

Myths that Entrepreneurs, Investors, and Policy makers Live By, Yale University Press.（谷口功一・中野剛志・柴山桂太訳『「起業」という幻想：アメリカン・ドリームの現実』白水社，2017 年）

第**5**章

どう資金を集めるか？

■ 新しいビジネス機会を追求しようと思います。有望なビジネスになり
そうですが，ビジネスをスタートするための資金がありません。どの
ように調達しますか。考えうる調達先を書き出してください。

■ それぞれの調達の特徴やメリット，デメリットを考えてください。

　　　　アントレプレナーシップとファイナンスは，1980 年代
までは，密接に関連する領域だとは考えられてきませんで
した。しかし，1970 年代後半からベンチャー・キャピタ
ルをめぐる規制の緩和や新興企業用の資本市場の整備など
が行われ，その後，スタートアップの興隆が見られたこと
でその関係に注目が集まってきました。

　　　　考えてみれば当たり前のことで，ビジネス機会を追求す
るには資金が必要です。原材料の調達，生産設備の建設，
マーケティングなどプロジェクトに資金が供給されなけれ
ば，ビジネス機会の追求は途中で終わってしまうのです。

　　　　新規性の高いプロジェクトに取り組む企業家は，ファン
ダメンタルなリスクとファイナンシング・リスクに直面し
ます。前者は，プロジェクトがビジネスとして上手くいか
ないリスクです。試行錯誤の結果，新規性が高ければ上手
くいかないことが多く，事前には成功するかどうかはわか
りません。後者は，プロジェクトの資金調達に関するもの
で，上手くいく見込みのあるプロジェクトであっても，資
金調達ができないとスタートもできず，スタートしても，
追加的な資金調達がなければ，中止せざるをえません。新
規性の高いプロジェクトを促進させるには，ファイナンシ
ング・リスクを減らすことが重要です。ここでは，企業家
の資金調達について考えます。

1　資金調達をめぐるポイント

　皆さん，新しいビジネス機会を追求しようと思ったら，まず，何をするでしょうか。「上司に相談する」という人もいるでしょうし，「まずは，腹ごしらえ！」というナイスな人もいるでしょう。

　おカネが気になる人は多いでしょう。「良いアイディアを思いついたのはよいけれど，資金がない！」とあきらめる人もいるでしょう。これでは，「現在コントロールしている経営資源にとらわれることなく，新しいビジネス機会を追求する程度」は高まりません。つまり，資金に対する制約が多ければ，「現在コントロールしている経営資源にとらわれる」程度も高くなってしまいます。ということは，社会であるいは社内でのアントレプレナーシップを高めるためには，できるだけ資金制約を小さくしておく必要があります。

　資金調達は，自分（あるいは自分にきわめて近い家族など）の懐から出す内部調達（Internal Finance）と，外部からの資金調達（External Finance）に分けることができます。自分（あるいは家族など）がとても裕福で，相当多くの蓄えがある場合，資金制約はそれほど問題にならないでしょう。しかし，内部調達だけでは，調達できる資金の制約が大きい場合は，外部から調達しようということになります。資金調達を考える上で基本となる資本コストから見ていきましょう。

■ 資本コスト

　資金を調達する上で考えなくてはいけないのは，資本コストです。資本コストとは，資金調達に伴うコストです。違う言い方をすれば，資金を提供する人が企業に要求するリターン（期待収益率）です。

　資本コストは，株主資本コスト（自己資本コスト）と，負債コスト（他人資本コスト）の2つに分けることができます。株主資本コストとは，資金を出した株主が企業に求めるリターンです。株主が期待するリターンは，キャピタル・ゲイン（株価の値上がりによる売却益）と配当です。負債コストとは，社債や融資というかたちで資金を提供した人が出資額に対して要求するリ

ターンです。資金を借りた企業にとっては，利子ということになります。

資本コストが高くなると（つまり，資金を提供する人が要求する期待収益率が大きくなると），資金調達をして，新しいビジネスを行う障壁が高くなります。資本コストに見合う高い収益性が見込めるビジネスしかターゲットにできなくなるからです。

それでは，資金を提供する側は，どの程度の収益を期待するのでしょうか。もちろん，高ければ高いほど良いのですが，ここでのポイントは最低限として要求するリターンです。期待収益がそれを下回るようであれば，資金を提供しません。

資金を提供する人がどの程度の収益性を求めるかは，基本的にはリスクによって決まります。新規性の高いビジネス機会を追求するスタートアップは，上手くいくかは事前にはわかりません。だからこそ，投資家にとってはリスクが高い投資案件となります。その点で，資本コストに影響を及ぼしているのは，次の2つの点です。

情報の非対称性

1つめのポイントは，情報の非対称性です。これは必ずしも，新しいビジネス機会を追求するための資金調達に限るものではなく，資金調達をめぐる一般的なポイントです。

情報の非対称性とは，その名の通り，情報が非対称的に存在しているということです。つまり，みんな同じ情報を持っているわけではないということです。外部から資金を調達しようとする際に，スタートアップと銀行，エンジェル，公的な支援者，あるいはベンチャー・キャピタルの間に情報の非対称性があるのです。その一方で，自分が貯めた資金でビジネス機会を追求しようとする場合には，このような情報の非対称性は資金調達においては問題になりません。

スタートアップは，追求しようとしているビジネス機会や自社の能力などについて，外部の資金提供者よりもよく知っています。ここに，外部の資金提供者が，スタートアップに資金を提供する理由があります。自分よりもより良い情報を知っているからこそ，そこに資金を託したほうが自分でビジネスを行うよりも高い収益性を期待できると思うわけです。

　しかし，資金を提供したスタートアップが，きちんと新しいビジネス機会を追求してくれるかどうかはわかりません。これはプリンシパル・エージェンシー問題（Principal Agency Problem）と呼ばれています。これは，2人以上のエージェント間の委任関係です。スタートアップと資本提供者の関係でいえば，資金提供者（プリンシパル）が，スタートアップの経営者（エージェント）に資本の使いみちについての決定権を委任します。経営者は，資金提供者に代わってビジネス機会を追求していきます。資金提供者は，スタートアップの経営者が本当に効果的，効率的なやり方で，ビジネス機会を追求しているかどうかを逐一監視することはできません（できたとしても，ものすごくコストがかかります）。そのため，スタートアップの経営者が，サボったり，効果的，効率的ではないやり方をしたりする可能性があります。これは，資本提供者にとっては，機会主義的な行動になります。もちろん，スタートアップが資金を調達しようとするときには，スタートアップの経営者たちは，効果的で効率的なビジネス機会の追求を約束するでしょう。しかし，本当にそれがなされるかどうかを監視することはなかなか難しいのです。だからこそ，資本の提供者は，この可能性もコストとして計算に入れることになります。つまり，機会主義的な行動の可能性の分だけ，資本提供者はスタートアップに高いリターンを求めることになります。

　スタートアップと資金提供者の間に高い情報の非対称性があると，最悪の場合には，市場が成立しなくなってしまいます。これは逆選択（Adverse Selection）と呼ばれる非効率性が生じてしまうからです。少し見ていきましょう。

　スタートアップは追求しようとしているビジネス機会やその能力においてさまざまです。しかも，上手くいくかどうかは事前にはわかりません。スタートアップは資金提供を求める際には，もちろん，そのビジネス機会が有望であることや自社に他にはない能力があるという情報を提供し，投資家を説得します。どのスタートアップも同じようにその投資の有望さを説きます。しかし，そのすべてが正確に情報を出しているかどうかはわかりません。誇張しているスタートアップもあるでしょう。できるだけ自社に有利な条件を引き出すためです。

　資金を提供しようとする側にとっては，これは問題です。どのスタート

アップが有望で，どのスタートアップが見込みがないのかを見極めるのは難しいのです。このような場合，資金を提供しようとする側は，どうするでしょうか。資金提供者は，スタートアップの質にかかわらず，すべてのスタートアップに対し平均的な条件で資金を提供しようとするでしょう。その結果，本当に有望なスタートアップにとっては，資金提供者から提示された条件が割高になります。その反対に，あまり有望ではない（のに，有望なふりをしている）スタートアップにとっては，資金提供者から提示される条件は割安なものになります。

　このような場合，有望なスタートアップはこの資本市場からいなくなってしまい，有望ではないスタートアップだけが残ることになります。資金提供者がどのスタートアップも有望でないということを最終的に理解すると，資金提供者もいなくなり，市場が成立しなくなってしまうのです[1]。

不確実性

　2つめのポイントは不確実性です。スタートアップが追求しようとするビジネス機会の新規性が高ければ高いほど，それが上手くいくかどうかは事前にはわかりません。スタートアップが認識しているビジネス機会が実際には期待するようなものではないかもしれません。自社の能力を過大評価しているかもしれません。

　ビジネス機会の新規性が高く，不確実性が高いほど，資金を提供する側はハイリスクになります。そのため，資金提供者は当然，ハイリターンを求めます。もちろん，資金を提供する側は，その投資を分散させていることが一般的です。分散投資とは，その名の通り，ポートフォリオを組み，投資先をさまざまな対象に分散させるのです。これによって，ある投資先のビジネスが失敗に終わったとしても，他の投資先からのリターンでその失敗を相殺できるのです。分散投資により，全体の投資リスクを低減し，安定的な収益が得られるのです。これは，投資の基本です。

　分散投資を行っているからこそ，上手くいくかどうかわからない新規性の高いビジネスを行うスタートアップにも資金を提供できるのです。しかし，

1　この問題は，Akerlof［1978］によって発見されたものです。

その他の条件が同じであれば，もちろん，リスクの高い投資案件に対しては，高い水準のリターンを要求します。ちなみに，資金を調達してビジネスを行うスタートアップは，そのビジネスに集中して投資をするので，分散投資ではありません[2]。スタートアップにも複数のプロジェクトがあるところも，多角化しているところもあるのですが，株主（とくに機関投資家）や金融機関などの投資の分散の程度とは比較にはなりません。ということは，スタートアップを創業した起業家は集中投資をしているということになりますから，高いリスクをとっているということになります。リスクをとっているのですから，起業家もハイリターンを求めるわけです。

2　内部調達

新しいビジネス機会を追求しようと思ったときに，まず考えるのは，そのための資金を自分でいくら出せるかです。

自分で資金を出せれば，資金調達にまつわる情報の非対称性の問題はありません。自分で資金を出せれば，外部から資金を調達するよりも低いコストでビジネスをスタートさせることができるのです。自分自身，あるいは身の回りの親しい人から資金を調達することを内部調達といいます。

■ スタートアップの内部調達

スタートアップの内部調達を考えてみましょう。はじめに考えなくてはならないのは，創業時に必要な資金です。創業しようとする本人が自分で用意する自己資金は重要です。起業家の多くは，まずは自分自身の懐から資金を出しています。実際に，自己資本が多い（つまり，そもそも裕福な）人は，自分でビジネスを始めやすいことが観察されています[3]。スウェーデンでは，宝くじを利用して，当選と起業の間の関係を分析するという面白い研究がされています[4]。運良く宝くじに当選した人と当選しなかった人を比べて，起

2　清水・野間［2017］。
3　さまざまな研究で確認されています（Bates［1995］, Taylor［1996］, Henley［2005］, Fairlie［2005］）。
4　Lindh and Ohlsson［1996］。

業に差があるのかを調べれば，資金制約がどれだけ起業の阻害になっている
かがわかります。その結果は予想通り，宝くじに当選した人のほうが起業の
確率が高かったのです[5]。

　自分の資金が足りなければ，家族や友人を頼ることもあるでしょう。厳密
には，家族や友人からの資金の調達は外部からの調達と考えられなくもない
のですが，一般的には内部調達と考えられています。家族や友人はあくまで
も創業者のうちわの人と考えられているわけです。このようなうちわの人は，
「非公式的な投資家（Informal Investor）」ともいわれています。非公式的な投
資家がどれだけその社会に厚くいるのか，どのくらいアクセスが良いのかは，
起業家が一歩踏み出す上で重要です。

　非公式的な投資家が提供するものは，資金だけではなさそうです。創業時
に家族や友人に手伝ってもらう（無償，あるいはほぼ無償で）ということもあ
ります。これは，スウェット・エクイティ（Sweat Equity）とも呼ばれてい
ます。

　内部調達は，スタートアップを創業する上で大切です。企業を設立するだ
けであれば，ほとんどコストはかからなくなってきていますが，ビジネスに
着手しようとするとやはりある程度の資金が必要です。創業間もないスター
トアップには，資金を提供してくれる外部の資金提供者は多くはありません。

　また，銀行や投資家といった外部から資金調達をすると，どうしても経営
の自由度は低くなってしまいます。せっかく起業したのだから，自分の思う
ようにやりたいと考える起業家も少なくありません。そのため，外部からの
資金調達をできるだけ小さくすること（これは，財務ブートストラップ
〔Financial Bootstrapping〕と呼ばれています）を目指す起業家もいます。外部
からの資金調達を小さくする方法はいろいろありますが，民間のクレジット
カードによる借金の利用が最もよく知られています。借金であり，債務者に

5　ただし，注意も必要です。起業するかどうかの意思決定は，その人が持っている富
とはあまり関係なく，富と起業の間に正の関係が見られるのは，富の分布の最上部
（95パーセンタイル）だけという研究結果もあります。かなり裕福な人は起業しやす
いものの，それ以外の人は自分が持っている富と，起業の意思決定の間には明確な関
係は見られないということです。これは，かなり大きな額の資金がなければ，資金制
約は緩和されないということを示唆しています（Hurst and Lusardi [2004]）。

なるわけですから創業者にはリスクです。しかし，比較的自由に自分のやり方でビジネス機会を追求することができます。

■ 資金調達面での既存企業の優位性

　内部調達という点では，スタートアップを起業して新しいビジネス機会を追求するよりも，既存企業においてそれを行うほうが優位性があります。

　ここでは，既存企業の資金調達を考えてみましょう。内部から調達するほうがよいのか，あるいは外部からの資金調達か，どちらがよいのでしょうか。もう少し正確にいえば，どちらのほうが新しいビジネス機会を追求する上で，コストが小さいのでしょうか。結論を先取りすると，内部からの資金調達のほうがコストは小さくなります。なぜでしょうか。

　新しいビジネス機会を追求するためには，研究開発投資が必要であったり，生産設備への投資などが必要であったりします。研究開発には不確実性がつきものです。研究開発には長期間継続的な投資が必要なプロジェクトもあります。どの領域への投資がよいのか，どの程度の期間の投資が必要なのかなどについての情報は，株主など企業の外側にいる投資家と，企業の内部にいる経営者の間で前節で見たように非対称に存在しています。経営者は，社内にどのような経営資源を持っているのかも知っていますし，どのようなビジネス機会を開拓できそうかについての情報も持っているでしょう。むしろ，重要な情報はできるだけ社外に漏れないように気をつけているほどです。たとえば，研究開発はビジネスの競争戦略と密接に結びついているので，特別な戦略的な理由がない限りはできるだけ社外にその情報が漏洩しないように気をつけるものです。

　経営者のほうが投資家よりもより良い情報を持っています[6]。そのため，不確実性の高い領域へ投資する場合，市場から資金調達するよりも，企業の内部留保から投資するほうが，資本コストが小さくなると考えられます。投資家からその資金を調達しようとすれば，高い資本コストを支払わなければなりません。限られた情報しかなく，不確実性も高いため，成功した場合に期待できる収益や成功する確率を考えることが難しい投資家たちは高いリ

---

6 Chandler［1962］.

ターンを要求するからです。だからこそ内部留保から新しいビジネス機会を追求するための資金を賄えるいわゆる大規模な企業のほうが有利になります。

　ただし，資本市場において信頼性の高い情報がスムーズに流れていると，大きな収益性や成長性が期待できるような有望なプロジェクトには，投資家からの資金が集まります。そのため，規模の小さい企業の経営者であったとしても，低いコストで外部から資金を調達できるでしょう。

　それでは，銀行からの借入れはどうでしょうか。内部留保で新しいビジネス機会の開拓やそのための研究開発投資をするよりも，銀行から資金を借り入れたほうが安上がりなのではないでしょうか。銀行からの借入れによる資金調達を行えば，節税効果があります。負債になるので，法人税の対象となる課税所得から支払金利が控除されるわけです。内部留保を使うと，この節税効果が得られません。しかし，負債を増やしてしまうと，どうしても財務リスクが上がってしまいます。積極的に新しいビジネス機会追求の投資を行うと，全体としてのリスクが高まりすぎてしまいます。

　また，上記のように投資家（この場合は債権者ですが）と経営者の間には情報の非対称性があります。とくに研究開発投資は担保価値が低く，不確実性が高いので，貸付を行う側は高い利子を要求します。

　さらに，企業にとっては，ビジネス面でのリスクと，財務面でのリスクのバランスをとることが重要です。ビジネス面でのリスクとは，その名の通り，不確実性の高い領域の研究開発を行ったり，よりリスクの高い事業投資を行ったりすることです。一般的には，ビジネスの不確実性が高くなれば，リスクは高くなります。財務的なリスクとは，借入金や社債などの他人資本を増やして，自己資本に対する利益率を高めることです（レバレッジを効かせるともいわれます）。ビジネスの環境が安定的でそれほどリスクが高くないときには，企業は財務的なリスクを積極的にとることができます。ビジネス面でのリスクが高くなっているのに，財務的なリスクまでとってしまうと，非常にハイリスクになります。そのような場合には，ビジネス面でリスクをとれるように，財務的には自己資本比率を高めてリスクを減らします。実際に，研究開発投資を積極的に行っている企業は，レバレッジを低めていることがわかっています[7]。つまり，自己資本を増やし，他人資本を減らしているのです。

　このように内部調達という点では,既存企業のほうがスタートアップより
も新しいビジネス機会の追求に有利です。しかし,これでは,新しいビジネ
ス機会の追求が,既存企業だけに偏ってしまいます。既存企業だけに偏って
も問題ないのではと思う人もいるかもしれません(とくに既存企業の中には)。
しかし,問題ないことはありません。既存企業は自社がこれまで蓄積してき
た競争力を壊してしまうようなビジネスにはなかなか投資できません。また,
新規性の高いプロジェクトを行うためには,意思決定における情報のロスと
いう点で,大企業よりも小さな(できれば新しい)組織のほうが向いていま
す。

3　外部からの資金調達

　スタートアップに話を戻しましょう。新しいビジネス機会の追求が有望そ
うだと考えると,さらなる資金が必要になってきます。いつまでも,自己資
金や家族,友人などのつてを頼っているばかりではいられません。もっと大
きな資金調達が必要です。さらに,ビジネス機会を効果的に追求するために
は,専門的な知識や経験も必要になってきます。そこで重要になるのが,企
業の外部にいる資金提供者です。実際に,より大きな投資が必要な企業やよ
り高い水準の成長目標を持っている企業ほど,外部に資金を求める傾向が観
察されています[8]。外部の資金提供者とは,具体的には投資家や金融機関な
どです。それぞれを少し見ていきましょう。

　外部からの資金調達には主に,2つのタイプがあります。負債(Debt)に
よる調達と資本(Equity)による調達です。それぞれ,デット・ファイナン
スとエクイティ・ファイナンスと呼ばれています。これにはトレードオフが
あります。それは,企業の所有権と返済の間のトレードオフです。負債の場
合には,企業の所有権を手放すことなく,資金を調達することができます。
ただし,借りた分とその利息を返済しなければなりません。返済の期限も決
まっています。資本の場合には,企業の所有権のいくらかを手放さなければ

7　Hall and Lerner [2010].

8　Cosh et al. [2009].

なりません。しかし，それと引き換えに受け取った資金を返済する義務はあ
りません。もちろん，返済期限もありません。

■ デット・ファイナンス

　まずは，デット・ファイナンスと呼ばれる銀行借入れや社債発行による資
金調達から見ていきましょう。デット・ファイナンスは，利息や返済期日な
どを契約で約束するものです。そのため，新規性の高いビジネス機会を追求
しようとするスタートアップにとってはできれば避けたいところです。しか
し，実際にはデット・ファイナンスも多く使われています。

ノンバンク，銀行

　ノンバンクや銀行は，起業家の資金調達のニーズに対して，融資というか
たちで資金を提供します。ノンバンクとは，銀行のような預金業務を行わな
い金融機関です。たとえば，クレジットカード会社や消費者金融などです。
スタートアップを設立してビジネス機会を追求しようとする起業家にとって
は，ノンバンクや銀行からの資金の借入れの役割は少なくありません。ス
タートアップの設立時にいきなり，後述のエンジェルやベンチャー・キャピ
タルから資金を調達できるとは限らないのです。実際に，企業の設立という
観点からすると，ベンチャー・キャピタルが果たしている役割は一般的なイ
メージよりも小さいものです。ベンチャー・キャピタルが出資したのは，
1981 年から 2005 年までの 25 年間では，新しく設立された企業の 0.11％で
しかなかったのです[9]。スタートアップが多く生み出されていた 1996 年から
2000 年までの間にサンプルを区切ったとしても，0.22％でした。調達の額が
大きくなるにつれて，ノンバンクから銀行，そしてさらに規模の大きな銀行
へと借入先が変わっていきます。

　ノンバンクや銀行が債権者になり，資金を借り入れた起業家は債務者にな
ります。これは，新規性の高いビジネス機会を追求しようと考える起業家に
とっては，あまり好ましいとはいえません。プロジェクトの新規性が高いほ
ど，失敗する可能性も高くなります。もしも，失敗した場合には，起業家に

9　Puri and Zarutskie [2012].

とってリスクの高い資金調達方法なのです。銀行からの借入れを行う際には，利子率や返済期限について契約を交わします。そのため，もしもその契約通りに返済が進まない場合には，担保による弁済を行うことになります。

　担保になるような資産を持っているスタートアップであればまだよいかもしれません。たとえば，大型の工場などの資産があれば，それを担保にして借入れを行うことができるでしょう。しかし，そのような担保になるような資産を持たないスタートアップ（たとえば研究開発型のスタートアップ）は，困ってしまいます。創業者の個人的な資産を担保にすることもありますが，失敗したときにはそれで弁済しなければならなくなってしまいます。

　しかし，ノンバンクや銀行からの融資に頼らざるをえないような場合（たとえば，後述のようなエンジェルやベンチャー・キャピタルからの資金供給がない，あるいは限られている場合）もあります。そのような場合，低い資本コストで融資を受けられることは大切です[10]。1970 年代から 1990 年代にかけてアメリカの州レベルで起こった銀行の規制緩和によって，銀行間の競争が激しくなったことが，スタートアップの促進につながったことも明らかにされています[11]。銀行間の競争が激しくなり，スタートアップが低い金利で融資を受けられるようになったのです。その結果，スタートアップによる試行錯誤が促進され，イノベーションが生み出されるようになったのです[12]。

社　　債

　社債を発行して資金を調達することもデット・ファイナンスです。社債は，企業が資金調達のために発行する「借用証明」の債権です。それを発行した企業は，一定の利払いと，満期には額面額の償還を約束します。

　スタートアップが資金調達のために用いることが多いのは，転換社債型新株予約権付社債（CB：Convertible Bond）と呼ばれるものです。これは，社債なのですが，期日や株価などの条件により，株式に転換することもできるものです。一般的には転換社債とも呼ばれています。

　スタートアップの企業価値が大きくなった場合には，株式に転換し，それ

10　Robb and Robinson［2014］.

11　Kerr and Nanda［2009］.

12　Chava et al.［2013］.

を売却することでキャピタル・ゲインを得ることができます。これは，資金を提供する側にとっては大きなメリットです。利息と投資額の返済が約束されている上に，そのスタートアップが上手くいけば大きなキャピタル・ゲインが得られる可能性があるのです。ただし，利息と返済を約束するものであるため，新規性の高いビジネス機会を追求しようとするスタートアップにとっては，できればエクイティ・ファイナンスにより資金調達をしたいところです。

　スタートアップが転換社債を発行するのは，創業者が自分の企業の価値をまだ評価できないような場合によく見られます。まだ，自社の価値がよくわからない初期の段階で，ベンチャー・キャピタルなどからの資金調達と引き換えに株式を与えると，会社の株式を不当に低い金額で渡してしまうことになるかもしれないからです。このような場合には，自社の価値がおおよそ明確になり，企業の価値が適切に評価できるようになるまでの時間稼ぎとして転換社債による資金の借入れが行われています。

■ エクイティ・ファイナンス

　エクイティ・ファイナンスを見ていきましょう。エクイティ・ファイナンスとは，新規の株式を発行することによって資金調達をする方法です。

　エクイティ・ファイナンスは，創業者にとっては重要です。創業を考える人にとっては，「もしも失敗したらどうしよう」というのは常に大きな懸案事項です。もしも，負債として資金調達をすると，利子や返済期日などを約束しなければなりません。これは，創業者にとっては負担です。とくに，追求しようとするビジネス機会の新規性が高ければ，利子や返済期日を契約で決めるというのは負担になります。エクイティ・ファイナンスによる資金調達にはそのような契約はありません。事業が失敗に終わったとしても，投資してもらった額の返済義務もありません。だからこそ，新規性の高いビジネスの追求が可能になります。もちろん，デメリットもあります。新規に株式を発行していくと，所有と経営が分離していきます。さらに，株主に対してビジネスについての合理的な説明を行っていく必要があります。株式の発行にもさまざまな方法があります。その代表的なものとしては，次の4つがあります。

株式発行の方法

(1)　第三者割当増資

特定の第三者に新しく発行する株式を引き受ける権利を与えて，資金調達をする方法です。スタートアップを新しく設立してビジネス機会を追求しようと考える企業家にとって重要なエクイティ・ファイナンスです。この後で見ていくエンジェル投資家やベンチャー・キャピタルから出資を受けるという場合には，普通は第三者割当増資による資金調達ということになります。

(2)　時価発行増資

時価で新しい株式を発行して資金を調達する方法です。株式を発行して，広く公募で募集することが一般的です。自社の株価が高ければ，少ない株式の発行で大きな資金を調達することができます。これはすでに上場している企業あるいは証券取引所に上場する企業が行う資金調達です。

(3)　株主割当増資

これは，新株を発行する際に，既存の株主の保有株式に応じて，新しい株式の割り当てを受ける権利を与えるものです。権利があるだけなので，株主は，割り当てられた新株を買う義務はありません。この場合の新株の価格は，一般的には時価よりも低い金額になります。そうでなければ，既存の株主はわざわざ割り当てられた新株を買う合理性がないからです。

(4)　転換社債型新株予約権付社債

これは，デット・ファイナンスのところでも触れたものです。株式に転換できる権利がついた社債（転換社債といいます）を発行することで資金を調達する方法です。厳密には社債ですから，エクイティ・ファイナンスではありません。しかし，この社債を引き受けた人は，株価があらかじめ決められた株式への転換価格よりも高くなっている場合には，株式に転換して利益を得ることができるため，エクイティ（株主資本）の増加を伴うのでエクイティ・ファイナンスとも考えられています。

エクイティ・ファイナンスの引き受け手

新しいビジネス機会はどうしても不確実性が高くなります。スタートアップが発行する株式を購入することは，すでに上場している企業が発行している株式を購入する場合と比べると，そこから得られるリターンの分散は大き

いものです。このようなスタートアップの株式は誰が引き受けるのでしょうか。

(1) エンジェル

　個人でスタートアップに資金を提供する投資家は，エンジェルと呼ばれています。新しく設立された未公開のスタートアップに投資を行った人は誰でもエンジェルということになります。エンジェルは，自分で貯めた資金や家族や友人が提供してくれた資金（自己資金）と，次に見ていくベンチャー・キャピタルが提供する資金の間を埋めるという役割を果たしています。自己資金には限りがあり，ベンチャー・キャピタルは投資額が小さいものに対しては資金を提供してくれないことが多いためです。エンジェルによる投資額を増やすことを目的として，一部の国（たとえば，アメリカでは1933年の証券法に基づいて公認投資家をエンジェルと定義しています）では，エンジェル投資家を定義し，経済的なインセンティブを与えています。

　エンジェルの最も一般的なイメージは，成功した起業家です。自分が成功した領域での知見を活かして，同じ分野のスタートアップに投資することが多いといわれています。しかし，過去に成功した起業家だけがエンジェルというわけではありません。アメリカでスタートアップに投資したエンジェルのおよそ4分の1は自分でビジネスを起こした経験がなかったり，投資の経験もわずかだったりするのです[13]。

　エンジェルは，多くの場合，スタートアップからの第三者割当増資や転換社債などによる株式提供と引き換えに資金を提供します。設立されたばかりのスタートアップのビジネスは上手くいくかどうかは当然事前にはわかりません。第6章で見るようにスタートアップの生存確率は高くありません。そのことからも，エンジェルが行う投資はハイリスクであるといえます。そこで，仲間で情報を共有したり，投資資金をプールしたりして，リスクを少しでも軽減しようとするエンジェルたちもいます。ヨーロッパの欧州ビジネスエンジェル協会（EBAN：European Business Angles Association），アメリカのエンジェルキャピタル協会（ACA：Angel Capital Association）などが代表的なネットワークです。

---

[13] Reynolds [2007].

しかし，それでもエンジェルの投資は，どうしてもハイリスクになってしまいます。もしも，スタートアップが失敗すると，投資の大部分が完全に失われてしまいます。そのため，エンジェルはハイリターンを求めます。つまり，ハイリターンが見込めるようなプロジェクトに投資をします。高い水準のリターンが見込めるようなプロジェクトは，当然，新規性の程度が高いものになります。それでは，どの程度のハイリターンを求めているのかといえば，概ね5年以内に投資額の少なくとも10倍以上のリターンを求めることが多いといわれています。エンジェルによる投資の額を推定することはなかなか難しいのですが，大まかな推定はされています。エンジェルの数や投資についての最初の推定である1986年のアメリカの報告書では，およそ50万人のエンジェルが600億ドルの投資を行っていたと示されています[14]。また，2001年から2003年のアメリカの調査では，およそ33万人から63万人のエンジェルが毎年127億ドルから360億ドル程度，投資をしていると推定されています[15]。

⑵　ベンチャー・キャピタル

自己資金やエンジェルからの資金でもビジネス機会を追求するために十分でなくなると，ベンチャー・キャピタルの出番です。ベンチャー・キャピタルは，年金基金や保険会社，一般企業，あるいは個人の投資家などから投資資金を調達し，それを運用します[16]。社会的には，ベンチャー・キャピタルは社会に分散して存在するハイリスク・ハイリターンに配分しうる資金を集めてきて，それを束ね，投資していくという役割を担っています。

図表5-1は，ベンチャー・キャピタルの資金の流れを表したものです。ベンチャー・キャピタルは，ベンチャー・キャピタル・ファンドを組織し，投資家から資金を集めます。ここに年金基金や保険会社，一般企業，個人投資家などが，その投資分にのみ責任を持つリミテッド・パートナーとして投資します。ベンチャー・キャピタルは無限責任を負うジェネラル・パートナーとして，このファンドの運営をしていきます。投資資金の運用の対価として，年間手数料（運営費，投資元本の数%）が投資家からベンチャー・キャピタル

14　Gaston and Bell［1988］.

15　Shane［2012］.

16　ベンチャー・キャピタルについては，Sahlman［1990］などを参照してください。

■ 図表 5-1：ベンチャー・キャピタルの資金の流れ ■

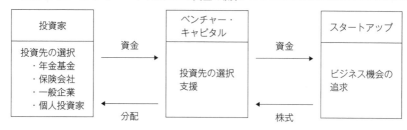

出所：著者作成。

に支払われます。ベンチャー・キャピタルは，調達した資本を有望なスタートアップに投資します。スタートアップはその見返りに自社の株式を提供します。

　ベンチャー・キャピタルは，投資をするだけでなく，投資先企業のビジネス機会の追求の支援も行います。スタートアップのビジネスが上手くいった場合には，保有している株式の市場価値が上がります。スタートアップが，IPO（上場して株式を公開すること）をしたときや，大企業へ売却されたときなどに生じるキャピタル・ゲイン，あるいはスタートアップの資本増強によって，ベンチャー・キャピタルは投資のリターンを得ます。ベンチャー・キャピタルは，投資家に資金の元本を返した後にもキャピタル・ゲインが残っている場合には，投資家とベンチャー・キャピタルの間で分けます。投資家に80％程度を配分し，残りをベンチャー・キャピタルが得ることが一般的です。これは，一般的にキャリー（Carried Interest）と呼ばれています。投資ファンドの投資期間は，3年から5年程度あるいは，長くなっても10年程度が一般的です[17]。そのため，少なくとも10年程度で投資した企業が成長し，イグジット（上場したり大手企業に売却されたり）してくれることが重要です。

　ベンチャー・キャピタルは，有望なスタートアップに対してはその成長のフェーズにおける必要性に応じて継続的に投資していきます。ベンチャー・キャピタルは投資をする前には，どのスタートアップが成功するかわかるわ

17　Ghosh and Nanda［2010］.

けではありません。スタートアップの生存確率は高くありません。多くが失敗に終わります。そのため，最初の段階では小さく広く投資していきます。これはスプレー・アンド・プレイ（撒き散らして，祈れ）とも呼ばれています[18]。広く多くのタネをまいて，どれが育ってくるかを見てみるようなものです。ずいぶん適当だなと考える人もいるかもしれません。しかし，これこそが社会的に見ると試行錯誤的な実験のコストを低下させているものなのです。

　ベンチャー・キャピタルは，多くのスタートアップに出資することで，リスクを平準化しています。つまり，100回に1回しか当たらないとしても，その当たりですべてを賄えればよいわけです。もちろん，ベンチャー・キャピタリストだって，目をつむって投資先を選定しているわけではありません。できるだけ成功の確率を上げるために，事業計画や創業者などを精査します。投資をしたプロジェクトについては経営的なサポートもしっかりと行っていきますが，基本的には数を打つゲームです。

　1985年から2009年までの間にベンチャー・キャピタルから最初の資本調達をしていたスタートアップのうちおよそ55％は，マイナスのリターンで資本の提供が打ち切りになっていました[19]。しかし，6％のスタートアップは，そこへの投資額の5倍以上のリターンとなっていました。この6％のスタートアップで，この期間のリターンの総額のおよそ50％を稼いでいたのです。つまり，半数を超えるスタートアップへの投資は利益を生んでいないと同時に，わずかなスタートアップがそれをカバーするほどの収益を生んでいます。このように投資ファンドが成立するのは，失敗の損失を埋め合わせても余りある大きな成果を収めるスタートアップが一握り存在するからです[20]。だからこそ，大きな成果が期待できるようなスタートアップを選び，投資していくのです。成功したとしてもそこそこの成果しか残さないようなものはなかなか選ばれません。そのようなスタートアップにとっては，ベンチャー・キャピタルから資金を調達するのは難しいのです。

18　Ewens et al. [2018].

19　Kerr, Nanda, and Rhodes-Kropf [2014].

20　Puri and Zarutskie [2012].

⑶　コーポレート・ベンチャー・キャピタル

エクイティ・ファイナンスによりスタートアップに資金を提供するのは，エンジェルやベンチャー・キャピタルだけではありません。自分でビジネスを行っている企業もスタートアップに投資をし始めています。既存企業がスタートアップに投資をすることは，コーポレート・ベンチャー・キャピタル（CVC：Corporate Venture Capital）と呼ばれています。

なぜ既存企業はスタートアップに投資をするのでしょうか。スタートアップへの投資が自社に直接的に財務的な利益をもたらしていることを示す頑健な結果は今のところ多くはありません[21]。これは，社内のファンド・マネージャーのインセンティブの欠如や投資に対する内部の反対などが原因だと考えられています。

しかし，コーポレート・ベンチャー・キャピタルの場合，投資からの直接的な利益（キャピタル・ゲインや配当など）だけが投資の目的ではなさそうなのです。むしろ，スタートアップに自社と補完的なビジネスの展開や補完的な技術の創造を期待しているのです[22]。

コーポレート・ベンチャー・キャピタルは，スタートアップへ資金を提供し，その株式を取得するというエクイティ・ファイナンスとして，投資を行っています。既存企業がスタートアップへ資金を提供するのはエクイティ・ファイナンスとしてだけではありません。委託研究や共同研究というかたちで，研究開発費をスタートアップに提供している既存企業もあります。これは研究開発がより萌芽的な段階に行われるものです。技術の複雑性が増し，研究開発のリスクが高くなってくると，自社ですべてそれを行うよりも，外部の経営資源を活用しながら行っていくことの合理性が高まるのです[23]。

⑷　新興資本市場

さらに大きな成長の機会を狙うためには，新興企業のための資本市場からの資金調達が重要です。いわゆる上場です。上場するということは，証券取引所において，証券の取引を始めるということです。上場している企業の株式は公開され，一般の投資家が自由に取引できるようになります。そのため，

21　Dushnitsky and Lenox［2005a］,［2005b］,［2006］.

22　Dushnitsky and Lenox［2006］.

23　Yamaguchi et al.［2021］.

上場している企業は，公開企業と呼ばれることもあります。それに対して，上場していない企業は，未公開企業とも呼ばれます。未公開企業が上場し，最初に行う公募はIPO（Initial Public Offering）といいます。IPOはさらなるビジネスの拡大のための資金調達として重要です。スタートアップにとって，初めて広く資金を募ることができるのです。

　アメリカの上場企業で資本市場から資金調達を活発に行っているのは，成長性が高く，R&D投資を積極的に行い，株主に配当を払っておらず，かつ負債依存度の低い企業群ということがわかっています[24]。これらの企業は，リスクが高く，また時として黒字ではないため，負債で資金を調達することは困難です。だからこそ，このような企業がビジネス機会を追求し，さらなる成長を遂げるために資金を調達できる資本市場の存在は大切です。

　資本市場とは，その名の通り，企業の資本の売買が行われる市場のことです。株式や社債などの証券を取引するための市場のことを意味して使われることが一般的ですが，金融機関が行う長期の貸出資金の市場も含まれます。長期の貸出資金の市場がここに含まれるのは，株式や社債などと同じように長期的なスパンで必要な資金を企業が調達する市場だからです。

　株式や社債などの有価証券が一般に取引されているのは，証券取引所です。ニューヨーク証券取引所やロンドン証券取引所，東京証券取引所などが有名です。上場するためには，取引所が定める上場基準を満たさなければなりません。上場基準は，取引所によって異なっているのですが，業績の推移や財務の状況，時価総額，将来のビジネスの見通し，あるいは既存の株主の構成などが基準として見られています。証券取引所としては，投資家が安心して取引できるように，上場する企業を審査しています。一般的な証券取引所などには，すでに安定的な収益基盤を有していることや，すでに大きな規模のビジネスになっていることを前提とするような上場の審査基準があり，スタートアップのIPOには適していません。

　そのため，新興企業用の市場が設立され始めました。1971年にはアメリカでNASDAQ（National Association of Securities Dealers Automated Quotations）が，1983年には日本でそれまでの店頭登録制度を源流としてJASDAQが，

24　Fama and French［2002］.

1995年にはイギリスでAIM（Alternative Investment Market）が設立されています。これらは，スタートアップの有価証券を取引する市場です。新興企業用の資本市場では，通常の基準よりも上場基準が緩く設定されています。株主数や上場が見込めるときの時価総額など一定の要件を満たしていれば，設立したばかりの企業であっても，あるいはまだ利益を出していない企業であっても上場できる可能性があります。ただし，そこに上場しているのは必ずしもスタートアップだけとは限りません。たとえば，NASDAQには日本のいわゆる既存の大企業も上場しています。それでも，新興企業の資金調達を主目的として設立されているため新興市場といわれています。

　資本市場は，ビジネス機会の追求にとって重要です。証券は，小口の資金を集めてくるという重要な機能があります。少額の資金を集めてきて，大きな資金に変換していくわけです。資産運用のポートフォリオにおいて，ハイリスク・ハイリターンに大きな額を配分できる投資家は限られます。リスク・マネーの供給をそのような裕福な投資家だけに頼っていたら，社会で不確実性が高いビジネス機会はなかなか追求されなくなってしまいます。それほどまとまった額ではないもののハイリスク・ハイリターンにも投資を配分したいと考える人もいるでしょう。新興企業用の市場は，それらの小口の資金を集めて，スタートアップに投資をしていく仕組みです。

　資本市場が不完全であり，スタートアップが資金を確保することが難しい場合は，新しい企業を起こしてビジネス機会を追求する，あるいはそれをより大きな規模で行っていくことは難しくなります。資本へのアクセスが容易な場合には，ビジネス機会の追求はより多く見られるようになります。

　ただし，スタートアップが株式を公開して資金調達をするには，コストもかかります。上場企業には，有価証券報告書などを通じてビジネスの状況についての適切な開示をする義務が生じます。さらに，証券取引所では，広く株主から出資を募るために，市場に流通する株式数を一定以上確保することを上場基準として求められます。そのため，上場することで，さまざまな人や組織が株主になります。不特定多数の株主が保有する株式を市場で売却できるため，敵対的な買収の対象になる可能性もあります。

⑸　M&A

　スタートアップがさらなるビジネスの拡大を考える場合，追加的な資金は

とても重要です。しかし，資金がすべてを解決してくれるわけではありません。ビジネスの拡大には，補完的な経営資源が必要になることもあります。新製品や新サービスを販売する流通網が必要かもしれません。あるいは，製品やサービスにはブランディングが必要かもしれません。研究開発には成功したものの，生産設備や生産のノウハウがないかもしれません。

このような補完的な経営資源は，資金がいくらあってもすぐに調達できるわけではありません。構築するためには，時間がかかるのです。大きな資金が必要な上に，時間までかかってしまうと，その間にどんどんライバル企業が追いついてきてしまうかもしれません。

そのような場合に，スタートアップのビジネス拡大に必要な補完的な経営資源を持っている既存企業による M&A は重要な役割を果たします。株式を譲渡するので，創業者たちはその対価と引き換えにスタートアップの所有権の一部（あるいはすべて）を失います。それまでのような経営権は維持できません。第7章で詳しく見ていくように，M&A は創業者たちにとっては，自分たちが構築してきたビジネスの出口にもなりえます。それと同時に，既存企業の経営資源と組み合わせることでスタートアップのビジネスを拡大することが期待できます。スタートアップが構築してきたビジネスにとって，M&A はさらなる拡大に必要な経営資源獲得の方法の1つです。

■ 公的な支援

デット・ファイナンスとエクイティ・ファイナンス以外にも資金調達の方法はあります。起業家のイノベーションを阻む資金面でのハードルを考慮して，起業家の資金調達に対する公的支援が増えています。公的な支援は，それぞれの国でさまざまなものがなされています。その中でも，研究開発型のスタートアップにとって重要性の高い公的な支援があります。

SBIR

アメリカでは1982年に知識集約型の産業において，産業の活力となるような中小企業を育成するために，中小企業イノベーション開発法（Small Business Innovation Development Act）が成立しました。そして，中小企業技術革新研究プログラム（SBIR：Small Business Innovation Research）として，

┈ コラム⑥　ベンチャー・キャピタルと労働市場 ┈┈┈┈┈┈┈┈┈┈┈┈┈

　ベンチャー・キャピタルが活発になるかどうかは，労働市場の流動性とも関係があります。労働市場の流動性の高さと，ベンチャー・キャピタルの活発さの間に正の相関があることを示唆する結果が多くの研究で見られているのです。たとえば，1986 年から 1995 年の間の 21 カ国のベンチャー・キャピタルについての調査では，労働市場の規制の強さとベンチャー・キャピタルの活発さとの間には負の関係が見出されています[25]。1990 年から 2008 年までのヨーロッパにおける労働市場とベンチャー・キャピタルの活発さとの関係の分析においても，雇用保護に関する強い規制がベンチャー・キャピタル市場の成長を阻害しているという結果が出ています[26]。ヨーロッパの 14 カ国について 1988 年から 2001 年まで分析した調査では，中小企業への株式市場を開設すること，企業のキャピタル・ゲインへの税率を低下させること，そして労働市場の規制を緩和することは，知識集約的な産業における初期のベンチャー投資を活発化させることと高い相関関係があることが明らかにされています[27]。

　労働市場の流動性が高ければ，既存の組織を離れ，スタートアップを設立して，新しいビジネス機会を追求するための機会費用が下がります。そのため，他の条件が同じであれば，スタートアップを設立する人が多くなるわけです。つまり，ベンチャー・キャピタルに対する需要が増えます。だからこそ，労働市場の流動性の高さとベンチャー・キャピタルの投資の活発さとの間に正の相関が見られると考えられます。

国防総省やエネルギー省，航空宇宙局などの政府機関の外部委託研究費の一部を中小企業に振り分けることにしたのです。SBIR によって，アメリカでは多くの研究開発型のスタートアップが生まれました[28]。

　これは研究開発費の助成であり，研究開発型のスタートアップにとっては重要な資金でした。これまで見てきたように，研究開発型のスタートアップにとっては，エクイティ・ファイナンスはきわめて重要です。しかし，そのようなスタートアップに対する資金の提供はベンチャー・キャピタルには難しい場合もあります。それは，スタートアップの研究開発がまだ構想段階であったり，ようやく研究開発を始められるような場合です。研究開発の新規性が高ければ高いほど，事前には成功するかはわからないのです。そのため，

25　Jeng and Wells [2000].

26　Bozkaya and Kerr [2013].

27　Da Rin et al. [2006].

28　この点については，Lerner [1996]，Link and Scott [2010]。

■ 図表 5-2：資本調達における SBIR の役割

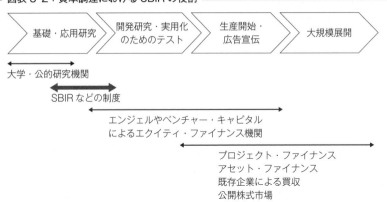

出所：著者作成。

そのようなスタートアップに資金を提供するのは，ベンチャー・キャピタルであったとしてもリスクが高く，なかなか難しいのです。ここに SBIR などで公的機関が研究開発型のスタートアップを支援する重要性があります。図表 5-2 にあるように，新規性は高いものの，まだ成果が出るかどうかわからない研究開発型のスタートアップに資金を提供することは，イノベーションのタネとなる試行錯誤を大きくするという社会的な機能があります。

　また，研究開発は，外部性が大きく，次の研究開発の重要なインプットとなります。ここに公的な機関が支援する合理性があるのです。SBIR は，研究開発の段階ごとに第 1 フェーズから第 3 フェーズまでの 3 つの段階に分けられています。研究開発が進み，成果が上がるのに従ってフェーズを上っていくのです。SBIR からの支援は競争的です。そのため，SBIR からの支援を受けたスタートアップは，その後にベンチャー・キャピタルからの資金提供を受けられる可能性が高いことが観察されています。SBIR を受けているということがベンチャー・キャピタルに対してポジティブなシグナルとなっています。

■ エントリーの民主化とイノベーション

　この節で見てきたのは，スタートアップの外部からの資金調達です。さまざまな調達がありうるのですが，重要なポイントはスタートアップが低い資

本コストで必要な資金を調達できるかどうかです。

　資本コストが低くなれば，スタートアップのファイナンシング・リスクが小さくなります。その分，社会的には試行錯誤が多くなります。実際に，金融の自由化により資本コストが下がり，起業が増え，企業間の競争が激しくなり，その結果，イノベーションが起こるようになってきたのです[29]。さまざまな試行錯誤がなされるため，大きな成功にもつながるのです[30]。

　もちろん，試行錯誤が多くなれば，失敗も増えます。アメリカの国勢調査のデータを分析すると，銀行の規制緩和は，多くの新しい企業を生み出したと同時に，企業の廃業も増やしたことが観察されています[31]。イノベーションを生み出すためには，多くのビジネスの失敗も伴います。だからこそ，新規参入をできるだけ多くするような（これはエントリーの民主化といわれたりもします）資本市場は大切なのです。

　ただし，多くの資金がスタートアップに流れ込むと，上手くいく見込みの少ないプロジェクトでも資金を調達できてしまうこともあります。資本の調達のコストが低くなると，生産性の低い企業にも資金が流入し，その結果として産業レベルでの生産性が低下してしまうのです[32]。そのため，試行錯誤を増やすと当時に，生産性の低い企業の退出を促すことも大切になります。

　エントリーの民主化の観点からすると，政府がある産業をピックアップして企業を育成しようというのは明らかに効果が乏しい政策であるとハーバード大学のウイリアム・カーらは主張しています[33]。そもそもどの産業が今後有望かを選別する能力に政府は長（た）けているわけではありません。しかし，政府が特別に見る目がないというわけではありません。むしろ，どの産業が有望なのかは，事前には誰もわからないのです。だからこそ，参入障壁を下げて，社会として試行錯誤を多くして，新しいアイディアをどんどん試していけるようにすることが重要なのです。

29　この点については，Levine [2005]。
30　Nanda and Rhodes-Kropf [2013]。
31　Kerr and Nanda [2009]。
32　たとえば，Cette et al. [2016]，Gopinath et al. [2017]，Caballero et al. [2008]。
33　Kerr, Nanda, and Rhodes-Kropf [2014]。

4 本章のまとめ

　本章では，スタートアップの資金調達を考えてきました。スタートアップが低い資本コストで必要な資金を調達できるかどうかは，アントレプレナーシップの程度に大きく影響します。資本コストが低ければ低いほど，現在コントロールしている経営資源にとらわれることなく，新しいビジネス機会を追求しやすくなります。つまり，アントレプレナーシップの程度が高まるのです。ファイナンシング・リスクを下げることは，社会的に試行錯誤を高めるという点では重要です。資金調達の方法は常に新しい方法が模索されています。クラウドファンディングなどによる資金調達も注目されています[34]。

　スタートアップにとってのエクイティ・ファイナンスの重要性はここで改めて指摘したいところです。デット・ファイナンスが中心の資本市場とエクイティ・ファイナンスが中心の資本市場では，もちろん後者のほうが，ベンチャー・キャピタルの投資が活発であり，スタートアップが促進されることがわかっています[35]。

もう一歩詳しく知るためのリーディング

　スタートアップの資金調達については，実務的なさまざまなテキストが出ていますし，学術的な論文もあります。その中で，もう一歩詳しく知るための最初の1冊として，次のテキストは入りやすいものです。

⇨ Smith, Richard L. and Janet Kiholm Smith [2004], *Entrepreneurial Finance* (2nd ed.), Wiley. （山本一彦総監訳，岸本光永・忽那憲治監訳，コーポレート・キャピタル・コンサルティング訳『MBA最新テキスト　アントレプレナー・ファイナンス：ベンチャー企業の価値評価とディール・ストラクチャー』中央経済社，2004年）

　次は学術的な本というよりも，実務家に向けて書かれたものです。ベンチャー・キャピタルについての本ではあるのですが，起業を考える人が読

---

34 Cumming et al. [2019].
35 Black and Gilson [1998].

むとおさえるべきポイントがとてもわかりやすく提示されています。やや専門性の高い資金調達の話はちょっとハードルが高いけれど，基本的なことは考えたいという方の第一歩としておすすめです。

⇨ Kupor, Scott [2019], *Secrets of Sand Hill Road: Venture Capital and How to Get It*, Virgin Books.（庭田よう子訳『VC（ベンチャー・キャピタル）の教科書：VCとうまく付き合いたい起業家たちへ』東洋経済新報社，2020年）

第**6**章

生き残るためには？

この章を読み進める前に

■ スタートアップの生存率に影響すると考えられる要因を3つ挙げ，それぞれ説明してください。

■ スタートアップの生存率がここ10年間で上がった国を想像してください。この生存率の上昇はどのように評価できるでしょうか。多角的に評価してください。

　　　　　　起業はリスクが高いとよくいわれます。起業の多くが失敗に終わると考えられているからです。しかし，本当に起業の多くは失敗に終わるのでしょうか。失敗に終わるとすれば，なぜなのでしょうか。生存率を高めるためには，どのようなことが重要になるのでしょうか。ここでは，起業の生存率について考えていきます。後半ではスタートアップの中でも生存率が高いエンプロイー・スタートアップについて考えていきましょう。

1　新しく設立された小規模企業の生存率

　起業はリスクが高いといわれますが，本当にそうでしょうか。生存率は本当に低いのでしょうか。実際にデータを見てみると，一般的なイメージとは異なる姿が見えてきます。新しく設立された企業のほとんどは小規模のままでとどまり（規模的な成長がない），撤退する可能性はそれほど高くないのです。

　アメリカの国勢調査では，従業員を雇用している企業の半数以上が，雇用している従業員の数は5名未満です。9割の企業の従業員数は20名以下です。つまり，大多数の企業が小規模企業です。法人化されていない自営業主のうち従業員を雇用しているのはおよそ13％です[1]。小規模企業が多いのは，アメリカだけではありません。先進国，新興国，移行国の16カ国において，従業員が20名未満の小規模企業が80％以上を占めています[2]。

　これらの小さい企業の生存確率はどうでしょうか。実際に，小規模企業のほうが大規模企業よりも生存確率は低いのですが，設立されてからの経過年（企業の年齢）を分析に入れるとその差は小さいものになります。たとえば，創業5年目の比較的若い企業で比べると，アメリカでは退出の確率は大企業で8％程度であるのに対して，小規模企業だと10％程度です。ドイツやイギリス，フランス，イタリアなどではほとんどその差は見られていません[3]。つまり，新しく設立された規模の小さい企業だからといって生存確率が極端に悪いわけではありません。

　これはスタートアップの生存率が低いという一般的なイメージとは異なります。ここで，1つ大きな注意点があります。生存率がそれほど低く出ていないのは，アントレプレナーシップを新しく設立された企業で測定しているからです。第3章で見た通り，起業をアントレプレナーシップの代理指標としてとると，いわゆるパパママショップと呼ばれるような新規性の低いビジネスで，それほど大きな成長を目指さない企業が多く含まれるのです。細々

1　Hipple［2010］.

2　Bartelsman et al.［2003］.

3　Bartelsman et al.［2003］.

と経営を続けるビジネスも多いのです。これは，第 4 章で見た U 字型の起業パターンとも関係しています。

2　なぜ，スタートアップの生存率は低いのか

　それでは，単なる起業ではなく，新しいビジネス機会を追求しているであろうスタートアップに限ってみると，生存率はどうなるでしょうか。

　実際に生存率を考える前に，1 つ注意点を確認しておきましょう。生存率を考える上で，廃業と合併・買収（M&A）による退出を区別して考えることは重要です。廃業とは，企業の資産や負債を清算して法人格や事業をなくすことです。ちなみに，一般的に倒産という言葉もよく使われます。これは，ビジネスを続けられなくなり廃業することを意味しています。スタートアップが廃業した場合には，そのビジネスが失敗だったということを意味します。これに対して，合併・買収は，ビジネスの売買を意味しています。スタートアップが合併されたり買収されたりする場合には，むしろそのビジネスが将来有望だと期待されていると考えられます。実際，スタートアップの創業者やそこに資金を提供している投資家にとっては，重要な出口となっているのです。したがって，生存率を議論するときには，廃業の確率を考えることが大切です。この点を頭に入れた上で，生存率を考えていきましょう。

　一般的なビジネスの生存をアメリカの国勢調査で見てみると，生まれてから 1 年間存続できた企業はおよそ 80％であり，10 年間生存していたものは 25％程度です[4]。10 年間生存できた企業は 4 分の 1 です。この生存率が高いと思うか，低いと思うかは人それぞれかもしれません。ただ，これは，一般的な事業所についての調査であり，多くのいわゆるパパママショップも含まれているということには注意が必要です。一般的な企業の倒産が，設立されてから 5 年後以内に 50％以下になることは世界的に見てもほとんどありません。

　それでは新しいビジネス機会を追求しているスタートアップはどうでしょうか。1996 年にアメリカで設立された企業はおよそ 50 万社であり，6 年後

4　Nucci［1999］.

の 2002 年までに生き残ったのはおよそ半分です[5]。さらに，生き残った企業の中で，100 万ドル以上の売上高を達成した企業は 3500 でした。およそ 0.7％です。ただ，そもそも新しいビジネス機会を追求するための起業の数がわからないので，この 0.7％をそのまま生存率と考えることはできない点には注意してください。

　もう少し，解像度を上げてみましょう。ベンチャー・キャピタルから資金調達を行ったスタートアップを見てみましょう。ベンチャー・キャピタルから資金調達を行っているということは，新規性の高いビジネス機会を追求しようとしている企業だと考えることができます。前章でも見たように，ベンチャー・キャピタルから資本調達をしていたスタートアップのうちおよそ 55％は，マイナスのリターンで資本の提供が打ち切られています。つまり，半分は失敗に終わったということになります[6]。投資額の 5 倍以上のリターンを稼げたスタートアップも存在していますが，それは 6％です。こう見ると，やはりスタートアップの生存率は高くなさそうな気もします。

　ただし，このような全体を平均した数字にはそれほど大きな意味はありません。スタートアップの生存率はさまざまな要因によって左右されるからです。スタートアップの生存率については，これまでにさまざまな研究がなされてきましたが，生存率を規定する要因は，図表 6-1 のように外部要因と内部要因に分けることができます。この外部要因と内部要因はそれぞれ相互に影響し合っているもので，決して独立しているものではないことには注意をした上で，それぞれ見ていきましょう。

■ 外部要因

　外部要因とは，簡単にいえば企業を取り巻く状況です。スタートアップが自ら直接的に大きな影響を与えることが難しい要因であり，経営の前提条件となるものです。スタートアップが生き残りやすい条件もありますし，生き残りが厳しいような条件もあります。

5　Shane［2008a］.
6　Kerr, Nanda, and Rhodes-Kropf［2014］.

■ 図表 6-1：生存率に影響を与える要因 ■

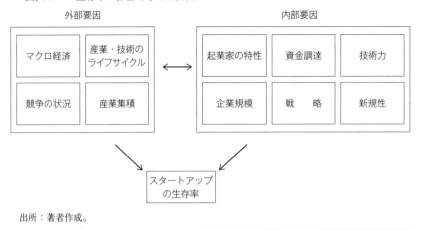

出所：著者作成。

経済状況

外部要因とスタートアップの生成や存続の関係を分析した初期の研究で最初に注目されたのは，マクロ経済状況です。スタートアップの生存率は，経済が成長しているときのほうが高いのか，あるいは，経済が停滞したときでも変わらないのでしょうか。まず，スタートアップが多く観察されているのは，経済成長の鈍化や，低金利，失業率の上昇などが生じているときです[7]。とくに，スタートアップに対する資本の供給が増えることは，スタートアップの生成にとって重要な役割を担っています。当然，スタートアップに対する資本制約が厳しくなると，スタートアップの生存率も低くなります[8]。

若い企業は内部留保が小さく，どうしてもビジネスを拡大する際に外部の資本にアクセスしなくてはいけません。これまでに見てきたように，外部にいる投資家と内部のマネジメントの間には情報の非対称性があります。この非対称性はスタートアップが行おうとしているプロジェクトの新規性が高ければ高いほど大きくなります。そして，非対称性が大きければ，どうしても投資家にとってはリスクが大きくなりますから，その分，投資家はハイリ

---

[7]　Highfield and Smiley [1987].
[8]　Ferrucci et al. [2021]. ただし，資金調達は起業家やそのチームの人的資本や社会資本に依存しているため，生存率に直接影響しているわけではないという指摘もあります（Cressy [1996]）。

ターンを求めます。これは若い企業にとって制約になります[9]。このような制約は，オイルショックや金融危機，景気後退などのショックに対して，スタートアップを脆弱にさせます。

競争状況

　競争の状況も生存率に影響します。競争が激しくなれば，当然，生存率は低くなります。競争が緩やかなものであれば，生存率は高くなります。競争の程度は，製品やサービスの標準化の程度や参入障壁の程度などに依存しています。また，競争は同業他社とだけしているわけではありません。供給業者や買い手とも利益をめぐる競争をしています[10]。

　また，産業や技術のライフサイクルによってもスタートアップの生存率は変わります[11]。古い技術が新しい技術によって代替されているような競争状況においては，スタートアップの生存率は高いことも確認されています[12]。既存の技術を代替するような新しい技術をもって参入しているスタートアップが生存率を上げていると考えられます。

地 域 差

　スタートアップの生存には地域差も見られています。同じ業種のスタートアップであっても，生存率に地域差があるのです。なぜでしょうか。これは，地域によって，スタートアップが学習する機会が異なっているためと考えられます。

　新しいビジネス機会を追求するためには，知識を最新のものにアップデートしておく必要があります。ビジネスについての学習も必要です。優秀な人材を輩出する大学がある地域や，産業集積により特定のビジネスについての学習が促進されている地域では，知識は人を介してスタートアップに波及し

9　このような制約については，Petersen and Rajan [1994]，Hadlock and Pierce [2010] を参照してください。

10　この点については，Porter [1980] を参照してください。

11　産業や技術のライフサイクルについては，姉妹書『イノベーション』の第 3 章や第 6 章を参照してください。

12　Lin and Huang [2008]．

ていきます。知識のスピルオーバー効果が見られる地域であれば，スタートアップの生存率が高まります[13]。知識のスピルオーバー効果が小さければ，スタートアップが既存企業に追いつくことは簡単にはできません。

■ 内部要因

　外部要因はスタートアップの生存率の大きな傾向に影響を及ぼすものと考えることができます。しかし，同じ環境（外部要因）に直面したとしても，それぞれ個別のスタートアップの生存には差があります。この差は，内部の要因によるものと考えることができます。スタートアップの生存率に影響を及ぼす内的な要因としてこれまで議論されてきているものを見ていきましょう。

起業家とそのチームの特性

　起業家やチームの特性は，その人たちがどのようなスキルを持っているのか，どのような経験をそれまでにしてきたのか，そして，どのようなネットワークを持っているのかという観点から分析されてきました。起業家たちの人的資本です。

　スキルから見ていきましょう。スキルはなかなか測定が難しいので，これまでの研究では学歴を代理的な指標として使っています。まず，高い水準の教育やスキルを持った人は起業をしやすいことがわかっています。これは第4章で見てきたばかりです。また，一般的には，学歴が高い人の起業は生存率を高めることが観察されてきました[14]。

　この傾向は，スタートアップでも基本的に確認されています。ただし，領域を分けて分析してみるとその効果は異なっています。ハイテク産業では，創業者の学歴が高くなると生存率が高くなることが見られる一方で，知識集約的ではないローテク産業のスタートアップでは学歴が生存率を上げるような効果は観察されていません[15]。ビジネスの領域を最新の知識が重要になる領域と，それ以外の領域に分けて分析してみると，当たり前とはいえますが，

13　Tavassoli and Carbonara［2014］.

14　Bates［1990］, Brüderl et al.［1992］.

15　Kato and Honjo［2015］.

知識が重要な領域で，高い水準の教育を受けた人のスタートアップの生存率は高くなっていたのです。

　生存率に影響を及ぼすのは学歴だけではありません。創業者やそのチームの過去のビジネスの経験や特定の産業での経験，イノベーション経験などは，生存率の向上に寄与していることが見られています[16]。起業家の過去の起業経験は新しく設立した企業の生存率を高めてくれることがわかっています[17]。とくに，経験がある業界に参入した起業家のほうが業績が良いという結果が一貫して得られています。過去から学習できるわけですから，失敗のリスクを小さくすることができるのです[18]。

　起業家の経験は，単純に過去の起業経験の有無，ある業界でのビジネス経験の有無などだけではありません。起業経験やビジネス経験と一口でいっても，その中身はさまざまです。大変な苦労をした人もいるでしょうし，順風満帆な人もいるかもしれません。そこでなされた学習はさまざまです。このような起業家の経験は，組織に刷り込まれる（インプリントと呼ばれることもあります）ことでその後の組織での意思決定に影響が出て，その後のスタートアップの成長や存続に影響を与えると考えられています[19]。

　さらに，起業家や起業チームのメンバーが持っている社会的なつながりも生存率を高めることがわかっています[20]。結びつきの強いネットワーク（強い紐帯）を持つと同時に，結びつきは弱いのだけれど異なる人々につながるネットワーク（弱い紐帯）を持っていると生存率が高まるのです[21]。

参入時の規模

　企業の構造的な特徴はどうでしょうか。最も多くの研究がされてきたのは，スタートアップを設立してビジネスに参入したときの規模の影響です。小さ

16　たとえば，Kato et al. [2015]，Brüderl et al. [1992]。

17　Van Praag [2003], Dahl and Sorenson [2013], Dahl and Reichstein [2007].

18　同業種での経験がある起業家のほうが，早い段階で損益分岐点を超えることも見られています（Oe and Mitsuhashi [2013]）。

19　Boeker [1988].

20　Raz and Gloor [2007].

21　強い紐帯（Strong Ties），弱い紐帯（Weak Ties）について知りたい人は，まずはGranovetter [1973] を読んでみてください。

な規模で新しくビジネスに参入する企業は，大きな規模での参入に比べて生存の可能性が低いことは多くの実証研究で見られています[22]。

　ただし，競争の状況でも見たように，企業の規模と生存確率の間の関係は，技術や産業のライフサイクルの段階によっても異なると考えられています[23]。基本的には規模の小さいスタートアップの生存率は，規模の大きなものと比較すると低くなるのですが，これはライフサイクルの成熟段階では成立しません。なぜでしょう。技術が成熟している産業では，そこへの新規参入企業は既存のモノゴトを代替するようなラディカルなイノベーションを生み出して参入することも大切ですが，その成功確率は高くありません。それよりも，ニッチを埋めることが戦略的には重要です[24]。ターゲットとするニッチ市場の規模が小さい場合には，固定費が大きいいわゆる大企業は狙いにくくなります。そのような小さい市場は，規模の小さい企業にとっては好都合です。基本的には参入時の規模が大きいほうが生存の確率は高まりますが，ニッチ市場を狙うのが効果的な段階では，参入時の企業規模が小さくても生存の可能性があります。

資金調達

　資金調達と生存率の間にも相関関係が見られています。エンジェル投資家から資金の提供を受けたスタートアップと，エンジェル投資家からの資金の提供を断られたスタートアップを比較したところ，まず，資金調達に成功したスタートアップのほうがその後の生存の可能性が高まることがわかっています[25]。また，スタートアップが上手くイグジットをする確率も高く，雇用も増えていました。さらに，資金の提供と同時に，エンジェル投資家によるメンタリングなどのサポートが重要な役割を担っている可能性も示唆されています。

22　たとえば，Fichman and Levinthal [1991]。

23　Del Sarto et al. [2020].

24　Abernathy and Clark [1985].

25　Kerr, Lerner, and Schoar [2014]. この傾向は多くの研究で支持されていますが，ベンチャー・キャピタルの出資は生存率に影響を与えていないという結果を示している研究も存在します（Manigart et al. [2002]）。

　ベンチャー・キャピタルから出資を受けたスタートアップは，株式市場に上場（IPO）後，上場廃止になってしまう可能性が低下していることが見られています[26]。また，出資したベンチャー・キャピタルの性質とスタートアップの成否の間にも関係が見られています。専門性が高いベンチャー・キャピタルから出資を受けた企業ほど上場に到達する可能性が高く，経験豊富なベンチャー・キャピタルやネットワークの中心に位置しているベンチャー・キャピタルから出資を受けたスタートアップのほうが生存率が高いのです[27]。

戦　　略

　戦略には大きく2つの考え方があります。1つめは，利益ポテンシャルの高いビジネス上のポジションを構築することが大切だという考え方です。これはポジショニング・ビューとも呼ばれています。もう1つは，自社の経営資源に基づいてビジネスを構築することを重視する考え方です。リソース・ベースド・ビューと呼ばれるものです。これらは決して，相互に排他的な考え方ではありません。それでも，ポジショニング・ビューからすれば，利益ポテンシャルの高いポジションをとれるような能力を構築することが大切だということになりますし，リソース・ベースド・ビューからすると既存の経営資源をもとに利益ポテンシャルの高いポジションを構築することが大切だということになります。

　スタートアップはそもそも既存の経営資源がそれほど豊富ではありません。それでも，手元にある資源の組み合わせを新たな問題や機会に適用すること（ブリコラージュと呼ばれることもあります）がスタートアップの生存率を上げることが見られています[28]。いわば，リソース・ベースド・ビュー的な戦略が生存率を上げているといえるでしょう。

技 術 力

　スタートアップが持っている経営資源の中でも技術力は重要です。もちろ

26　Baker and Gompers［2003］.

27　Gompers et al.［2009］, Sørensen［2007］, Hochberg et al.［2007］.

28　Baker and Nelson［2005］.

ん，技術力が高いスタートアップのほうが，生存率が高くなることは容易に予想できますし，これを示唆する研究結果も見られています[29]。

　特許は知的財産権であり，取得できれば当該技術を排他的に実施する権利が付与されます。そのため，企業は自社の技術を戦略的に活用することが容易になり，競争力の向上につながります。優れた技術で特許をとれば，それを自社で排他的に使うこともできますし，ライバル企業が参入するのを阻止することもできるでしょう。その特許を売却することもできますし，他の組織との交渉を有利に進めるのに使うこともできます。

　実際の分析を見てみると，特許の出願数や取得数が多くなると，倒産の確率は減少しています[30]。また，M&Aなどを通じてのイグジット（退出）に成功していることを示唆する分析結果も得られています。特許の質を特許の被引用件数（前方引用）で測定してみると，質の高い特許を持っている企業は，M&Aによる退出の確率が高いのです[31]。

新規性

　最後に新規性を見てみましょう。スタートアップのビジネスは新規性の程度が高い傾向にあります。しかし，新規性が高いといっても，そこには大きなバリエーションがあります。新規性がかなり高いものもあれば，相対的に低いものもあります。そもそも何の新規性なのかということも考えなくてはなりません。技術の新規性が高いこともあるでしょうし，ビジネスモデルの新規性が高いこともあるでしょう。新しい市場を狙っているという場合もあります。このように新規性と一口にいっても考えないといけないことはいろいろありますが，まだそこまで研究は精緻化されていないのが現状です。この点を頭に入れた上で，これまで発見されていることを見てみましょう。

　新規性の程度はどのようにスタートアップの生存率に影響するでしょうか。影響の経路は2つあります。1つめは，新規性の程度が高ければ，スタートアップの生存率は高まるという経路です。新規性の程度が高いということは，他社にはないものがあるということを意味しているので，市場支配率が上が

29　たとえば，Rosenbusch et al. [2011]。
30　Kato et al. [2021].
31　Wagner and Cockburn [2010].

ると考えられます。市場の支配力が高いということは，競争優位性があるということを意味しています[32]。

2つめは，新規性が高ければ，生存率が下がるという経路です。プロジェクトの新規性が高くなればなるほど，不確実性は大きくなり，上手くいくかどうか事前にはわかりません。乗り越えなければならないチャレンジは多く出てくるでしょう[33]。

このように新規性は2つの経路で異なる影響を生存率に与えると考えられます。それでは，実際にはどちらの影響のほうが大きいのでしょうか。新規性の高さと企業の生存率の間の関係を分析した研究の多くでは，新規性の高さと生存率の上昇の間には正の関係が見られています[34]。つまり，新規性の程度が高いほど，生存率は高くなるということが観察されています。ただ，これらの研究は，必ずしもスタートアップだけが分析の対象ではないため，注意が必要です[35]。さらに，スタートアップを分析の対象とした研究でも，すでに新規性が高いと認識がされているスタートアップを分析の対象としている場合には，分析対象に偏りがあることには注意したいところです。新規性が高いということがわかるということは，すでにある程度上手くいっている企業ということなのです。大きく成功したプロジェクトを，新規性の高いプロジェクトだと事後的に評価することも多いのです[36]。このような企業を分析すれば，生存率が高くなることも当然といえます[37]。

そのため，できれば，スタートアップのプロジェクトの新規性の程度を，成果が出る前に評価できればとてもよいのですが，なかなかそれは難しいのです。企業が今後3年間に新しい製品やサービスあるいは生産工程を導入す

---

32 Zahra and George [2002].

33 Samuelsson and Davidsson [2009].

34 たとえば，Audretsch [1995]，Calvo [2006]，Cefis and Marsili [2005]，Wagner and Cockburn [2010]。

35 Boyer and Blazy [2014], Cader and Leatherman [2011], Reid and Smith [2000].

36 Buddelmeyer et al. [2010].

37 また，特許の被引用数で技術の新規性を計測することも多いのですが（被引用数が高い特許は，技術的な新規性が高いと考える），このような計測の場合，新規性の高い企業の生存率が高い傾向が観察されるのは当然の結果とも考えられます。特許の文脈では，新規性がものすごく高いものは，申請段階で却下されているかもしれません。分析対象とした企業の生存バイアスも考えなくてはいけません。

るという事前の計画を使って新規性の程度を事前に測定した分析では，スタートアップの新規性の程度は，その後の生存と負の関係にあることが発見されています[38]。新規性が高いビジネスを行う場合には，生存率が低くなることを示す結果です。

3 生存率の高いエンプロイー・スタートアップ

エンプロイー・スタートアップは，それまで企業で働いていた人がその組織を離れ，新たに起業したスタートアップです。学校を卒業後すぐに，あるいは中退して起業したスタートアップは，エンプロイー・スタートアップではないということになります。エンプロイー・スタートアップが注目されてきたのは，その生存率の高さにあります。なぜ生存率が高いのか，ということからエンプロイー・スタートアップの特徴を見ていきましょう。

■ 生存率（親組織との関係）

エンプロイー・スタートアップをそれ以外のスタートアップと比べると，生存率が高いことはこれまで繰り返し観察されてきました[39]。

その理由は，起業家や創業チームが従業員として働いていた企業（親企業）からの知識移転や，親企業の経営資源へのアクセスにあると考えられています。エンプロイー・スタートアップを創業する起業家は，前職の研究開発や新製品開発などで生み出された新しいアイディアを活用できるのです[40]。また，その業界により精通していることによる恩恵も受けられます[41]。業界の経験がある起業家は，どのような従業員が本当に有用かを判別できる可能性が高く，人員を採用するのに役立つことも考えられます[42]。さらに，投資家は同じ業界での経験をポジティブに受け取ることも知られています。その

38 Hyytinen et al. [2015].

39 たとえば，Dahl and Reichstein [2007]，Dahl and Sorenson [2013]，Agarwal et al. [2004]，Phillips [2002]，Chatterji [2009]，Franco and Filson [2006]。

40 Bhide [1994]，Anton and Yao [1995].

41 Phillips [2002].

42 Sorenson and Audia [2000].

ため，経験があるとスタートアップの資金調達能力が上がるのです[43]。これは，生存の確率を高めてくれます。

また，生産性の高い企業からのエンプロイー・スタートアップのほうが，生産性の低い企業からのエンプロイー・スタートアップよりも生存率が高いことも観察されています[44]。これは，起業家が移転できる知識や経営資源の質が，親企業の生産性によって変わるということを示唆しています。

ただし，注意も必要です。起業した後に親企業との関係が近すぎるとその後のパフォーマンスが悪くなることも観察されています。いつまでも親離れできない子どものようでもあります。つまり，親企業からの知識移転や親企業が持つ経営資源へのアクセスは生存率を高める上では重要になりますが，親企業との関係が近すぎるとその後のビジネスの成長が小さくなってしまうのです。

■ 親企業に対する影響

親企業からエンプロイー・スタートアップへの影響を見てきましたが，その反対に，エンプロイー・スタートアップから親企業に対する影響もあります。どのような影響があるのでしょうか。

それを考える上ではまず，エンプロイー・スタートアップは，スピンオフとスピンアウトに分けられることを思い出してください。スピンオフかスピンアウトかにより，親企業に対する影響が異なります。

スピンオフは，起業家がもともと働いていた組織（以下では，親企業）が起業の際に資本を提供しているスタートアップです。つまり，親組織とスタートアップの間に創業時に資本関係があるものです。社内ベンチャーは，基本的には親企業が資本を提供しているので，スピンオフということになります。スピンオフは，親企業のビジネスに対しては基本的にそれほど影響がない，あるいは正の影響があります。スピンオフした企業のビジネスが親企業のビジネスとの間に補完的な関係がある場合には，正の影響が出ます。また，スピンオフは，親企業のビジネスの再編に貢献する場合にも，親企業に

---

43 MacMillan et al. [1985], Chatterji [2009].
44 Agarwal et al. [2004], Franco and Filson [2006].

対して正の影響が出ます[45]。自社のビジネスに対し負の影響が出るようなスタートアップに親企業は資本を提供はしないので，スピンオフが親企業に与える影響はほとんどないか正の影響になります。

スピンアウトは，起業時に親企業との間にそのような資本関係がないスタートアップのことです。スピンオフとスピンアウトでは，ターゲットとするビジネスに違いがあります。スピンオフは，親会社のビジネスと代替関係がないビジネスや，補完関係にあるビジネスをターゲットとしています。親会社のビジネスと代替関係にあるビジネスや，親会社の競争優位を破壊してしまうようなビジネスをターゲットにすることは，基本的にはありません。もしも，そのようなビジネスをターゲットにするのであれば，親企業が資本を提供することに合理性はないのです。一方，スピンアウトは，親企業の競争優位性を破壊してしまうようなビジネスでも関係なくターゲットにします。親企業から資本の提供を受けていないので，ビジネスに口出しされるいわれもないのです。

そのため，スピンアウトの場合，親企業に対して負の影響が見られています。親企業のビジネスと競合するようなビジネスを行うためのスピンアウトの場合です。スピンアウトのビジネスが上手くいけば，当然，親企業のビジネスを脅かします。さらに，親企業を離れ，起業をする人材が親企業にとって欠かせない人材であればあるほど，親企業の既存のビジネスの生産性が下がります[46]。ただし，親企業を離れた人材が，元の職場の人材との個人的なネットワークを通じて，知識を親企業に移転するという事例も見られています[47]。去った人材を「裏切り者」と考えるのではなく，「将来の資産」と考えることが，親企業にとって大切なのかもしれません。

■ スピンアウトをめぐる訴訟

このようにスピンアウトには，親企業に負の影響を与えるものもあります。そのため，親企業はできるだけ負の影響が出るようなスピンアウトが起こらないようにさまざまな対策を行っています。親企業がスピンアウトを設立し

---

45 Richardson［1972］.

46 Campbell et al.［2012］，清水［2016］。

47 新田［近刊］。

た元従業員を訴えることも珍しくありません。親企業から訴えられるものの中身は，それぞれのケースでさまざまですが，概ね次の3点です。生き残るためには，このような訴訟のリスクにも耐えなければなりません。

(1) 企業機会原則の違反

もしも，企業の経営者が，自分の会社にとって利益があるかもしれないビジネス機会を発見し，その情報をライバル企業に渡したり，自分自身で新しい企業を組織するなどして追求した場合は，企業機会原則（Corporate Opportunity Doctrine）に反する行動となります。株主や投資家などから経営を任された経営者にはしっかりと企業の利益を守るという受託者義務と忠誠義務があるのです。そのため，新しいビジネス機会を発見し，それを追求するために自分でスピンアウトしたとしても，それがもともと働いている企業の利益を損なうものであったとすれば，企業機会原則に反する行動になる可能性があります。また，スピンアウトの際に，同僚を採用することもあるでしょう。自分が設立したスタートアップに，優秀な同僚を引き抜いてしまうことです。これは忠誠義務違反になる可能性があります。

(2) 機密情報の利用

第2章で見たように，研究開発は新しい知識や情報を生み出すため，ビジネス機会の源泉の1つです。そのため，研究開発に従事していた従業員がそこから得られた知見でビジネス機会を追求するために，スピンアウトすることもよくあります。

しかし，これは機密情報を社外に持ち出すことになります。研究開発の成果は，戦略的な理由がない限り，知的財産権で保護できるものは保護するのが定石です。知的財産権は，多くの国が先願主義を採用しています。先願主義とは，同様の申請が出された場合には，先に出したほうを優先するものです。研究開発の成果やそのプロセスの中で発見した新しい知見などは，企業にとっては重要な機密情報となります。そのため，スピンアウトし，研究開発から得られた知見を用いて新しいビジネス機会を追求すると，親企業から訴えられる可能性があります。機密情報は，研究開発に関することだけではありません。顧客や取引先の情報などさまざまです。機密情報は保護しなければいけないのです。この保護の義務は，自身が企業を辞めた後も継続します。

~~ **コラム⑦ 職務発明** ~~~~~~~~~~~~~~~~~~~~~~~~~~~~~~~~~~~~

　研究開発は新しいビジネス機会の源泉です。そこで得られた新しい知見の多くは機密情報であり基本的には外部へ持ち出すことはできません。しかし，「研究開発のプロセスで，そのアイディアを出したのはそもそも自分だ」と考える人もいるでしょう。自分のアイディアだから，自分がそれを使うのには問題がなさそうです。しかし，そうでもないのです。これは職務発明に当たる可能性があります。

　雇用契約において大切な条項があります。それは，従業員が職務のプロセスの中で着想したアイディアや生み出した発明などの権利を企業に譲渡するものです。

　従業員が職務の中で行った発明は，職務発明と呼ばれています。職務発明をした場合には，その本人に特許を受ける権利が発生していました。これは権利の発明者帰属と呼ばれているものです。そして，企業はその発明の実施権を有していました。そして，発明者は，相当の対価を受け取る権利がありました。

　ところが，この相当の対価をめぐって，発明者が企業を訴えることが相次いだのです。その相当の対価の算出の基準が曖昧であったり，その額が発明に対して過少であると考えられたのです。

　そのため，2015年に職務発明の規定に関する特許法を改正しました。ここでは，従業員が契約や就業規則などであらかじめ特許を受ける権利の意思表示をしていない場合，特許を受ける権利はその組織（従業員の使用者）が原始的に有するということになりました。つまり，特許を受ける権利が，発明者帰属から使用者帰属へと変更になったのです。発明者に対しては，相当の利益を受ける権利が与えられました。相当の「対価」が「利益」になっただけで，実際には何が違うのかという気もしてきます。ただ，「利益」には，金銭上だけではない経済上の利益が含まれている点が変更の要点です。これには，たとえば，ストック・オプションの付与や留学の機会も含まれるのです。

　やや話がそれましたが，ここで重要なポイントは，仕事上でのアイディアや発明の権利は，基本的には企業側に譲渡するという契約が雇用契約に含まれていると，いくら自分のアイディアであったとしても新しいビジネス機会を追求するために自由に使うことはできないのです。

(3) 競業違反

　企業機会原則の違反で見たように，経営者は自社のビジネスの利益を損なう行動はしてはいけません。そのため，自社と直接的に競合する企業を設立してビジネスを行ったり，報酬を受け取ったりすることはできません。

　経営者でなければよいのかといえば，もちろんよくありません。現在働いている企業との雇用関係の効力が残っているうちに，ライバルとなるような

スタートアップを設立したり，ライバル企業から給与を受け取ることは，競業違反として訴えられる可能性があります。機密情報の保護の義務とは異なり，自身が現在働いている企業を辞めた後には，競業避止義務は及びません。

■ エンプロイー・スタートアップが多くなる組織

　どのような組織からエンプロイー・スタートアップが多くなるのでしょうか。従業員にはもちろん職業選択の自由がありますから，いつでも辞めることができますし，辞めた後どのような職に就こうとも自由です。また，優秀な人材を集めるためにスピンオフを推奨している企業もあります。どのような場合に，起業という選択をするのでしょうか。これは，第4章で見てきたことですから，ここでは親企業との関係から考えてみましょう。

　働いている人の能力はそれぞれ異なっています。そして，その能力は単独ではなかなか力を発揮するものではありません。企業におけるその他の経営資源（ヒト・モノ・カネ）と結びつくことで，人は能力を発揮できるのです。企業で働く人の能力にとっては，このような組織の経営資源は，補完財です[48]。組織で働いている人が自分で起業し，ビジネスを始める上で，自分の能力の発揮が親組織の経営資源にどの程度依存しているのかと，その経営資源をどの程度自分で再構築可能なのかという2つの条件はとても重要です。これらがともにそれほど重要ではないということになれば，エンプロイー・スタートアップを設立する障壁は小さくなります。たとえば，自分の能力を発揮する上で，親組織の研究開発設備が重要だという場合には，制約は基本的には資金的なものになります。研究開発設備を調達するだけの資金調達ができれば問題ないのです。しかし，自分の能力を発揮する上で，親企業が持つブランドや信頼が重要な役割を担っているとすれば，そのような補完財を構築するのには時間もコストもかかりますから，起業の選択の障壁となります。補完的な資産が価値創造にとって重要であり，従業員が社外で容易に再現できない場合（補完的な知識や特殊な物理的資産に関する知的財産権など），企業は従業員が去って起業することを防ぐことができます。組織としての力をつけておくことが企業にとっては大切です。

48　補完的な資産については，Teece［1986］を参照してください。

　さらに，これまで見たように，スピンアウトにより親企業の競争力を破壊するようなビジネスが立ち上げられるような場合や，自社にとって優秀な人材が去ってしまった場合などは，親企業にとっては競争上の優位性を失ってしまいかねません。だからこそ，既存企業にとっては，従業員（とくに自社にいてもらわなければならないような人材）の処遇も大切になります。

4　本章のまとめ

　本章ではスタートアップの生存率について考えてきました。一般的なビジネスまで含めると起業したビジネスの生存率はそれほど低くありません。これは，起業といっても，さまざまなビジネスが含まれているからです。新しいビジネス機会を追求するスタートアップに限ると，生存率は高いとはいえません。追求しようとするビジネス機会の新規性が高ければ，どうしても不確実性は高く，生存率が下がってしまいます。

　また，エンプロイー・スタートアップは生存率が比較的高いことがわかっています。親企業からの経営資源の移転がエンプロイー・スタートアップの生存確率を上げています。

　この章ではスタートアップの生存を考えてきましたが，次の章ではスタートアップのビジネスの打ち切りやイグジットについて見ていきましょう。

もう一歩詳しく知るためのリーディング

　スタートアップの生き残りだけを考える書籍はなかなかないのですが，次の本はスタートアップの創業者が陥りやすいポイントをわかりやすく説明してくれています。

→ Wasserman, Noam [2012], *The Founder's Dilemmas: Anticipating and Avoiding the Pitfalls That Can Sink a Startup*, Princeton University Press.（小川育男訳『起業家はどこで選択を誤るのか：スタートアップが必ず陥る9つのジレンマ』英治出版，2014年）

　スタートアップが陥りやすい失敗のパターンにスポットライトを当てたものとしては，次もおすすめです。失敗がパターン別に説明されており，

なおかつ良い失敗をする方法も提示してくれています。

⇨ Eisenmann Thomas R.［2021］, *Why Startups Fail: A New Roadmap for Entrepreneurial Success*, Currency.（グロービス訳『起業の失敗大全：スタートアップの成否を決める6つのパターン』ダイヤモンド社, 2022年）

第**7**章

いつやめるのか？

この章を読み進める前に

■ どのようなときに起業家は新しいビジネス機会の追求をやめるのでしょうか。良いやめ時を考え，なぜ，それが良いやめ時なのかを説明して下さい。

■ 債権者の保護を弱くし，債務者に対する再建をしやすくすることは，アントレプレナーシップにどのような影響が出るでしょうか。あなたの考えを説明してください。

　　新しいビジネス機会の追求をしていけば，上手くいくことばかりではありません。新規性の高いプロジェクトであればあるほど，上手くいかないことのほうが多いわけです。ということは，どこかで「やめよう」という意思決定をしなければなりません。これがなかなか難しいのです。そもそも，「ヨシ‼」と思い立ったとしても，実際には何も動かずにやめるケースがほとんどです。このようなケースは，そもそも新しいビジネス機会の追求を始めてもいないといってよいでしょう。これで始めたといえるのであれば，僕は掃除をすでに開始したと妻にいつでも胸を張れます。ここでは，スタートアップを起業し，ビジネス機会の追求を始めた人の「やめよう」という意思決定を見ていきましょう。

1　継続したいという意欲

　スタートアップの創業者は，自らのビジネスに大きな期待をしています。当たり前ですが，期待しているからこそ，起業し，そのビジネス機会を追求しているのです。だからこそ，資金が調達できる限り，プロジェクトの継続を願うでしょう。

　スタートアップの創業者やそのチームがプロジェクトの継続を願うのは，成功するという信念があるからです。しかし，見込みがないかもしれない，あるいは，上手くいかないかもしれないと思うこともあるかもしれません。プロジェクトをやめたほうがよい場合もあるでしょう。

　しかし，自分たちが打ち込んできたプロジェクトをやめるという意思決定は簡単ではありません。「あと少し，もう少しがんばれば…」と考えてしまいがちです。これはコミットメントのエスカレーションと呼ばれています[1]。これは，人間の意思決定にあるバイアスの1つです。自分ではかなり気合を入れてがんばってきたというものは誰にでもあるでしょう。しかし，いくらがんばったとしても，望んでいるような結果が得られるとは限りません。上手くいかないこともあるでしょう。また，「もしかして，これは上手くいかないかもしれない」と薄々気がつくということもあるでしょう。しかし，薄々，まずいかなと思ってはいるものの，「いやいや。これは自分がこれまでがんばってきたのだから…」と考えて，もう少しやってみようと決めることもあります。自分のこれまでのコミットメントを無駄にしたくなかったり，周囲に「やっぱりダメだった」と思われたりしたくないのです。

　コミットメントのエスカレーションは，意思決定の結果と個人的な責任が結びつくときに起こりやすくなります。あるビジネスに投資するという意思決定を行ってきた結果，それが上手くいかないこともあるでしょう。その失敗だったという結果が，その意思決定をした個人に強く結びついてしまうと

---

[1]　マネジメントにおけるコミットメントのエスカレーションについては，Staw [1981] を参照してください。日本企業におけるコミットメントのエスカレーションについての実証的な研究はあまりないのですが，渡辺 [2017] は，日本の銀行の不良債権処理とコミットメントのエスカレーションについて分析しています。

きには，コミットメントのエスカレーションが起こりやすいのです。自分の意思決定が失敗だったとは誰も認めたくありませんし，自分の責任が問われる場合には，どうにかして挽回したいと考えるのです。また，意思決定をする人が外部からの評価にさらされている程度が高くなるほど，自分の評価を上げたい（間違いを認めて評価を下げたくない）ので，コミットメントのエスカレーションが起こりやすくなります。

このようにそれまで大きな努力を投入をしてきたことをやめるというのは簡単ではありません。しかし，どうしても現在のプロジェクトが立ち行かなくなることもあるでしょう。その場合，いきなりビジネスを廃業しようと考えるスタートアップは多くはありません。普通は，新しいプロジェクトをスタートさせるのです。

2　ピボット

現在のプロジェクトが行き詰まったときに，それを完全に終わらせてしまうことだけがプロジェクトの終わり方ではありません。現在のプロジェクトを上手く活かして，新しいプロジェクトを始めることもあります。これは，ピボットと呼ばれています。ピボットとは，ある点を中心に旋回することです。バスケットボールで，片足を軸にして，もう一方の足でターンすることはピボット（あるいは，ピボット・ターン）と呼ばれています。

ビジネスにおけるピボットとは，それまで蓄積してきた能力を軸に，新しいビジネスを展開することです。新しいビジネス機会を追求しているスタートアップの場合は，プロジェクトを進めていくにつれて，そのビジネス機会が期待していたほど有望でなかったり，有望ではあるもののそのビジネス機会を追求するのには障壁が大きいことがわかったりしてくることはよくあります。そのため，現在のプロジェクトを見直して，方向を修正し，新しいプロジェクトを立ち上げ，ピボットを繰り返していくのです。新規性の高いビジネス機会を追求している場合には，最初から計画通りにいくことのほうが少ないでしょう。試行錯誤をして，プロジェクトを立ち上げては，中止，修正，変更し，ピボットを繰り返していきます。

既存の技術や組織の能力を軸足に，ターゲットにする顧客を変更すること

は，最もよくあるピボットです[2]。ピボットがどれだけ必要かは，スタート
アップがどのように立ち上げられるかにも依存しています。事前に計画して
もその通りに進むことは少ないのだから，できるだけ製品やサービスを早く
市場に投入し，顧客の反応を見て，学習し，それをプロジェクトに反映させ
ていくといういわゆるリーン・スタートアップ（Lean Startup）と呼ばれる思
想でスタートアップが設立されている場合，ピボットはとくに重要になりま
す[3]。既存のプロジェクトを継続するのか，ピボットするのかを常に考えて
いくといってもよいかもしれません。このような場合，ピボットの頻度は多
くなるでしょう。しかし，早い段階から事前の計画として狙ったものを変更
せず，しかもコミットメントのエスカレーションがあるような場合には，ピ
ボットの回数は減ります。

　いくらピボットを繰り返しても上手くいかないこともあります。スタート
アップの創業者やそのチームがいくら継続を願っても，資金が尽きるとビジ
ネスを継続させることはできません。資金制約が大きいスタートアップに
とっては，追加的な資金を提供する人や組織の存在がスタートアップの継続
にとってはとくに大切なのです。

3　投資家の追加的な資金提供中止の決定

　PSED と呼ばれる起業家動態パネル調査（Panel Study of Entrepreneurial
Dynamics）を使い，起業家の最初の 1 年間を分析したところ，ほとんどの起
業家が資金調達に行き詰まり新しいビジネス機会の追求を断念しています[4]。
　エンジェルやベンチャー・キャピタルのようなスタートアップに出資して
いる投資家たちは，通常，複数のプロジェクトに投資を行っています。ス
タートアップへの投資は高い水準の不確実性を伴います。そこでは，撤退と

　2　Bajwa et al.［2017］.

　3　リーン・スタートアップについては，Ries［2011］を参照してください。

　4　PSED は，アメリカの 6 万 4622 世帯を対象とした全国縦断的なサンプルで，新規事
　　業の立ち上げに積極的に取り組んでいる個人を探し出すために実施されました。
　　PSED には，新規事業の立ち上げに関与した成人人口の割合と特徴，新進の起業家が
　　事業立ち上げの過程で行う活動の種類，初期の企業となった起業家の割合と特徴など
　　の情報が含まれています（Reynolds et al.［2004］）。

いう選択はとても大切になります。もちろん，不確実性があるということは，悪いことばかりではありません。これは，上方（アップサイド）にも下方（ダウンサイド）にも成果がぶれやすいということを意味しています。撤退という選択肢があることで，投資条件が好転したときには，ダウンサイド側に振れる兆しを見せているプロジェクトから撤退し，アップサイド側に投資をシフトさせることができます。撤退するという選択肢があるからこそ，このような意思決定ができるのです。そのため，投資家は，一気に多額の投資をするというよりも，段階的に投資をしていくのです。ビジネスの開拓が進むと，不確実性も少しずつ減ってきます。

　投資家たちにとっては，あまり有望ではない（有望とはいえなくなってきた）スタートアップに追加的な投資はしたくないところです。ベンチャー・キャピタルが最終的に収益を出せた投資プロジェクトは全体の20％以下だといわれています[5]。つまり，ほとんどの投資プロジェクトは，どこかで追加的な融資を打ち切ったり，非公開で株式を売却したりしているのです。

　追加的な投資をめぐっては，まだ有望だと期待できるプロジェクトあるいは改善を施せば成功の可能性があるプロジェクトに投資をし，見込みのないプロジェクトについては追加的な投資はしないということが投資家にとっては大切です。パフォーマンスの低いプロジェクトに投資を続けることは，その資金と時間の浪費になるだけでなく，より有望な代替的な投資機会を見送ることになります。ベンチャー・キャピタルの投資収益を下げるのは，投資したプロジェクトが失敗したからというよりも，見込みのないプロジェクトに投資し続けたからともいわれるほどです[6]。

　スタートアップへの追加投資を打ち切る傾向が高いベンチャー・キャピタルは，多くのスタートアップに投資をすることができます。多くの追加投資を打ち切るからこそ，投資の数を打てるのです。追加的な投資を打ち切る傾向が高いベンチャー・キャピタルは，投資のパフォーマンスが良いことも観察されています[7]。追加投資をして損の上塗りをすることなく，見込みのないプロジェクトに早い段階で見切りをつけるからこそ，投資の数を打てるの

5　Bergemann and Hege［1998］．

6　Hardymon et al.［2004］．

7　Kerr, Nanda, and Rhodes-Kropf［2014］．

です。

　しかし，追加投資をするか，あるいはそれを打ち切るかは難しい判断です。投資しているスタートアップが追求しているビジネス機会の新規性が高ければ高いほど，「やってみないと（追加投資してみないと）わからない」のです。ベンチャー・キャピタル側からすると，投資をして，スタートアップを介してその投資機会について学習をするという繰り返しです。投資の額が大きければ，スタートアップができることが大きくなるので，学習も進みます。

　ベンチャー・キャピタルは，全体の投資ポートフォリオの収益性を考えながら，それぞれの投資案件について追加投資をしたり，やめたり，あるいは自分の株式の持ち分を売却して撤退するなどの意思決定をしていきます。ポートフォリオはその規模や，投資先の範囲や冗長性などにおいてさまざまです。ポートフォリオによって，投資行動も変わってきます。たとえば，ある特定の分野に投資先を絞ったポートフォリオを組んでいる（ポートフォリオの冗長性が高い）ベンチャー・キャピタルと複数の分野に投資をしているベンチャー・キャピタルを比較したところ，焦点を絞っているポートフォリオのほうが投資プロジェクトからの撤退傾向が小さくなっていることが観察されています[8]。産業レベルで不確実性が高まった場合，多角化しているポートフォリオを持っているベンチャー・キャピタルは，そこへの投資プロジェクトから撤退を増やすのに対して，ある産業に焦点を絞っているポートフォリオを持っている場合，産業レベルで不確実性が高まった場合，特定のプロジェクトから撤退することではリスクをヘッジすることにはならないからです。

　このようにベンチャー・キャピタルは自分の利潤の最大化のために投資をしていきます。ベンチャー・キャピタルと企業家の利害は常に同じになるとは限りません。たとえば，ベンチャー・キャピタルは，上場ができそうなスタートアップには最適なタイミングよりも早い段階で上場を促す傾向が見られています[9]。出資したスタートアップが上場することは，ベンチャー・キャピタルにとっては投資家から資金を集める上でも良いシグナルとなるの

8　Li and Chi [2013].
9　Gompers [1996].

です。しかし，第5章で見たように，上場することによるコストも発生します。そのため，上場せずにさらなる資金調達をしてビジネスを拡大するほうがスタートアップにとっては都合が良いこともあります。つまり，分散的なポートフォリオを持つベンチャー・キャピタルのほうが，ある産業に焦点を当てたポートフォリオを持つベンチャー・キャピタルと比べると，撤退戦略において産業レベルでの不確実性により敏感になるわけです。

　ただし，ベンチャー・キャピタルは既存の投資ポートフォリオのみを考慮して追加投資や撤退を決定しているわけではありません。ベンチャー・キャピタルは，高い水準の収益を上げる見込みがないと判断すると，そのような企業への追加的な出資をしたくはありません。しかし，あまりに打ち切りを繰り返していると，そのようなベンチャー・キャピタルは，スタートアップ側からあまり良いパートナーと見なされなくなってしまう可能性があります。良いパートナーという評判がなければ，良質のスタートアップから選ばれなくなってしまいます。だからこそ，スタートアップのことを本当に考えているという評判を高めるために，追加投資を行うかもしれません。

　また，ベンチャー・キャピタルにも本章の冒頭で見たコミットメントのエスカレーションはあります。実際に，ベンチャー・キャピタルは，期待収益が減少しているという証拠があるにもかかわらず，追加的な投資の回数を重ねるごとに投資を終了する可能性が低くなることが見られています[10]。さまざまな国に投資を行うベンチャー・キャピタルと国内のみで投資を行うベンチャー・キャピタルを比較したところ，後者のほうが失敗したプロジェクトに対するコミットメントを高める傾向が強いことも観察されています[11]。国内でのみ投資を行うベンチャー・キャピタルは，さまざまな国に投資を行うベンチャー・キャピタルと比べると，投資したプロジェクトへのコミットメントの程度が高く，国内の他のベンチャー・キャピタルやスタートアップからの評価にも強くさらされていることが原因だと考えられています。

---

[10]　Guler［2007］.

[11]　Devigne et al.［2016］.

～ コラム⑧　プロジェクトを打ち切る能力 ～～～～～～～～～～～～～～

　プロジェクトを打ち切る能力については，既存企業にとってもきわめて重要になります。しかし，ベンチャー・キャピタルがスタートアップへの投資の打ち切りを決定することに比べると，既存企業が自社の新しいビジネス機会の追求のプロジェクトの打ち切りを決めることは簡単ではありません。既存企業において，あるプロジェクトを打ち切ろうとすれば，どうしても，その責任者のキャリアが気になるところです。また，内部留保の多い既存企業であれば，研究開発のための投資のコストは低くなります。そのため，それほど高い収益性が見込めないプロジェクトであったとしても，社内に生き残りやすいという点もあります。さらに，日本企業の場合，地道に長い間，ビジネスを開拓していくということが「良いこと」と捉えられることもあります。確かに研究開発には時間のかかるものもあるでしょう。また，長い間根気強く，研究開発を行っていくと，気がつけばライバル企業もすでに撤退していて，研究成果をビジネスに転換できたときには高い収益性を上げることもあります。だからこそ，打ち切りの決定をすぐにしてしまうのは，近視眼的な経営であるというわけです。確かに，このような事例は日本企業には多いのですが，機会費用は考慮に入れる必要があります。もしも，そのプロジェクトに投資されていた経営資源を他のプロジェクトに投資していたら得られていたであろう収益を考えた上で評価しなければなりません。もしも，長期的な視座に基づいてプロジェクトの選別を行っているほうが収益性が高いとすれば，そのような日本企業のほうが短期的な打ち切りを行っている企業よりも収益性が高くてもよさそうです。しかし，実際にはそうはなっていないということは，長い時間をかけたがゆえに成功したプロジェクトの背後には，いつまで経っても上手くいかないプロジェクトを多く抱えていることが窺えます。つまり，損の上塗りを重ねてしまっている可能性が高いのです。

　企業にとっては，失敗に終わった（あるいは成功の見込みがあまりない）プロジェクトを打ち切ることと，失敗に対して寛容であることのバランスをどのようにとるのかはとても難しい問題です。そして，このバランスのとり方が，どれだけ新しいプロジェクトを始められるのかにも影響します。プロジェクトの打ち切りを増やせば，当然，多くの新しいプロジェクトを開始することができます。しかし，早い段階でのプロジェクトの打ち切りがあまりに多くなれば，短期的な評価が中心になり，失敗に寛容的な組織ではなくなってしまうのです。

　見込みがあまり良くないということがわかっているのにプロジェクトを打ち切ることができない企業は，プロジェクトをスタートするときにそもそも新規性がそれほど高くない，つまりあまり実験的ではないプロジェクトを選んでスタートする確率が高くなります[12]。つまり，プロジェクトを一度始めたらなかなかやめられない（打ち切る能力がない）から，そもそもアンパイのプロジェクトを選ぶのです。

4 再建のしやすさ

　スタートアップが追加的な資金調達に失敗し，債務超過や手形の不渡りな
どを理由に，継続的な経営が難しくなった場合，破産手続をとります。原則
的に資産や債務のすべてを精算します。法人格もなくなります。経営者たち
の判断で，自主的にビジネスをやめることもあります。企業がビジネスをや
めることを廃業といいます。
　廃業というと，暗いイメージがあります。確かに，創業者やそのスタート
アップに出資をした投資家たちにとっては失敗です。しかし，生産性の低い
（ビジネスとして上手く収益を出せなかった）企業が生存し続けることは，経済
全体で見ると望ましくありません。経済全体の生産性を低くしてしまいます。
また，イノベーションの創造的破壊の側面からすると，新しいモノゴトに代
替されるビジネスが出てくるのは当然です。それは，企業の退出を伴います。
廃業率が低いということは，必ずしも喜ぶべきことではないのです。
　また，前章で見たように，起業家の過去の経験はスタートアップの生存率
を上昇させます。そのため，次のチャレンジをしやすくすることは，社会的
にアントレプレナーシップを高めるためには重要です。ただし，それほど簡
単な話ではありません。

■ 債権者保護と失敗した起業家の再生の機会のトレードオフ
　ビジネスに失敗した人の再建を考える上で大切なのは，破産法のあり方で
す。破産法とは，支払不能または債務超過にある債務者の財産等の清算に関
する手続についての法律です。破産法の目的は大きく2つあります。債権者
その他の利害関係人の利害を調整し，①債権者のために債務者の財産を適正
に，公平に清算すること（債権者の利益の確保）と，②債務者の再生の機会
の確保を図ることです。債権者とは，債務者に対しておカネやモノなどを貸
している人のことです。債務者は，おカネやモノを借りている人です。
　破産法の2つの目的にはトレードオフがあります。債権者の保護を強めれ

12　Nanda and Rhodes-Kropf［2017］.

ば，債務者の再建はやりにくくなります。債権者の保護を強めるということは，破産したときに債権者が債務者の資産を差し押さえられる程度を高めるということです。債権者の保護の程度が強くなれば，リスクの高いプロジェクトにもおカネやモノを貸してもよいという人は増えるでしょう。そのかわり，ビジネスに失敗したときの再建が難しいことから，起業家が追求しようとするビジネス機会の新規性が小さくなったり，そもそも新しいチャレンジをしようとする起業家が減ったりします。債務の弁済から逃れることが難しくなり，起業家の再生の機会は小さくなるからです。

　債務者の再生の機会を確保する程度を高めるということは，失敗した起業家が免責される程度を大きくすることを意味します。免責される程度が大きいということは，破産したときには，債権者により差し押さえられる資産の程度が小さいということです。そのため，自己破産もしやすくなります。実際に債務者にフレンドリーな破産法では，自己破産率が高くなることが見られています[13]。この場合，債権者の保護は弱くなります。債権者の保護が弱ければ，新規性の高いビジネス機会を追求するスタートアップに債権者としておカネやモノを提供する人は少なくなります。貸し手が貸し渋る可能性が高まるのです。実際に，減免措置の多いところでは銀行が個人や中小企業への融資を断る傾向が高いことが観察されています[14]。

■ アントレプレナーシップへの影響

　このように債権者保護と失敗した起業家の再生の機会の提供との間にはトレードオフがあります。それでは，これはどのようにアントレプレナーシップに影響するのでしょうか。失敗した起業家の再建の機会を大きくした場合の影響を考えてみましょう。

　まず，資金調達から考えてみましょう。ビジネス機会を追求するためには資金が必要です。とくに，スタートアップを起業してビジネス機会を追求しようとするビジネスパーソンにとっては，どれだけの経営資源を調達できるかは重要になります。資金調達は第5章で見てきたようにさまざまな経路が

13　Fan and White [2003], Armour and Cumming [2008].

14　Berkowitz and White [2004], Berger et al. [2011].

あります。破産法との関係で重要なポイントは，他人資本の調達です。他人資本とは，企業にとって返済の必要がある資本のことです。スタートアップでは，銀行やノンバンクからの資金の借入れによる資金調達が典型的なものです。ちなみに，自己資本とは株式の発行により払い込まれた資本金やビジネスの中で蓄積した利益余剰金などです。企業にとっては返済する必要がない資本です。

　起業家が資金をどれだけ借り入れられるかは，もしも破綻した場合に債権者が差押えをできる資産の額に依存します。その額が大きければ，起業家は大きな資金の借入れができます。債権者が差し押さえうる資産の額が小さい場合には，起業家が借り入れられる資金も限られます。

　ということは，債権者保護の程度が弱まる（つまり，破産したときに債務者の免責の程度が高くなる）と，起業家が調達できる借入金が減少するのです。破産したときに債権者が差し押さえうる程度が小さくなるため，起業家の他人資本の調達能力が小さくなってしまうのです。第5章で見たように，いきなりエンジェルやベンチャー・キャピタルから資金を調達できる起業家は多くはありません。まずは，自己資金やノンバンクからの借入れによりビジネスをスタートさせる場合が多いのです。そのため，債権者保護の程度が弱まることは，スタートアップにとっては資金制約となります。その結果，起業家は追求するビジネス機会の規模を縮小するかもしれません。つまり，免責水準が高ければ，スタートアップの規模は小さくなり，パフォーマンスも低下してしまう可能性があるのです。

　ただし，この影響は，起業家が有している資産に依存しています[15]。個人的な資産が大きい起業家は，この資金調達の制約はあまり受けません。借入れの際に，抵当として設定できる資産の額が大きいからです。しかし，個人的な資産が乏しい起業家にとっては，強い資金制約となります。そもそも抵当として設定できる資産が少ないからです。

　失敗した起業家の再生の機会を大きくする影響は，資金調達だけではなさそうです。ビジネス機会を追求しようとする人の性質も変わるかもしれません。免責水準が高まると，ビジネスで失敗したとしても，資産を失う可能性

15　Cerqueiro and Penas［2017］.

が少なくなりますから，リスク回避的な人もチャレンジすることが増える可能性があります[16]。さらに，免責の水準が高まれば，リスク愛好的な起業家は，より多くの従業員を雇用したり，追求するビジネス機会の規模を大きくしたり，新規性の高いプロジェクトを行ったり，より積極的にリスク・テイクの程度を高めるかもしれません。

　日本では 2000 年代前半に破産法が改正され，破産手続が増えました。この破産法の変更を自然実験的に使った研究では，エリート企業家（この研究では 40 歳以上のトップ 10 の日本の大学の卒業）により設立された企業の破産が多くなっただけでなく，エリートによる新しい企業の設立が増え，彼・彼女らが設立した企業が高い成果を上げていたことが明らかにされています[17]。これは，失敗のコストを低下させることによって，起業への障壁を下げたということになります。

5　イグジット

　これまでは，ビジネスが行き詰まり，仕方なくやめるという意思決定について見てきました。確かに，新規性の高いビジネス機会を追求すれば，失敗も多くなってしまいます。しかし，すべてが失敗に終わるわけではありません。

　成功して終わることももちろんあります。創業者であれば，死ぬまでずっと経営にかかわる人もいるかもしれません。ただ，ビジネス機会の追求の途中で亡くなってしまう人を除けば，実際にはそのような人はまれです。どこかで出口を考えるわけです。新しいビジネス機会の追求が上手くいき，それを手放して，利益を確定させることをイグジットといいます。イグジットの仕方にはさまざまなものがあります。一般的なイグジットは，保有してきた株式の売却です。売却の仕方にもいくつかあります。

16　Gropp et al.［1997］．

17　ちなみにここで分析されている日本の大学は，東京大学，京都大学，北海道大学，東北大学，名古屋大学，大阪大学，九州大学，東京工業大学，早稲田大学，慶應義塾大学です（Eberhart et al.［2012］）。

■ 株式市場への上場（IPO）

代表的なタイミングとしては，スタートアップが新興企業用の株式市場などに上場したときです。ビジネスのさらなる拡大のための資金調達を望むスタートアップにとって，株式市場に上場し，広く資金を募ることはきわめて重要な手段の1つです。そのため，第5章でも見たように，新興企業用の市場が整備されると，スタートアップがより広範な投資家から資金を募ることが可能になります。また，より大型の資金調達ができるようになるため，スタートアップ発のビジネスの拡大が見込まれるようになります。

株式市場に上場すると，その市場を通じて一般に株式が売買できるようになります。株式市場での売買を通して株式に価格がつきます。スタートアップに出資してきた創業者やエンジェル，あるいはベンチャー・キャピタルが保有してきた株式を市場を通じて売却し，利益を手にすることができるのです。

■ M&A

既存企業によるM&Aは，スタートアップのイグジットとしての役割も果たします。既存企業に事業を売却することにより，そのスタートアップに出資をしてきた創業者やエンジェル，ベンチャー・キャピタルは保有してきた株式の売却益を得ることができるのです。M&Aの場合は交渉するのは基本的には1社なので，比較的早期でのイグジットが可能です。さらに，創業者が金融機関からの融資に対して個人保証をしている場合には，商慣行的にM&A時にその個人保証を解除することが多いので，この点も創業者にとってはメリットです。

■ マネジメント・バイアウト

イグジットのタイミングは，IPOやM&Aだけではありません。マネジメント・バイアウト（MBO：Management Buyout）もエンジェルやベンチャー・キャピタルにとってはイグジットの1つです。マネジメント・バイアウトとは，経営者やそのチームが，創業者らが持つ自社の株式を買い取るものです。創業者にとっては，ここで売却益を出すことができます。買い取る側にとっての目的は，経営陣が独立した経営権を得ることにあります。経

営陣が創業者からビジネスを引き取るときにも使われます。それまで投資を
してきたエンジェルやベンチャー・キャピタルは，自身が持つ株式を経営陣
に売却することにより，利益を手にすることが可能です。

6　本章のまとめ

　ここでは，新しいビジネス機会の追求をやめることについて考えてきまし
た。新規性の高いビジネス機会であればあるほど，上手くいかないことも多
くなります。投資家の資金提供の決定はスタートアップにとってはきわめて
重要です。資金提供が途絶えると，ビジネス機会の追求の継続が難しくなり
ます。

　また，失敗した起業家の再建のしやすさは，アントレプレナーシップに
とって大切です。再建しやすければ，チャレンジもしやすくなります。再建
しにくければ，いつまでも生産性の低いチャレンジを続けなければならない
かもしれないのです。

　もちろん，スタートアップは失敗ばかりではありません。しかし，成功し
た場合でも，永遠に自分がそのビジネス機会の追求を続けていけるわけでは
ありません。新興企業用の証券市場や M&A などは，スタートアップに対し
てエクイティ・ファイナンスを提供したエンジェルやベンチャー・キャピタ
ルらにとって重要なイグジットになります。しっかりと儲けが出る出口があ
るからこそ，新規性の高いビジネスに投資ができるのです。

もう一歩詳しく知るためのリーディング

　スタートアップの出口についてまとまった学術的な本はそれほどないの
ですが，次の本は，起業の段階から出口を考えておくことの大切さをわか
りやすく説明してくれる一般向けの本です[18]。起業して，ビジネスを成功
させた企業家が，そのビジネスを売却するプロセスが起業家へのインタ
ビューを通じてわかりやすく描かれています。スタートアップのイグジッ
トが単に大きな売却益を出すことにあるわけではないことを教えてくれま

18　出口についての学術的なものでは，DeTienne［2010］がおすすめです。

す。

⇨ Burlingham, Bo. [2014], *Finish Big: How Great Entrepreneurs Exit Their Companies on Top*, Penguin Publishing Group.（出張勝也・上原裕美子訳『Finish Big　起業家たちへの，悔いなき出処進退のためのアドバイス』英治出版，2016 年）。

もう 1 冊は専門性の高い学術書です。出口戦略を学術的に考えたいと思う人にはこちらのほうがおすすめです。本書は，大学発ベンチャーについての本ですが，出口戦略についてもう一歩踏み込んで考えたい人はとくに第 III 部がおすすめです。非経済的な動機づけが強い起業家であればあるほど，出口を考えるのは難しいことがわかります。レビューパートを読めば体系的にこれまでの研究がまとめられているので，勉強になる 1 冊です。

⇨ 山田仁一郎 [2015]，『大学発ベンチャーの組織化と出口戦略』中央経済社。

第 II 部

組織とアントレプレナーシップ

　第Ⅰ部では，スタートアップを中心にアントレプレ
ナーシップの基本を見てきました。この第Ⅱ部では，
組織別にアントレプレナーシップを見ていきましょう。
具体的には，既存企業や研究機関におけるアントレプ
レナーシップのあり方を考えていきます。

第⑧章

コーポレート・アントレプレナーシップ

この章を読み進める前に

■ アントレプレナーシップが高いと思われる既存企業を具体的に1社と
りあげ，なぜアントレプレナーシップが高いのかを分析してください。

■ アントレプレナーシップが低いと思われる既存企業を具体的に1社と
りあげ，なぜアントレプレナーシップが低いのかを分析してください。

　　　　　これまでは，起業して，新しいビジネス機会を追求する
プロセスについて見てきました。しかし，新しいビジネス
機会が追求される経路は，起業だけではありません。既存
企業においても新しいビジネス機会の追求はされます。
　既存企業における新しいビジネス機会の追求は，コーポ
レート・アントレプレナーシップと呼ばれています。既存
企業にとっては，既存のビジネスの効率的な運営だけでな
く，新しいビジネス機会を追求していくことは大切です。
既存のビジネスだけに頼っていては，成長性が低下して
いったり，収益性が落ちていったりします。これでは中長
期的な組織の存続や繁栄は難しくなります。既存企業のマ
ネージャーの悩みのタネの1つかもしれません。根性論で，
アントレプレナーシップを発揮しろと号令をかけるだけで
は，ど根性好きな人と転職できない人だけが組織に残り，
成果は上がりません。組織の仕組みとして考えることが大
切です。

1　コーポレート・アントレプレナーシップ

　スタートアップのような起業を経て新しいビジネス機会を追求するものと，既存企業における新しいビジネス機会の追求において，大きく異なっているのは既存のビジネスの有無です。既存のビジネスがあるからこそ，新しいビジネス機会の追求がしやすい点もあります。資金調達という点では，内部留保のある既存企業のほうが有利であることは第 5 章で見てきました。しかし，既存のビジネスがあるからこそ，新しいビジネス機会の追求が難しくなる点もあるのです。そこで考えなくてはならないのは，①組織における経営資源の配分と，②情報の流れです。

　本章では，これらを中心にコーポレート・アントレプレナーシップを考えていきましょう。ただ，その前に，既存組織においてどのような新しいビジネス機会があるのかについて，一度整理しておきましょう。

■ 4 つのタイプのビジネス機会の追求

　既存企業が追求する新しいビジネス機会は，そこで活用される経営資源とビジネス機会の追求の仕方によって，次の 4 つのタイプに分類することができます（図表 8-1）[1]。それぞれ簡単に見てみましょう。

　第 1 象限は，既存事業におけるビジネス機会の追求の仕方を変えずに，新しい経営資源を構築し，それを基礎としたビジネス機会の追求です。たとえば，新しい研究開発チームを編成し，これまでにはなかったような技術を開発し，既存の顧客に既存のやり方で新製品を届けるようなものです。

　第 2 象限は，既存の経営資源を活用し，既存の追求の仕方でビジネス機会を追求するものです。既存の経営資源の延長線上で，既存の経営資源を用いて，既存のやり方でビジネスを行うものですから，ビジネス機会の新規性の程度は他のものと比べると高くはありません。アントレプレナーシップの程度が小さいものであり，既存のビジネスの延長線上での深耕の程度が高いものといえます。

1　Covin and Miles [1999], Ansoff [1957].

■ 図表8-1：既存企業の新しいビジネス機会 ■

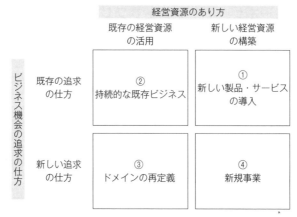

出所：Ansoff［1957］と Covin and Miles［1999］を参考に著者作成。

　　第3象限は，既存の経営資源を基礎として，ビジネス機会の追求の仕方を新しくするものです。ビジネス機会の追求の仕方を新しくするとは，新しい顧客をターゲットにしたり，新しい戦略でビジネスを行ったりすることです。既存の経営資源の横展開ともいえるでしょう。

　　第4象限は，新しい経営資源で，なおかつ新しいビジネス機会の追求を行うものです。既存企業の中でのビジネス機会の追求において，アントレプレナーシップが結晶化したものであるともいえます。

　　これらの4つは，既存企業にとってのビジネスのポートフォリオと考えることができます。その点からすれば，これらの4つが組織の中に並存していることは大切です。たとえば，既存の経営資源で既存のビジネスの追求を続けていると（つまり，第2象限），効率性は高まります。そのビジネスで競争力があれば，収益性が高くなるでしょう。しかし，いつまでも成長を続ける市場はありませんから，徐々に成長性は落ちてきます。既存の経営資源だけに依存していると，どうしても追求できるビジネス機会は小さくなっていってしまいます。ビジネス機会の追求の仕方を既存のものから変えなければ，効率性は高まっていきます。しかし，超過利潤が発生しているとそれを狙い参入を試みる企業も出てきます。競争によって，収益性は徐々に低下してしまうでしょう。もしも，企業が第2象限のビジネスしか行わないとすれば，

--- コラム⑨　既存の経営資源からビジネス機会を考える ---

　アントレプレナーシップは，現在コントロールしている経営資源にとらわれることなく，新しいビジネス機会を追求することと考えられています。これは，新しいビジネス機会を見つけたならば，その追求という目的を達成するための手段となる経営資源を調達していこうという考え方です。

　これとは目的と手段が反対の考え方もあります。それは，既存の経営資源という手段を前提として，そこから見えてくる新しいビジネス機会があるという考え方です。バージニア大学のサラス・サラスバシーは，ビジネス機会の追求という目的を達成することに主眼をおき，その機会を追求するために経営資源を活用あるいは獲得していくという考え方をコーゼーション（Causation）と呼び，既存の経営資源をもとに新しいビジネス機会を開拓することをエフェクチュエーション（Effectuation）と呼んでいます[2]。レヴィ＝ストロースの「手元にあるもので何とかする」という概念からブリコラージュとも呼ばれることもあります[3]。「配られたカードで勝負するしかない」（スヌーピー）という考え方に近いものです。

　実際に新しいビジネス機会を構想する上では，既存の経営資源を起点に試行錯誤をしていることも多く，手段から考えるほうがすぐさまことを起こせるので有効であるとサラスバシーらは議論しています。

　この2つの考え方のどちらも新しいビジネス機会の追求が重要だと考えている点については同じです。しかし，新しいビジネス機会の生み出され方についてはやや考え方が異なっています。現在コントロールしている経営資源にとらわれることなく，新しいビジネス機会を追求することをアントレプレナーシップと考えるとすれば，既存の経営資源から新しいビジネス機会を構想するというエフェクチュエーションは，現在コントロールしている経営資源にとらわれているとも考えられそうです。

　しかし，既存の経営資源を起点にして新しいビジネス機会を構想するということと，現在コントロールしている経営資源にとらわれているということは必ずしも同じではありません。既存の経営資源を起点に構想された新しいビジネス機会を追求するプロセスでは，新しい経営資源の調達を考えなければいけないこともあるでしょう。そのような場合に，新しいビジネス機会の追求をあきらめてしまうか，現在コントロールしている経営資源にとらわれることなく追求するかの違いは大きく，アントレプレナーシップが問われるところです。

　その高い収益性は，将来の成長を犠牲にしたものといえます。これは，高収益のニッチ企業にしばしば見られます。このような企業は徐々に成長性が落

2　Sarasvathy [2009], Read et al. [2016].

3　Baker and Nelson [2005].

ちていってしまいます。だからこそ，これらの4つが1つの組織内にあることは，既存企業の長期的な存続と繁栄にとって大切なのです。しかし，これはなかなか簡単ではありません。なぜ，難しいのかを見ていきましょう。

2　組織の規模と情報の流れとアントレプレナーシップ

　既存企業のビジネスが成長すると，組織の規模は大きくなります。組織の規模が大きくなると，企業が追求しようとする新規性が低下してしまう可能性があります。組織の意思決定における情報のロスが大きくなるからです[4]。

■ 社内における情報のロス

　ケネス・アローは，組織内の意思決定の観点から，組織のメンバーが少ないほうがイノベーションを生み出すのに有利であろうと考えています[5]。アローは，イノベーションについての意思決定を2段階のプロセスで考えています。

　最初の段階は，新しいビジネス機会について判断材料を集めることについての意思決定です。そもそも，新しいビジネス機会がどこにありそうなのか，その機会を追求するとすれば，どの程度の投資が必要なのか，どの程度の収益を生み出せそうかなどについての情報が必要です。この情報はタダでは手に入りません。調査が必要です。そこに費やす時間や人員にはコストがかかります。研究開発を実際にやってみないとわからないこともあります。新しいビジネス機会の追求についての判断を下すための探索を行う意思決定がこの第1段階です。

　このプロセスの成果物は新しいビジネス機会を追求していくことについての見通しです。有望なプロジェクトなのか，どの程度の市場の規模や収益性を期待できそうなのか，どのような競合があるのかなどについての見通しです。もちろん，将来を完全に見通せるわけではありません。不確実性が高い場合も多いでしょう。しかし，大まかな見通しもなしに投資を進めるわけに

4　この節は，姉妹書『イノベーション』の第8章と重複しています。そちらをすでに
　　読んだ人は飛ばしてください。

5　Arrow [1993].

はいきません。

　次の段階は，実際にこの新しいビジネス機会を追求することについての意思決定です。事業化に進むかどうかを決めるとともに，どの程度の投資を行うのか，どのように投資をしていくのかなどを決めなくてはなりません。

　この2つの段階の意思決定に組織の規模はどのように関係してくるのでしょうか。小さい企業は，コストがあまりかからず，かつ，オリジナルなビジネス機会（新規性の高いもの）に専門化していきます。その一方で，大企業はより大きな開発コストがかかり，新規性という点からすると相対的に小さいビジネス機会に専門化していくのです。

　なぜ，小さい企業はコストがあまりかからないところをやるのでしょう。なぜ，大企業は新規性の高いものができないのでしょうか。

　大企業は，多くの機能を内部化しています。分業の程度は大きくなります。分業を調整するためのルールも多くなります[6]。また，多角化し，複数のビジネスを持っていることもあるでしょう。複数のビジネスの間での資源の配分の調整もしなくてはなりません。そのため，意思決定にかかわる人数が多いので，組織内の意思決定のプロセスは小さな企業と比べるとはるかに複雑です。投資が大きくなるにつれて，当然，多くの承認が必要になります。社内における資源の配分は，組織のそれぞれの階層において，その将来性や収益性などを吟味した上で，組織の指揮命令系統を通じて行われます。

　第1段階の意思決定と，第2段階の意思決定は，大企業の場合は異なる人によってなされます。つまり，新しいビジネス機会を見出した人やそれについての調査をした人と，それにどのくらいの経営資源を投入するかを決める人が別になってきます。組織の階層が多段階になればなるほど，この2つの意思決定は離れていきます。

　ここに大企業で新規性の高いプロジェクトを進める難しさがあります。新しいビジネス機会をきちんと理解するためには専門的な知識が必要になることもあるでしょう。また，新しいビジネス機会の新規性が高ければ高いほど，第1段階でもまだまだわからないことが多いのです。直感的あるいは経験的

---

6 組織における分業やその調整のルールなどについては，沼上［2004］がとてもわかりやすく説明しています。

に「新しさ」を理解しているものの，それを上手く形式知に変えて表現することが難しいこともよくあります。

　そのため，新しいビジネス機会を認識した人がいくらがんばって伝えようとしても，すべてを完璧に伝えることはどうしてもできません。伝わらないもの，理解してもらえないところがあります。また，意思決定の階層が多段階になっていくに従って，伝言ゲームのようにだんだん情報がロスしていきます。新しいアイディアを生み出した人とそれへの投資を判断する人が持つ情報の非対称性が大きくなっていきます。

　第2段階で事業化のための投資をする人にとっては，投資の判断をしないといけない案件は1つではありません。そのときに具体的な判断材料が多いほうが選ばれることも不思議ではありません。投資の判断をする人も，その投資についての説明を上司や株主などにしないといけません。見通しもよくわからないようなものに投資をするとなると，なかなかその説明が難しいのです。最悪の場合には，「詳しいことはわからないけど，で，ここに投資するといくら儲かるんだっけ？」ということばかりに焦点が集まってしまいます。しかし，新規性の高いプロジェクトであればあるほど，投資するとどの程度の収益が期待できるかは事前に高い確度で見積もることはできません。高い確度で見積もれるのは，実績があるプロジェクトです。実績があるということは，すなわち，新規性は小さいということです。

　組織の規模が小さく，第1段階と第2段階の意思決定をする人が近ければ，情報のロスは少なくなります。アイディアを思いついた人やその見通しを立てた人と，それを実行するのに必要な経営資源を投入するかどうかを意思決定する人が同一人物であれば，意思決定はそれほど難しくありません。実際に，日米の研究者の研究プロジェクトにおいて偶然の発見（セレンディピティ）を追求するかどうかを調査した研究があります。そこでは，大きなプロジェクトであろうが，小さなプロジェクトであろうが，セレンディピティは生まれていました。しかし，研究で実質的に中心的な役割を担う人と研究プロジェクトについての意思決定をする人が同じ場合と比べると，この2人が異なっていた場合には，偶然の発見を追求する程度が小さかったのです[7]。

3　経営資源の配分：機会費用とスラック

　スタートアップと比べると既存企業には既存のビジネスや経営資源があります。その既存のビジネスや経営資源の存在が，設立したてのスタートアップとは異なります。既存のビジネスや経営資源があるからこそ，大型のプロジェクトに投資をできるという点もありますが，これらが存在しているからこそ，新しいビジネス機会の追求が難しくなるという側面もあるのです。

■ 機会費用

　既存企業におけるアントレプレナーシップを考える上でまずおさえておきたいポイントは，機会費用（Opportunity Costs）です。機会費用とは，ある選択をすることで失った選択から得られるモノゴトです。われわれの時間や経営資源には限りがあるため，ある選択すれば，何かをあきらめなければならなくなります。プロ野球選手を目指しながら，テニスでウィンブルドン出場も目指すのは（普通は）難しいのです。

　アントレプレナーシップを考える上では，機会費用はきわめて重要です。新しいビジネス機会を追求する機会費用が高い場合には，なかなかその機会の追求は進まないのです。既存企業の中で，新しいビジネス機会の追求の機会費用が高いということは，そのビジネス機会を追求するために経営資源を投入するよりも，既存のビジネス機会の追求に経営資源を投入するほうが得るものが多いということになります。既存のビジネスが高い収益を上げているような場合が，この典型例です。

　収益性が高く，規模の大きい既存のビジネスを抱えているいわゆる大企業をイメージしてください。そこで，新しいビジネス機会を追求しようとするのは，機会費用が高いため簡単ではありません。既存ビジネスに投入されている経営資源を新しいビジネス機会の追求に投入したとしても，そこから得られるものが既存ビジネスに投入して得られるリターンよりも小さい場合には，新しいビジネス機会を追求する機会費用が高いということになります。

7　Murayama et al. [2015].

つまり，わざわざ新しい領域に経営資源をシフトさせるよりも，既存のビジネスを行っていたほうが得なのです。

トップ・マネジメントは，「新しいことをやろう」というかもしれませんが，いざ，そのための投資を始めようとすると，機会費用が高くてなかなか進みません。既存のビジネスに投資をしたほうがより高い収益を見込めるのに（つまり，よりよい投資機会があるのに），どうしてわざわざ不確実性の高い領域に投資するのかという疑問に対して投資の正当性を事前に確保することができないのです。

もちろん，長期的な企業の存続と繁栄のためには，事業のポートフォリオをしっかりと組んで，現在のところまだ高い利益が期待できないかもしれないけれど，将来の事業の柱になるような新しいビジネスに投資をしていくことは重要です。トップ・マネジメントが10年あるいは20年あるいはそれ以上といった長期的な視点を持っている場合にはそのような投資をしてくれるかもしれませんが，残念ながらそうではない場合のほうが多いかもしれません。つまり，トップ・マネジメントが近視眼的な経営（短期的に合理的な経営といってもよいかもしれません）を行うとすれば，既存のビジネスの利益率が高ければ高いほど，なかなかその高い利益率を犠牲にしてまで，新しいビジネス機会の追求を本気で行おうとはならないのです。

その反対に，既存のビジネスの収益性が低い場合などには，トップ・マネジメントは本気で新しいビジネス機会の追求を求めます。既存ビジネスをこのまま続ける機会費用が高いということになります。既存ビジネスに投入している経営資源をもしもその他のより良いビジネス機会に投入すれば，より高い利益が得られる可能性が高いということを意味します。簡単にいえば，既存のビジネスよりも，もっと儲かりそうな領域がありそうだということです。既存のビジネスが儲かっておらず，それよりももっと儲かりそうな新しいビジネス機会があるのに，手をこまねいて何もしないでいるとトップ・マネジメントの評価はどんどん落ちていくでしょう。だからこそ，彼・彼女らは本気になるのです。

■ 機会費用がとくに高い新しいビジネス機会

機会費用が高いビジネス機会は，なかなか既存企業では追求されません。

そのようなビジネス機会を追求する経済合理性が低いからです。

　前項では，既存のビジネスの収益性が高いと，新しいビジネス機会を追求する機会費用が高くなるという点を考えてきました。しかし，機会費用に影響を与えるのは，既存のビジネスの性質だけではありません。新しいビジネス機会の性質も機会費用に影響を与えます。

　新しいビジネス機会といっても，その内容はさまざまです。新規性の程度が高いものもあるでしょうし，低いものもあるでしょう。規模の大きなものも小さいものもあります。既存企業にとっては，その新しいビジネス機会が既存のビジネスとどのような関係にあるのかは重大なポイントです。

　もしも，新しいビジネス機会が既存ビジネスと関連性の低いものであれば，重大な懸案事項とはなりません。その場合，前節で考えたような機会費用のみがポイントになります。もしも，新しいビジネス機会が既存ビジネスと補完的な関係にある場合，新しいビジネス機会を追求することの機会費用は低下します。新しいビジネス機会を追求していけば，既存ビジネスの規模が拡大したり，収益性が高まったりすることが期待できるからです。もしも，新しいビジネス機会が既存ビジネスと代替的な関係にある場合，新しいビジネス機会を追求することの機会費用は大きくなります。代替的な関係にあるということは，新しいビジネス機会を追求していき，それが成功すると，既存のビジネスが小さくなるということを意味しています。このような場合には，既存の企業の中で新しいビジネス機会として追求することは難しくなります。違う言い方をすれば，既存のビジネスの競争力を破壊してしまうかもしれない新しいビジネス機会を追求するのは既存企業にとっては難しいのです。

■ 組織のスラック

　このように，新しいビジネス機会の追求に投資がなされるかどうかは，機会費用に依存しています。既存ビジネスへの投資の機会費用が低い（つまり，他のプロジェクトに投資をするよりも，既存ビジネスに投資をしたほうが期待収益が大きい）場合には，新しいビジネス機会の追求には積極的な投資はされません。

　その反対に，既存ビジネスに投資する機会費用が高い場合には，トップ・マネジメントは新しいビジネス機会の追求に対し積極的になります。危機感

はイノベーションにとって重要といわれたりもします。ピンチはチャンス，火事場の馬鹿力です。

　しかし，ロバート・バーゲルマンは，そうは問屋が卸さないといいます（もちろんそんな言い方はしていませんが）。彼は，既存のビジネスの機会費用だけでなく，社内のスラックが新しいビジネス機会の追求に影響を与えると指摘しています[8]。組織におけるスラックとは，簡単にいえば，余っている能力のことです。新しい提案や試みをする時間的な余裕や，財政的な余裕です。経営資源に余裕がある場合は，組織的スラックがあると考えられます。

　現場レベルでスラックが多い場合は，現場で新しいビジネス機会を考えたり，小さな規模で試験的な試みをしたりする余裕もできてきます。現場レベルが日々のオペレーションに疲弊していたり，財政的な余裕がなかったりする場合には，現場レベルで新しいビジネス機会を追求することは難しくなります。

　既存ビジネスへの投資の機会費用が高くなってしまっている場合，つまり，既存のビジネスが生み出す利益が低くなっており，他に経営資源を投入したほうがよさそうな状況では，既存ビジネスには余裕がなくなってきます。効率性を上げて，なんとか利益率を上げなければ，自分たちがこれまでやってきたビジネスがなくなってしまいます。しかし，既存ビジネスの利益率が減っている状況では，組織に余裕が生まれることはなかなか想定できません。むしろ，余裕はなくなる傾向です。ピンチをチャンスに変えたいところですが，そのために必要なスラックが減っている可能性が高いのです。これをまとめると図表8-2のようになります。

　組織的にアントレプレナーシップが高まるのは，既存のビジネスの機会費用が高く（新しいビジネス機会追求の機会費用が低い），なおかつ組織的なスラックが高いレベルにあるときです。このようなときに，新しいビジネス機会の追求に対して組織的に資源が配分され，なおかつ，現場レベルでの試行錯誤が多くなされるのです。

8　Burgelman［1983］.

■ 図表8-2：機会費用と組織的なスラック

既存ビジネスの機会費用

		低い（新しいビジネス 機会追求の機会費用が高い）	高い（新しいビジネス 機会追求の機会費用が低い）
現場レベルでの組織的なスラック	低い	トップ・マネジメント： 　新しいビジネス機会の追求に 　多くの投資せず 現　場： 　新しいビジネス機会追求の余 　裕なし	トップ・マネジメント： 　新しいビジネス機会の追求に 　投資する 現　場： 　新しいビジネス機会追求の余 　裕なし
	高い	トップ・マネジメント： 　新しいビジネス機会の追求に 　多くの投資せず 現　場： 　新しいビジネス機会追求の余 　裕あり	トップ・マネジメント： 　新しいビジネス機会の追求に 　投資する 現　場： 　新しいビジネス機会追求の余 　裕あり

出所：Burgelman［1983］のFigure 2をもとに著者作成。

4　必要となるマネジメントが異なる

　既存の組織において新しいビジネス機会の追求が難しい理由には，マネジメントも関係しています。新しいビジネス機会は，それまで追求してきた既存のビジネス機会とは異なっていますから，当然失敗も多くなるでしょう。だからこそ，失敗を許容できるようなマネジメントが必要になります。しかし，既存企業の既存のビジネスでは多くの失敗を許容するのは難しいのです。

■ ポートフォリオのマネジメント

　複数のビジネスを社内にかかえるいわゆる大企業では，ビジネスのポートフォリオが組まれています。ポートフォリオの組み方にはさまざまなものがあります。たとえば，あるビジネスに焦点を絞ったポートフォリオを持っている企業もあるでしょう。あるいは，さまざまな異なる領域にビジネスを多角化しているようなポートフォリオを持っている企業もあります。ポートフォリオなど意識的には組んでいない「ボーッとした」企業もあるとは思いますが，そのような企業は淘汰されてしまう可能性が高いでしょう。

■ 図表 8-3：ポートフォリオ・マネジメント ■

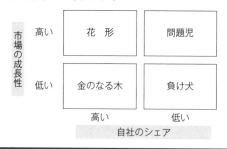

ここでは，ポートフォリオ・マネジメントにおいて最も有名（古典的）な ボストン・コンサルティング・グループのポートフォリオ・マネジメントを 例に考えてみましょう（図表8-3）[9]。どこかで聞いたことがある人も多いで しょう。このポートフォリオ・マネジメントでは，社内の事業を市場の成長 性と自社のシェアの2つに分けて考えます。市場の成長性が高く，自社の シェアが高い事業は，「花形」です。自社のシェアが高く，市場の成長性が 低くなってきたものは，「金のなる木」です。この事業にはそれほど追加的 な投資も必要なく，文字通り，キャッシュを生み出す事業になります。ここ で残存者利益が発生するのです。一方，市場の成長性が高いのに，自社の シェアが低い事業は「問題児」です。この事業は，なんとかして自社のシェ アを高めて「花形」にしたいところです。それができずにいると，産業の成 長性が落ちてきて，市場の成長性も自社のシェアも低い事業は「負け犬」に なってしまいます。「負け犬」事業からはできるだけ早く撤退して，キャッ シュに変え，「問題児」に投資することが重要です。

新しいビジネス機会の追求のためには，試行錯誤を多くしなければいけま せん。新しいわけですから，事前には上手くいくかどうかはわかりません。 実績も当然ありません。多くの失敗を重ねていくプロセスの中で，イノベー ションが生まれてくるわけです。だからこそ，試行錯誤の数を増やすことが 大切です。

この点は，実験と同じプロセスです[10]。実験的な試行錯誤を促進させるよ

9　これとイノベーションの間の関係は，姉妹書『イノベーション』の第7章を参照し てください。

うな制度的な環境は，新しいビジネス機会の追求を促進させようと思ったら不可欠です[11]。そのためには，第1に考えなければいけないことは，試行錯誤のコストを下げることです。

　換言すれば，失敗するリスクが常にあるわけですから，そのリスクのシェアを考えることは重要です。リスクのシェアがなされていない中で突き進んでいくのは，単なる博打です。博打の結果，成功することももちろんあるでしょう。しかし，組織的にアントレプレナーシップを高めるためには，イチかバチかに頼っていては組織的に脆弱です。ビジネスのポートフォリオは，既存企業にとっては重要なリスクシェアの仕組みです。

　そして，アントレプレナーシップが最も求められるのは，「問題児」においてです。既存のビジネス機会の追求をしていては，自社のシェアは高まりません。新しい試みをしなければならないのです。だからこそ，ここでは，できるだけ試行錯誤を促進するために，失敗を許容しなければならないのです。

　しかし，「花形」や「金のなる木」では，それほど失敗は許容できません。「花形」のビジネスで新規性の高い試みをする必要性はありません。自社のシェアも高いのですから，現在のままやっていればよいのです。もしも，他社が新しい試みをしてきたら，それと同じことを行っていけば，シェアを簡単に奪われることはありません。むしろ，新規性の高い試みをして，それが失敗し，シェアが低下してしまうことがあったら，「花形」のビジネスが「問題児」になってしまうのです。

　「金のなる木」ではさらに，失敗は許容しにくくなります。「金のなる木」では，できるだけ投資をせずに多くのキャッシュを引き出すことが大切です。ここで多くのキャッシュを生み，それを「問題児」に投資していくのが全社的な資源配分の戦略の定石です。「金のなる木」は全社を支える屋台骨です。ここがあるからこそ，「問題児」で試行錯誤ができるのです。既存企業のリスク・シェアを支えているわけです。「金のなる木」で新規性の高い試みをして，もしも，それが失敗し，シェアが低くなってしまったら大変です。

10　アントレプレナーシップを実験として捉える視点を提供している論文もあります（Kerr, Nanda, and Rhodes-Kropf［2014］）。

11　Dosi and Nelson［2010］。

「金のなる木」は「負け犬」になってしまうのです。

　だからこそ，「花形」や「金のなる木」のビジネスでは，新規性の高い試みではなく，既存のやり方をさらに洗練するようなものが求められるのです。これらのビジネスでは，いくら新規性の高いアイディアが生まれたからといって，それを実行するのは慎重になったほうがよいのです。

　このようにそれぞれのビジネスでは，求められる新規性にも違いがあります。そのため，それぞれに必要なマネジメントも違うということになります。社内でポートフォリオがしっかりと組まれており，それぞれに求められるものに従って，異なるマネジメントや業績評価がなされていればよいですが，それがなされていないと問題です。

　既存企業では，通常「花形」や「金のなる木」の事業部の歴史は長く，ビジネスの規模は大きく，多くの人がそこで働いています。そのため，全社的なマネジメントの仕方や業績評価のあり方などはどうしても，「花形」や「金のなる木」のものに引っ張られます。こうなると，試行錯誤をたくさんしなければいけない「問題児」の人たちは大変です。失敗をあまり許容してくれないような業績評価なのに，たくさんの試行錯誤をしなければならないのです。このように高い水準のアントレプレナーシップを必要としない部門のマネジメントが全社的に広がってしまう傾向があるので，既存企業の中での新しいビジネス機会の追求は難しいのです。

5　既存企業による投資

　既存企業は，自ら新しいビジネス機会を追求するということと同時に，自社の既存ビジネスやマネジメントなどの影響から自由に新しいビジネス機会の追求をしているスタートアップなどに投資もしています。その投資の仕方は大きく3つに分けることができます[12]。

12　既存企業による投資はこの3つの経路だけではもちろんありません。さまざまな経路で投資を行っています。初期の段階のスタートアップにも既存企業は投資を行っています。その典型例は，委託研究や共同研究というかたちで，スタートアップに対する研究開発費を提供しているものです。この点については，Yamaguchi et al. [2021] を参照してください。

■ コーポレート・ベンチャー・キャピタル

　既存企業には，新しいビジネス機会の追求をすでに始めており，ある程度，見通しがついてきたスタートアップへの投資をするところもあります。ベンチャー・キャピタルのように，スタートアップに対して投資を行うことから，コーポレート・ベンチャー・キャピタル（CVC）と呼ばれています[13]。これは，既存のビジネスと切り離して，新規性の高いビジネスへ投資する1つの経路になっています。

　コーポレート・ベンチャー・キャピタルの目的は2つあります。1つは，ベンチャー・キャピタルと同じように，投資をすることによりキャピタル・ゲインを得ることです。もう1つは，社内の経営資源と結びつけることにより，新しい価値を生み出そうということです。

　これまでの研究では，コーポレート・ベンチャー・キャピタルの投資の収益性がベンチャー・キャピタルと比べて高いという研究はありません[14]。つまり，1つめの目的という点では，コーポレート・ベンチャー・キャピタルは上手く機能していないのです。これは，スタートアップへの投資という点における専門性が低いのかもしれません。あるいは，1つめの目的よりも，2つめの目的を重視している結果だともいえます[15]。

■ スピンオフ

　既存企業のスタートアップへの投資は，社内ベンチャーというかたちをとることもあります。社内ベンチャーとは，従業員が設立するスタートアップに既存企業が出資するものです。つまり，社内ベンチャーは，エンプロイー・スタートアップであり，その中のスピンオフです[16]。

　なぜ，既存企業は従業員のスタートアップに出資するのでしょうか。第1

---

[13]　コーポレート・ベンチャー・キャピタルについては，Lerner［2012］が詳しいです。

[14]　もちろん，世の中にある研究のすべてを見たわけではありませんが，収益率が高いという結果は主要学術誌では報告されていません。

[15]　これらについては，ペンシルバニア大学のゲイリー・ダシニツキーとデューク大学のマイケル・レノックスらの研究を参照してください（Dushnitsky and Lenox［2005a］,［2005b］,［2006］）。

[16]　エンプロイー・スタートアップについて忘れてしまった人は，第6章に戻ってください。

の理由は，自社にとって補完的ではあるものの，まだ不確実性が高かったり，市場が小さかったりするビジネス機会を追求することにあります。自らのビジネスにとって補完的な製品やサービスを提供するスタートアップの存在は，既存企業にとっては大切です。そして，既存企業のビジネスに対する補完的な製品やサービスのビジネス機会については，既存企業内の企業家がいち早く認識することが多いのです。さらに，固定費が大きい大企業の場合，その内部の企業家によってビジネス機会が認識されたとしても，その市場の規模が小さい場合にはその機会を追求することは簡単ではありません。損益分岐点が高くなってしまうため，求められる売上高が大きくなるからです。しかしながら，ビジネス機会は，認識した時点ですでに大きな市場が見込まれるようなものばかりではありません。だからこそ，そのようなビジネス機会を追求する起業家に資本を提供し，スピンオフさせるのです。第2の理由は，スピンオフの可能性があることは，優秀な社員に対してインセンティブになるという点にあります。既存のビジネスをしていくプロセスにおいて，従業員はさまざまな学習をしていきます。その学習において，新しいビジネス機会を発見する人もいるでしょう。そのようなビジネスパーソンにビジネス機会を追求するチャンスを与えることは，優秀な人材を集めるという点で積極的な役割を果たします。

■ M&A

　既存企業はスタートアップへの投資を行っているだけではありません。有望なスタートアップのM&Aも行っています。M&Aは，合併（Mergers）と買収（Acquisitions）の略です。簡単にいえば，合併は複数の企業が1つになることであり，買収はある企業が他の企業を買うことです。既存企業がスタートアップをM&Aするという場合には，買収することが一般的です。M&Aですから，コーポレート・ベンチャー・キャピタルやスピンオフなどのスタートアップへの出資よりも，よりコミットメントが大きいといえるでしょう。既存企業によるM&Aはスタートアップのイグジットとしても重要になってきています。

　既存企業がスタートアップのM&Aを行うのには，大きく3つの理由があります。第1は，自社のビジネスと補完的な製品やサービスを提供するス

タートアップに対して M&A を行うことにより，自社の既存ビジネスの価値を高めることです。たとえば，自動車メーカーにとっては，自動運転のシステムは重要な補完財です。そのため，最新の自動運転のシステムを開発しているスタートアップを M&A で社内に取り込むわけです。

第 2 の理由は，既存のビジネスにおける社内の一部の機能をアップデートするためです。これは，既存のビジネスの一部を代替するような能力を持つスタートアップの M&A です。たとえば，これまで自社が構築してきたリアル店舗を中心とした流通網を代替するようなオンラインの流通システムを構築してきたスタートアップを M&A で社内に取り込むような場合です。既存のビジネスにおいて陳腐化してきた（あるいは今後陳腐化するであろう）プロセスをアップデートするための M&A です。

第 3 は，防衛的な理由です。競争相手に M&A されてしまっては戦略的に好ましくないスタートアップを，先駆けて M&A するということもあります。また，スタートアップのビジネスが成長していくと，将来的に自社の既存のビジネスの脅威になるということもあるでしょう。そのような場合には，既存企業は防衛的な理由から，スタートアップの M&A を行います。

6　本章のまとめ

アントレプレナーシップは，既存企業においても重要性は高いものです。本章では，既存企業の中で，新しいビジネス機会の追求の程度に影響を与えるポイントを見てきました。①組織の規模の拡大と情報ロス，②高い機会費用とスラックの少なさ，③ポートフォリオの画一的なマネジメントという要因が強ければ強いほど，既存企業の中で新しいビジネス機会の追求の程度は小さくなります。

イノベーションには危機感が必要だといわれたりします。危機であるという認識があると，みんな焦って，火事場の馬鹿力が出るというだけでなく，今のままやっているよりも，他のやり方のほうが利益が高そう（既存ビジネスへの投資の機会費用が高い）ということになって，新しいビジネス機会の追求に取り組むわけです。ただ，たいした危機でもないのに危機感ばかりをあおっていると，組織の成員は疲れてきますし，オオカミ少年になりかねませ

ん。しっかりと，リスク・シェアが可能なポートフォリオのマネジメントが
なされていることが大切です。

　また，既存企業によるスタートアップへの投資についても考えてきました。
社内で新しいビジネス機会を追求するだけでなく，既存企業の一部は社外で
進められている新しいビジネス機会の追求にも投資を始めています。本章で
は，コーポレート・ベンチャー・キャピタルでのスタートアップへの資本の
提供，あるいはM&Aなどを考えてきました。既存企業はさまざまなかたち
でスタートアップへの投資を進めています。これは既存企業がスタートアッ
プと補完的な関係を構築し始めているということを示唆しています。

もう一歩詳しく知るためのリーディング

　既存企業のイノベーションという観点を考えるのであれば，まず次の本
でしょう。やや長い（上・下巻あります）のですが，とてもよく体系的に
まとまっているテキストです。

↝ Burgelman, Robert A., Clayton M. Christensen and Steven C.
　Wheelwright [2009], *Strategic Management of Technology and
　Innovation* (5th ed.), McGraw-Hill.（岡真由美ほか訳『技術とイノベー
　ションの戦略的マネジメント（上・下）』翔泳社，2007年）

　次の本は，アントレプレナーシップを概観した上で，企業家がビジネス
機会を追求するにあたり重要になる事業を創造することについての戦略的
なポイントを丁寧に説明してくれています。

↝ 新藤晴臣［2015］，『アントレプレナーの戦略論：事業コンセプトの創
　造と展開』中央経済社。

第**9**章

アントレプレナーシップに溢れる組織

この章を読み進める前に

■ アントレプレナーシップが高い組織の特徴をできるだけ具体的に説明
してください。

■ アントレプレナーシップの程度が低い（のだけれど，できれば高めたい）
組織を具体的に1つ挙げ，その組織のアントレプレナーシップを高め
るために，あなたなら何をするか，説明してください。

アントレプレナーシップの程度の高い組織とはどのよう
な組織でしょうか。アントレプレナーシップを考えるとき
には，どうしても個人に焦点が当てられがちになります。
大きなビジョンを描く人や革新的なアイディアを生む人，
強いリーダーシップを発揮する人などはとても魅力的です。
　確かに，新しいビジネス機会を追求するのは，個人です。
しかし，人の行動は，その人のまわりの環境に大きく左右
されます。第8章ではコーポレート・アントレプレナー
シップを考えました。そこでは，既存のビジネスや経営資
源を前提とし，その機会費用やスラック，あるいはポート
フォリオなどの点からアントレプレナーシップを考えてき
ました。ここでは，もう少しソフトな側面を考えていきま
しょう。具体的には，トップ・マネジメントと組織のマネ
ジメント，インセンティブ，そして組織の雰囲気です。

1　トップ・マネジメントの志向性と組織のマネジメント

　組織を考える上で，トップ・マネジメントは重要です。トップ・マネジメントは文字通り，組織のトップとしてマネジメントを行う人です。企業の中長期的なパフォーマンスにとって重要な戦略的な意思決定を行うのが仕事です。トップ・マネジメントやそのチーム（トップ・マネジメント・チーム：TMTと呼ばれることもあります）の責任は重大です。以下，トップ・マネジメントやそのチームといちいちいうのは大変なので，とくにことわりがない限りは，トップ・マネジメントとそのチームのことをひっくるめてトップ・マネジメントと略しましょう。

　新しいビジネス機会を追求する上では，トップ・マネジメントの姿勢は大切です。トップ・マネジメントが，新しいビジネス機会を追求していこうという志向性を持っているのか，あるいは新規性の高いチャレンジはできるだけ控えたいという保守的な志向性を持っているのかは組織のアントレプレナーシップに大きな影響を与えます。保守的な志向性を持つトップ・マネジメントの下では，新しいビジネス機会の追求は容易ではありません。

　しかし，新しいビジネス機会を追求していくことに対していくらトップ・マネジメントが積極的な姿勢を見せていたとしても，組織のマネジメントがそれに適していなかったならば，高い水準のアントレプレナーシップは期待できません。

　組織のマネジメントもアントレプレナーシップにとっては大切です。企業がイノベーションを生み出していこうと考えると，やっかいな問題に直面せざるをえません。不確実性が高いのです。不確実性とは，「どういうことが起こるのかよくわからない」ということです。これは，計画や管理といったマネジメントと相性が良くないのです。もう少し正確にいうと，事前に計画を綿密に立て，その通りに実行し，管理をしていこうというマネジメントのスタイルとの相性が良くないのです。

　事前に計画や管理を綿密に立て，それを決められた通りに実行しようとする程度が高い組織は，官僚的な組織です。「あなたの組織は官僚的だ」と言われると，あまり良い気はしないでしょう。「官僚的」というのは「堅苦し

い」とか「融通がきかない」といったイメージで，一般的には決して褒め言葉ではありません。

しかし，「官僚的組織」というのは必ずしも批判されるべきものではないことには注意してください。むしろ，官僚制は規模が大きくなった組織の基本形ともいってよいでしょう[1]。官僚制とは，公式的なルールと文書化，そして階層性から構成されています。公式的なルールと文書化の程度，階層性が高いほど官僚的な組織といえます。

公式的なルールは，その組織が行うタスクが何であるのか，それがどのように処理されるのかについての決まりです。そのルールが公式的なものであれば，文書化することができます。そのようなルールがなかったとすれば，組織はとても非効率になります。毎回，対処すべき課題は何で，誰が，どのように処理するべきなのか，そもそもどのように決断を下すのかなどについて話し合っていては，何も前に進みません。事前にルールが決められているからこそ，多くのタスクはルール通りに処理できるのです。

ルールが適応できない例外的な事象も出てきます。ここで，組織の階層の出番です。ルールで対応できないような例外的な事象が発生した場合には，自分で創意工夫を凝らして解決しようとしてしまっては，その解決の質は組織でバラバラになってしまいます。そのため，例外的な事象が発生したときには，その場で解決せずに上司に相談するわけです。つまり，組織の階層を1つ上るのです。もしも，その階層でも解決できないような例外的な事例の場合，さらに上位の階層での解決が図られます。つまり，上司たちは組織の下位の階層のルールでは対応できないような例外的な事象の解決する役割を担っているのです。

環境が安定的な場合には，ルールで事前にタスクの処理の仕方を決めておくことは難しくありません。それほど例外的な事象も生まれてきませんし，事前にどのようなことが起こるかが予想しやすいからです。このような場合には，公式化や文書化の程度を高めることによって（つまり，官僚制の程度を上げることで），意思決定が人のやる気や能力に依存しなくなり，意思決定は早く，公平なものとなり，効率性が上がるのです。

---

1 この点については，沼上［2003］，［2004］を参照してください。

　第8章の企業のビジネスのポートフォリオで考えると，最も安定的なビジネス環境なのは，「金のなる木」です。そのため，市場の成長が徐々に落ちてきて，「花形」から「金のなる木」になっていく過程で，公式的なルールを構築し，文書化を進めていくと効率性が増してきます。しかし，このマネジメントを「問題児」にも当てはめてしまうと大変です。新規性の高いプロジェクトには例外的な事象が山ほど出てきます。事前にルールを決めていたとしても，それが当てはめられるようなことのほうが少ないぐらいです。文書化をしようとしても，例外事象が多いと，タスクをパターン化することも難しいのです。公式的なルールや文書化の程度を高めたマネジメントを「問題児」に当てはめると，とても効率性が悪くなってしまったり，新規性の高いプロジェクトは面倒だから例外事象があまり発生しないような新規性の低いプロジェクトへシフトしてしまったりするのです。

　図表9-1は，このトップ・マネジメントの志向性と組織の官僚制の程度を図示したものです。まず，重要なポイントはトップ・マネジメントの志向性（あるいは全社的な戦略といってもよいでしょう）と組織のマネジメントのスタイルが適合的であることです。トップ・マネジメントが新しいビジネス機会の追求を促進したいと思っていたとしても，組織の公式化の程度や文書化の程度が高かったり，トップ・マネジメントが保守的な志向性を持っているのに，組織の官僚制の程度が低い場合などは，トップ・マネジメントの考えていることと組織のマネジメントが不適合だということになります。この図では，第2象限と第4象限であり，細い線で囲まれているところです。

　トップ・マネジメントの企業家的な志向性が高いにもかかわらず，その組織の官僚制の程度が高い場合には，「見せかけの企業家的組織」となります。トップ・マネジメントはどんどん発破をかけるでしょうけれど，笛吹けど踊らずです。官僚制の程度が高い組織では，新規性の高いビジネス機会であればあるほど上手く組織内で進めることができないのです。有望な新しいアイディアが「実績がない」という理由ではじかれたり，それに対して経営資源を動員することが拒否されたりする可能性が高くなります。トップ・マネジメントは声高に「新しいチャレンジをどんどん進めろ」と言うかもしれません。しかし，組織のマネジメントを変革せずに，発破をかけるだけであれば，単なる対外的なアピールにすぎません。

■ 図表9-1：トップ・マネジメントと組織の官僚制 ■

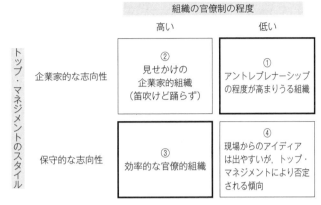

出所：Slevin and Covin［1990］, p.43 を参考に著者作成。

　反対に官僚制の程度は低く，組織のマネジメントとしては新規性の高い
チャレンジをしやすいのにもかかわらず，トップ・マネジメントが保守的な
志向性を持っていることもあるでしょう。このような場合，組織のメンバー
は，いろいろと現場レベルで新しいアイディアを出すかもしれません。しか
し，トップ・マネジメントにその気がないので，「どうせうちの組織で新し
いアイディアを出しても…」と組織のメンバーが学習性無気力になってしま
う可能性もあります。こうなってしまうと最悪です。こうなる前に，トッ
プ・マネジメントが変わらないと，「どうせ…」と考える人が組織で大多数
を占めてしまいます。一度こうなってしまうと組織を変えるのは大変です。
　アントレプレナーシップの程度を組織的に高めたければ，まずはトップ・
マネジメントに新しいビジネス機会を追求することに対する積極的な志向性
を持ってもらう必要があります。不確実性が高いプロジェクトに対する投資
は，事前の正当性の確保が難しいため，何もしなければ避けられがちです。
だからこそ，そのような志向性を持った人がトップ・マネジメントにいなけ
れば，なかなか組織としてアントレプレナーシップの程度を高めることは難
しいのです。そして，できるだけ現場レベルでの新しい試みをしやすくする
ために，官僚制の程度を下げる必要があります。

■ 曖昧な状況に意味と秩序を与える戦略

不確実性が高い状況では，事前に何が合理的な行動かを見極めることはできません。何が正解かが事前にわかっていれば，不確実性は高いとはいいませんし，苦労しません。

もちろん，「わかっちゃいるけどやめられない」ということもあります。勉強しないといけない，深酒しちゃいけないことはよくわかっています。その結末もわかっています。勉強しなければ，テストで悪い点をとるでしょうし，深酒すれば次の日が辛くなります。しかし，新しいビジネス機会を追求しようとする企業家が直面するのは，このような問題ではありません。何をしたらどうなるかが事前にはわからないという状況です。

まだ誰も経験したことがないような状況は，何がどうなっているのか，何をしたらどうなるかがわかりません。そのような状況で，戦略を立てようとしても，事前にしっかりと戦略を立てることはなかなかできません。しかし，これは戦略が大切ではないということではありません。戦略は，曖昧なよくわからない状況に，意味を与えたり，秩序を与えたりする役割を果たしてくれます。

混沌とした状況であるからこそ，トップ・マネジメントが戦略を明確に打ち出すことは重要です。戦略があるからこそ，それを頼りにいつまでに何をすればよいのかの見通しが立つのです。戦略がなければ，意味や秩序は組織のメンバーそれぞれが自分でつくらなければならず，組織は混乱します。大げさに表現するとすれば，トップ・マネジメントが戦略を通じて，世界に意味と秩序を与えるといえます。

不確実性の高い状況では，戦略は，予言の自己成就的な性質を持ちます。予言の自己成就とは，自分であることを予言すると，予言したということが原因となって，結果的にその予言したことが本当になるというものです[2]。繰り返しですが，組織で戦略を構築することは，よくわからない状況に具体的な意味を与え，定義し，秩序をもたらすという機能があります。秩序を与えると，その秩序を所与として人々は期待し，行動するようになります。その結果，その戦略が自己成就的に達成されるのです。このような戦略の立て

2　Merton［1949］.

方は，不確実性の高い新しいビジネス機会の追求において有効だと考えられています[3]。安定期的な環境における戦略の構築とはずいぶん考え方が異なります。

2 インセンティブ

アントレプレナーシップを組織的に高めるためには，インセンティブは重要な役割を担っています。インセンティブは日本語では誘因と訳されます。誘因よりもカタカナでインセンティブというほうが一般的かもしれません。インセンティブとは，人をある行動に駆り立てる動機づけです。

■ アントレプレナーシップを高めるインセンティブ

ある組織でアントレプレナーシップの程度が高いとすれば，それはその組織で働く人々を新しいビジネス機会の追求に促すようなインセンティブが存在していると考えることができます。反対に，もしも，組織のアントレプレナーシップの程度が低いとすれば，それは，そこで働く人に，新しいビジネス機会の追求の程度を高めるようなインセンティブが存在していないということになります。

それでは，どのようなインセンティブがあれば，アントレプレナーシップの程度は高まるのでしょうか。新しいビジネス機会の追求は，不確実性を伴います。そのため，リターンが不確実な投資をしていかなければいけません。投資といっても，カネを投じるだけではありません。時間は有限です。貴重な時間をあるプロジェクトに割くのですから，それも大切な投資です。

不確実性の高い投資を行うためには，その投資の機会費用を下げる必要があります。これは，前章でも見たところです。個人が組織において新しいビジネス機会を追求することの機会費用は，新しいビジネス機会の追求をしなかった場合に得られるものに依存しています。そのため，もしも，新しいビジネス機会の追求をしないほうが得になるようなインセンティブがあれば，当然，多くの人はチャレンジをしようとはしないでしょう。その反対に，新

---

3 この点については，まずは，Weick [1979] がおすすめです。

しいビジネス機会を追求しないほうが損になるようなインセンティブがあれば，組織のアントレプレナーシップは高まります。

　もう少し具体的には，どのようなインセンティブでしょう。一般的にいわれているのは，成功報酬です。成功したときに大きなリターンがあると期待できれば，新しいビジネス機会の追求をする人も多くなるでしょう。また，初期の失敗に対する実質的な許容（あるいは報酬）も，試行錯誤の実験を増やすという点で大切です[4]。

　ただし，これは組織でのアントレプレナーシップを高めようと思ったときには，難しさもあります。優れた成果に対しては，きちんと報いたいところです。しかし，新しいビジネス機会の追求の成功を測定するのは簡単ではないのです。そもそも，新しいビジネスを立ち上げたとしても，それが黒字化するのは何年も先というのはよくあることです。そのビジネスを立ち上げた人がずっと同じプロジェクトにとどまっているかどうかもわかりません。また，新しいビジネスはどんどん変化していきますし，組織的な分業によってビジネスを構築していきます。そのため，誰のおかげで成功したのかよくわからないのです。

　さらに，新しいチャレンジを奨励するようなインセンティブ（失敗への寛容さ）を用意したとしても，それが，失敗しかかっている新しいチャレンジを長い間継続するようなものであっては困ります。コミットメントを中心とした意思決定をしていると，そのプロジェクトの中止の決定が難しくなります。誰もやめようとは言い出しにくくなったり，もう少し頑張ってみれば道がひらけるはずだと考えてしまったりします。コミットメントのエスカレーションが起こってしまうのです。失敗したプロジェクトを中止する，あるいは方向転換も奨励するものでなければ，見込みのないプロジェクトを存続させてしまうことになります。新しいプロジェクトをスタートさせたとしても，それを中止したり，方向転換したりすることがマイナスになるようなインセンティブの仕組みが構築されていると困ります。つまり，失敗したからといってそれがマイナスの評価を受けるようなインセンティブではダメなのです。むしろ，失敗した理由を突き止め，それを組織内に共有することが得に

4　Manso [2011].

なるようなインセンティブが必要です。

■ スタートアップが提供するインセンティブ

　創業したばかりのスタートアップは資金にかなりの限りがあります。しかし，優秀な人材に来てもらうのには，報酬は重要な要素の1つです。

　その人材の市場価格にふさわしい額の給与や賃金を支払うことが難しい場合，株式を従業員に分け与えることもしばしば行われています。株式を分け与えることによって，従業員も会社の所有者となり，創業者たちと利害が一致してくる機能もあります。

　しかし，あまりに所有権を従業員に分け与えると，創業者や投資家の株式の持ち分が希薄化されるというデメリットには気をつけなくてはなりません。創業者や投資家の持ち分が希薄化されすぎると，彼らのインセンティブが小さくなってしまいます。

　従業員に株式を分け与える方法には，大きく2つあります。1つは発起人株（Founder Share）です。発起人とは，企業を新しく設立するときに，資本金を出資したり，定款を作ったりして，その設立の手続を行う人です。発起人株とは，この発起人が企業を設立したとき，あるいは最初の出資を外部から受けたときに受け取る株式のことです。エンジェル投資家など早期の段階で出資を行った投資家にも分け与えられます。この発起人株を広く分け与えていくと，発起人である創業者らの所有権は希薄化していきます[5]。

　もう1つは，オプション・プールと呼ばれる方法です。これは，将来に従業員などに株式を分配することを見越して，株式をあらかじめとっておくものです。従業員への報酬などのためにストック・オプションを導入する際などには，オプション・プールが使われることが一般的です。オプション・プールを多くすれば，創業者や早期の投資家の持ち分は希薄化されます。しかし，一般的には希薄化の程度は発起人株を分配するよりも小さいものとなります。ストック・オプションのオプションとは，市場価格よりも安い価格

---

[5]　創業者の間で発起人株をどのような割合で配分するかも重要な問題です。あまりに平等に分けてしまうと，重要な意思決定が難しくなってしまいます。あまりに偏った分け方をすると，貢献と報酬の間のバランスが崩れてしまったり，チームとして上手く機能しなくなってしまったりすることがあります。

で自社の株式を購入する権利です。そのため，ストック・オプションが与えられると，できるだけ自社の市場価値を上げるほうが，ストック・オプションを行使するときに得になります。これは，重要な従業員のインセンティブとなります。しかし，企業の市場価格が，行使価格（多くの場合は，従業員が採用された日の株式の市場価格や，未上場の企業の場合には直前の資金調達のときの価格で決められます）を下回ってしまっている場合には，オプションが価値を失います。短期的なストック・オプションでは近視眼的な行動を招いてしまう可能性があります。そのため，権利行使期間を短くせずに，やや長くとるほうがよいとされています。

　これらは，従業員に報酬を提供する基本形のようなものであり，これら以外にもさまざまな方法（たとえば，制限付き株式や自社株連動型報酬など）が発明され続けています。重要なポイントは，いかに限られた資金の中で，自社のビジネスに優秀な人材を魅了し続けるかということです。権利の確定を少し長い期間に設定することも大切です。

　インセンティブというと，どうしても経済的な報酬のことだと考えられがちです。確かに，経済的な報酬は重要です。しかし，それだけではありません。休暇制度など福利厚生制度も欠かせません。昇進などによる社会的な承認欲求を満たしてあげることや，自由裁量の程度を高めることによる自己実現欲求を満たしてあげることも大切です[6]。

3　コミットメントと組織の雰囲気

　組織の雰囲気は大切です。雰囲気とは，ある場所やそこにいる人たちの気分や感情のことです。人間ですから，行動と感情はなかなか切り離せません。気分や感情を測定することはなかなか難しいのですが，モノゴトに影響を与えるのは上手く測定できるものだけではありません。組織の雰囲気とアントレプレナーシップを考えていきましょう。

　組織の雰囲気が大切なのは，それが組織内でのメンバーの行動に影響を与

6　外的な動機づけ（経済的な報酬や昇進など）を増やしていくと，創造性が減ってしまうという危惧もあります。この点については，姉妹書『イノベーション』の第11章や Amabile［1996］などを参照してください。

コラム⑩ イントラプレナーシップ

　既存組織の中で新しいビジネス機会を追求する人は，イントラプレナー（Intrapreneur）と呼ばれることもあります。起業して新しいビジネス機会を追求する人としてアントレプレナーを捉えた上で，それと対比させているわけです。

　第1章で見たように，この対比自体がシュンペーターの企業家の概念からするとおかしいのですが，それはおいておきましょう。シュンペーターも神様ではないので，その概念や論理で修正が必要なところがあれば，どんどん修正すればよいのです。ある人が権威として祭り上げられて（あるいは自分で権威的に振る舞い），「シュンペーターいわく…」などという言説に誰も反論ができなくなると，その領域は学術的にはおしまいです。やや話がそれてしまいました。イントラプレナーシップに戻りましょう。アントレプレナーシップではなく，イントラプレナーシップという概念から考えると新しいモノゴトが見えてくる，ということが大切なポイントです。

　イントラプレナーとは，既存の組織の中でイノベーションを企図し，それを実行に移す人です。イントラプレナーシップとは，アントレプレナーシップとインターナルを組み合わせた造語です。1980年代から実務家のギッフォード・ピンチョー三世によって広められたコンセプトです[7]。簡単にいえば，既存企業の中のアントレプレナーシップです。

　このようなコンセプトが出てきて，しかも注目を集めてきた背景には，既存企業における新しいビジネス機会の追求が停滞しているという認識が一般的にあった，ということがあります。スタートアップがどんどん新しいビジネス機会を追求しているのに，既存企業は既存のビジネス機会の追求やインクリメンタルなイノベーションばかり，あるいは，スタートアップが生み出した新しいビジネス機会の後追いばかりになっていると考えられていたのです。

　社内でイノベーションを企図し，実行するイントラプレナーとは，どのような人なのでしょうか。まず，自発的に歩み出す人です。いわれてもないのに，自分からどんどん社内の経営資源を利用して，新しいビジネス機会を追求しようとする人です。自発的にやる（つまり，内的に動機づけられているということです）からこそ，新規性の程度は高くなります。内的に動機づけられているので，やめろと言われたとしても，自分で探求を続けるため，創造性が高くなるのです。もしも，金銭的な報酬や昇進といった外的な誘引に動機づけられている場合，それらが満足できるレベルまで得られると思ったところで，探索をストップしてしまうのです[8]。だからこそイントラプレナーは，内的動機づけの高い人ということになります。

　そのため，上司が，「はい。あなたは明日からイントラプレナーですから，頑

7　Pinchot［1985］.

8　Amabile［1996］, Pinchot［1985］.

張ってください」と任命してもあまり上手くいきません。
　イントレプレナーはどのようなスキルを持っている人なのでしょうか。社内の経営資源について理解している必要はあります。社内にどのような経営資源があるのかを理解していなければ，それを上手く活用することができません。また，社外にどのような経営資源があるのかについての理解も大切です。社内の経営資源を社外のものと効果的につなげられる能力が重要です。さらに，イントラプレナーは，ステークホルダーを特定し，ネットワークを駆使して，プロジェクトの自主性を守りつつ，シニア・マネジメントを説得してプロジェクトを支援するという政治的なノウハウを持っていなければなりません。
　企業としては，そのような人をどのように支援すればよいのでしょうか。重要なポイントは，独立性を高め，隔離してあげることです。自発的に動いている人でも，批判にさらされると心が萎えてしまいます。だからこそ，そのような人は，社内の批判から隔離してあげることが大切です。とくにプロジェクトが初期の段階では，新しいビジネス機会を追求しているチームのプロジェクトはまだまだ穴だらけです。批判しようと思えば，いくらでもできるのです。だからこそ，ある程度，方向性が固まってくるまではそのプロジェクトを隔離する必要があります。スタートアップを起業すると自然と隔離されますが，既存のビジネスが社内にある企業にとっては意識的に隔離することは重要なポイントです。

えるからです。組織の雰囲気はメンバーのコミットメントを左右し，それがアントレプレナーシップの程度に影響を与えます。

■ コンセンサスよりもコミットメント

　新しいビジネス機会を追求することには，高い水準の不確実性が伴います。そのため，組織的な意思決定が同意（コンセンサス）をベースになされている程度が高い組織の場合，新規性の高いものであればあるほど実行していくのが難しくなります。新規性が高くなれば，多くの人のコンセンサスをとりつけるのは簡単ではありません。「実績はあるのか」とか「上手くいくかわからない」などと言い出す人が出てくるかもしれません。もちろん，新しいことですから，実績があるわけはありませんし，当然，上手くいくかだって事前にはわかりません。そのため，イノベーションやアントレプレナーシップを理解せず，こういうわけのわからないことを言う人が現れても無視できればよいですが，コンセンサスが重要である場合には，なかなかそうもいかないのです。

コンセンサスではなく，コミットメントの高さを意思決定の重要なポイントにしている組織では，新規性の高い新しいプロジェクトが推進されやすくなります[10]。意見の不一致があるということ自体に同意することは，意思決定上の重要な第一歩です。その上で，組織メンバー（の一部）が高いコミットメントをもって推進していけるかどうかで，新しいビジネス機会の追求を判断していくわけです。もしも，組織内でのコンセンサスを重視していたら，それが得られる頃には，すでに新規性はなくなっているかもしれません。組織のメンバーの多様性が増せば，コンセンサスを得るのはさらに大変です。コンセンサス型の意思決定では，新規性の高いプロジェクトを素早く進めていくのは難しいのです。

　また，新規性の高いプロジェクトを行うためには，組織の中での相互調整をできるだけ減らしてあげることも大切です。組織内でさまざまな調整をしなければならなければ，そのためのコストばかりが大きくなってしまいます。コミットメントが高いメンバーが自律的に意思決定をできる組織は大切です。

■ 組織の雰囲気とコミットメント

　組織の雰囲気はコミットメントに影響します。組織の雰囲気は，メンバーたちが抱いている感情です。人々の感情は，伝染します[11]。となりの人が悲しんでいると，悲しくなりますし，喜んでいる人のそばにいると，自分も嬉しくなります。

　訓練された俳優を使った実験で，リーダーがポジティブな感情表現をすることは，フォロワーのムードに影響することが観察されています[12]。俳優にリーダーになって，ポジティブな感情表現をしてもらい，それがどのようにメンバーの気分（ムード）に影響するかを分析した研究があります[13]。この研究でも，リーダーがポジティブな感情表現をすることによって，組織の雰

---

9 Kanter［1985］，MacMillan［1987］.

10 社会心理学の領域では，感情の伝染については多くの研究が蓄積されてきています。たとえば，Fowler and Christakis［2008］，Bono and Ilies［2006］，Sy et al.［2013］などを参照してください。

11 Eisenberger et al.［2001］.

12 Bono et al.［2007］.

囲気もポジティブなものになることが見られています。当たり前な感じもしますが，上司がポジティブな感情を持っていると，部下も明るくなるわけです。さらに，リーダーがポジティブな感情表現をすると，「リーダーシップが上手く機能している」とメンバーがリーダーを肯定的に評価しやすくなります。組織のメンバーに影響を与えるのは，リーダーのポジティブな感情だけではありません。ネガティブな感情も伝染し，組織の雰囲気を変えてしまいます[13]。

　組織の雰囲気に大切なのはリーダーだけではありません。同僚からも感情の伝染があることがわかっています。クリケットのプロチームに試合中に自分の感情を評価してもらいそれを分析した研究では，試合中の自分の気分は，他のチームメイトの気分と相関があることがわかっています。チームプレイですから，勝っているときにはみんな幸せで，負けているときにはみんなネガティブになるだろうと思うかもしれませんが，この研究では試合の状況とは独立して，感情の伝染が起こっていることが示唆されています[14]。

　感情の伝染は，対面のコミュニケーションではなく，オンラインのやりとりでも確認されています。感情の伝染が発生するかどうかを仮想のチームで実験したところ，チームのコミュニケーションがテキストだけの場合であっても，チーム内で感情が伝染することが見られています[15]。同僚の怒りや幸せの感情が，チームメイトにネガティブな感情やポジティブな感情を誘発するのです。Facebook を使った実験では，ポジティブな感情を表現する投稿を減らすと，それを見た人たちはポジティブな投稿を減らし，ネガティブな投稿をするようになっていることが観察されています[16]。

　組織の雰囲気が良いと感じれば，組織のメンバーのコミットメントの程度は高まります。反対に，雰囲気が悪い組織では，メンバーのコミットメントは高まりません。ポジティブな感情が伝染したグループのメンバーは，パフォーマンスも向上していました[17]。ネガティブな感情がグループに広がる

13　Johnson [2008].
14　Totterdell [2000].
15　Cheshin et al. [2011].
16　Kramer et al. [2014].
17　Barsade [2002].

と，これは組織レベルでリーダーを承認しないことにつながります[18]。つまり，新しいビジネス機会を追求する際に，その新規性が高ければ高いほど，リーダーだけでなく，同僚にもポジティブな感情を持っている人を集めることがとても大切だということがわかります。

「うちの組織はなかなかモチベーションが高い人がいない」「全員が同じ熱量を持っていない」という声を聞くことも珍しくありません。しかし，これまで見たように，組織の雰囲気は伝染するのです[19]。ネガティブな感情を持ちコミットメントが下がっている人たちをどうにかしようと苦労するよりも，コミットメントが高い人を少人数でもよいので（コミットメントの低い人からできるだけ遠くに）集めて，新しいビジネス機会を追求するほうが効率的なのかもしれません。

■ 影響を遮断するシェルター

Facebook のユーザーをネットワークの構造とともにランダム化して分析した研究では，どのような人が，ソーシャル・ネットワークの中で，社会的な伝染の影響を受けやすいのかもわかってきています[20]。そこでは，一般的に若いユーザーは古参ユーザーよりも影響を受けやすいことが見られています。つまり，新人のほうが周りからの影響を受けやすいのです。だからこそ，悪い影響を与えるような上司のもとには新人を配置しないことが大切です（そもそも悪い影響を与えるような人を昇進させて上司にしないでもらいたいですが）。

また，注目したいのは，個人の影響力です。影響力のある人は，そうでない人よりも，他の人からの影響を受けにくいのです。さらに，そのような影響力のある人は，ネットワークの中でクラスター化する傾向が高いことが見られています。

つまり，影響力の大きい人は，他の人に影響を及ぼす（影響が大きい人なので当たり前ですが）だけでなく，影響を受けた人を集団としての凝集性を

---

18 Dasborough et al. [2009].

19 たとえば，Bono et al. [2007], Sy et al. [2005], Cardon [2008] などを参照してください。

20 Aral and Walker [2012].

~~ コラム⑪　組織の雰囲気と創造性 ~~~~~~~~~~~~~~~~~~~~~~

　ポジティブなムードのほうが，ムードがポジティブでもネガティブでもない中立的な場合と比べると，より高い水準の創造性に結びついていることがわかっています[21]。しかし，単にポジティブなムードが高ければよいのかといえば，そうでもないようです。従業員の感情（ネガティブなのか，ポジティブなのか）が，創造性にどのような影響があるかを，油田サービス企業の従業員を対象に分析した研究があります[22]。そこでは，創造性の程度が最も高くなったのは，上司が創造的であることを推奨している状況で，なおかつ組織のメンバーのムードがポジティブなものだけでなく，ネガティブなものについても高い場合だったのです。

　組織のムードと創造性の実証的な研究結果をメタ分析したものでも，同じような結果が得られています。これによれば，創造性の程度が最も高まるのは，ポジティブなムードの程度が高い場合でした。もう少し詳しくいえば，ポジティブなムードでなおかつ，ある状態に向かって進んでいこうとする動機づけ（Approach Motivation）と「良い」ことを追求しようとする昇進志向（Promotion Focus）が強い場合でした。ネガティブなムードであり，ある状態に進んでいこうとする動機づけや昇進志向が強い場合は，創造性には結びついていませんでした。しかしネガティブなムードで回避的な動機づけ（Avoidance Motivation）が強く，予防重視（Preventive Focus）の程度も強いときにも，ポジティブなムードの場合と比べると低い水準ではありましたが，創造性と結びついていました。

　創造性の程度が最も高まるのは，ポジティブなムードのときであったのですが，ポジティブなムードだけが重要というわけではないことを示唆しています。また，ネガティブでもポジティブでもないムード（メンバーが無感情）のときのほうが，創造性を生み出す行動は活発でなくなることを示しています。

高め（ある意味では排他性を生み出し）他の影響から遮断するシェルターとして機能する可能性があるのです。

　これは，不確実性の高い新しいビジネス機会を追求する上では，重要なリーダーの機能です。新規性の高いビジネス機会を追求するときには，経営資源を動員する正当性の確保が事前には難しいのです。「なぜ，そんなことをしようとしているのか」「不確実性が高い」「実績がない」などいろいろな意見が外野から出てくるはずです。強い影響力を持つリーダーは，そのよう

21　Baas et al. [2008].
22　George and Zhou [2007].

な意見からメンバーを遮断してくれるわけです。しかも，その組織の雰囲気がポジティブなものであれば，メンバーのコミットメントは高まります。このような状態は，アントレプレナーシップの程度を高めます。もちろん，これによってメンバーが変な方向に走ってしまうこともあるかもしれません。しかし，いずれにしてもこのようなシェルターの機能は，影響力の強い人が社会のネットワークの中で（おそらく意図せずに）果たす機能です。

4　本章のまとめ

　この章では，組織のアントレプレナーシップについてソフトな面を中心に考えてきました。アントレプレナーシップを高めるためには，新しいビジネス機会を追求する上での不確実性にどのように対処するかが大切なポイントです。その点で，本章で見てきたトップ・マネジメントと組織のマネジメント，インセンティブ，そして組織の雰囲気は不確実性へ対応しやすくしたり，対応を難しくしたりする重要な要因です。

　既存のビジネスの戦略や組織の構築は，新しいビジネス機会の追求のためのそれとは性質が異なっていることが大切なポイントです。だからこそ，既存のビジネスを行っている組織で新しいビジネス機会を追求することは簡単ではないのです。

もう一歩詳しく知るためのリーディング

　アントレプレナーシップやクリエイティビティに溢れる組織はどのようなものかについては，かなり多くのしかも読みやすい（しかも，○○組織とか○○経営などキャッチーなタイトルがついた）書籍がたくさんあります。手にとりやすいものから読んでいくのがよいと思います。

　組織内でのアントレプレナーシップ（本章のコラム⑩のイントラプレナーシップ）を考えた初期の文献としては，次のピンチョーのものがおすすめです。

　1985年に書かれたものであり少し古いのですが，組織の中でアントレプレナーシップのあり方を考えなければ，どんどんアントレプレナーシッ

プの程度が下がってしまうということがわかります。組織のアントレプレナーシップの程度を上げたいと考えるビジネスパーソンにはとくにおすすめの基本書です。

⇨ Pinchot, Gifford [1985], *Intrapreneuring: Why You don't Have to Leave the Corporation to Become an Entrepreneur*, Harper & Row.（清水紀彦訳『企業内起業家』講談社，1989 年）

　新しいビジネス機会を追求するためには，そもそも戦略の考え方から変えていかないといけないという点を次の本は教えてくれます。現在の主流の（MBA などでまずは基本として教えられる）戦略論とは，異なる視点を教えてくれます。

⇨ Read, S. et al. [2016], *Effectual Entrepreneurship*（2nd ed.), Routledge.（寺澤朝子・弘中史子訳『エフェクチュアル・アントレプレナーシップ：創業──すでにここにある未来』ナカニシヤ出版，2018 年）

第 10 章

アカデミックとアントレプレナーシップ

この章を読み進める前に

■ 大学発のスタートアップと一般的なスタートアップを比べると，大学発のスタートアップにはどのような特徴があるでしょうか。

■ 大学の TLO（Technology Licensing Organization：技術移転機関）あるいは産学連携本部などで具体的な大学の研究者の研究成果を見て，新しいビジネス機会の源泉になりそうなものを探してください。それはどのような新しいビジネス機会になりそうかを説明してください。

　　　　　大学や公的な研究機関など学術的な研究を行うことを目的としている組織が，新しいビジネス機会の源泉として注目されています。アカデミック・アントレプレナーシップとは，大学や公的な研究機関などの組織から生み出される成果をもとに，新しいビジネス機会を追求しようとするものです。いわゆる大学発スタートアップはその典型例です。このアカデミック・アントレプレナーシップは 1980 年代から徐々に注目を集めてきました[1]。新しいビジネス機会の源泉が，アカデミックな研究にある点が，アカデミック・アントレプレナーシップの重要なポイントです。

1　Etzkowitz and Leydesdorff［2000］, Shane［2004］.

1　アカデミック・アントレプレナーシップの特徴

　アカデミック・アントレプレナーシップには，特徴的な点が2つあります。それらは，①新しいビジネス機会の源泉がアカデミックな研究にある，②新しいビジネス機会を追求する人は，多くの場合，ビジネス機会を追求しながらも大学で働き続けるというものです。それぞれ見ていきましょう。

■ 新しいビジネス機会を生み出すアカデミックな研究

　なぜ，アカデミックな研究が，新しいビジネス機会の源泉となるのでしょうか。その理由は，とても単純です。第2章で見てきたように，情報の非対称性はビジネス機会の源泉です。情報が非対称的に存在しているときに（基本的には，相手が持っていない情報をこちらが持っている場合），ビジネス機会が生じます。研究開発は，まさに情報の非対称性を生み出します。研究開発が上手くいけば，他社が知る前に，自社のみが新しい知見を得ることができるのです。

　「誰も思いついていない新しいアイディアだ！」という普通の人の閃きは，多くの場合，単なる勘違いです。それに比べて研究開発は体系的に新しい知識を生み出そうという試みです。つまり，世界中で誰も知らない情報を自ら生み出せる可能性があるものが研究開発です。だからこそ，研究開発は，新しいビジネス機会の重要な源泉なのです。これは，必ずしもアカデミックな研究である必要はありません。そもそも研究開発が新しいビジネス機会の重要な源泉なのです。

　アカデミックな研究は企業が行う研究開発とは異なる性質を持っています。ここで，もう一度，企業の研究開発と大学や公的な研究機関の研究開発の何が違うのかを整理しておきましょう。最も大きな違いは，研究成果の専有可能性です。専有可能性が高い場合には，企業が研究開発をするインセンティブが高まります。しかし，専有可能性が低い場合もあります。その典型的な例は，基礎的な研究です。基礎的な研究では，モノゴトの理解が主な目的です。このような基礎研究の成果の多くは，論文として公開されます。論文は基本的には誰でもアクセスでき，その成果は誰でも利用できます。つまり，

その成果は，公共財です。成果が公共財となってしまうと，その排他的な利用ができませんから，専有可能性の程度は小さくなります。もちろん，基礎的な研究開発の成果でも特許化できるものもあります。しかし，モノゴトの理解や新しい発見，原理の解明などでは，特許はとれません。そのようなものが特許化され専有されてしまったら生活ができなくなってしまいます。

企業は，専有可能性の小さい研究開発を行うインセンティブはありません。そのような専有可能性が低い研究開発を担っているのが，大学や公的な研究機関です。大学や公的な研究機関の社会的な機能は，専有可能性が低くて企業は投資できないような研究開発を担い，その成果である知識を公共財として広く社会に提供することです。

基礎的な研究開発は，応用や開発研究に比べると，ビジネス化するのには時間がかかります。しかし，基礎的な研究開発であったとしても，新しい知識は生み出されます。そこにビジネス機会を見出す人もいるでしょう。基礎的な研究開発の副産物として，ビジネスに直結するような知見が得られることもあります。さらに，基礎的な研究開発における重要な成果は，これまでにはない画期的な新しい製品やサービス，原材料や工程などにつながる可能性があるのです。また，科学における進展がビジネスに結びつきやすいいわゆるサイエンス型産業では，大学や公的な研究機関で生み出された新しい知見が企業の競争力を左右します[2]。

■ 大学や公的な研究機関で働き続ける

大学や公的な研究機関で生み出された知識を用いて，ビジネス機会を追求しようとする人は，基本的にはそれらの組織で働いている人，学んでいる人，あるいは共同研究のパートナーです。大学や公的な研究機関で働いている人やそこで学んでいる人は，多くの場合，ビジネス機会を追求しながらも，そこで働き（あるいは学び）続けます。

これは，一般的なエンプロイー・スタートアップとは異なります。エンプロイー・スタートアップは，スタートアップを設立し，既存の組織を離れて新しいビジネス機会を追求するものでした。しかし，大学や公的な研究機関

---

2 サイエンス型産業については，後藤・小田切［2003］を参照してください。

での研究成果を用いて，ビジネス機会を追求しようとする人の場合は，その組織にとどまりながら，ビジネス機会を追求するのです。

　これは，2つの影響を考えなくてはなりません。第1は，機会費用の低さです。既存の組織をやめず，ビジネス機会を追求するという場合，ビジネス機会追求の機会費用は小さくなります。機会費用が小さければ，ビジネス機会の規模が小さそうであったり，利益率が低そうであったりしても，ターゲットとすることができます。

　しかし，研究者にとっての機会費用という点で考慮しなければならないのは，経済的な利益だけではありません。大学や公的な研究機関の研究者は，利潤を追求している人たちではありません。そのため，新しいビジネス機会追求のための機会費用は，ビジネスパーソンとは異なります。経済的な利得だけを考えるのであれば，大学や公的な研究機関で働きながら新しいビジネス機会を追求することの機会費用は大きくはないでしょう。大学や公的な研究機関で研究を行っている人にとって重要な資源は時間です。研究は，プライオリティ競争です。重要な発見や理論構築，仮説の検証を最初にすることが何より求められているのです。そのため，新しいビジネス機会を追求している暇があったら，自分の研究をしたいと考える人が多いのです。だからこそ，アカデミック・アントレプレナーシップの程度を高めるためには，分業が重要です。大学や公的な研究機関の研究者にビジネス機会の追求のプロセスすべてを任せる必要はありません。むしろ，そのようなことをしてしまうと，新しいビジネス機会の追求の機会費用が大きくなってしまいます。また，研究者に，いきなり経営戦略を構想させたり，資金調達に奔走させたりしても，あまり上手くいかないでしょう。専門性がまったく違うからです。研究者にはその専門性を活かすように研究に専念させてあげると，研究者が新しいビジネス機会を追求する機会費用も下げることができます。

　2つめは，研究者たちの目的に関するものであり，上記のポイントとも関連しているものです。多くの研究者たちにとっては，ビジネスを行うことは必ずしも優先事項の高いことではありません。自分たちの研究がビジネスに優先すると考えている人が多いのです。そのため，自らの研究の方向性とビジネス機会の追求の方向性が適合的ではない場合には，いくら有望なビジネス機会であったとしても追求しないでしょう。あるいは，有望なビジネス機

会であったとしても，自分の研究開発の方向に適合的なものになるように，ビジネス機会の追求の仕方の変更を求めるかもしれません。そのため，ビジネスとして利潤を最大化するようなものにならない可能性があるのです。

2 アカデミック・アントレプレナーシップの高まり

アカデミック・アントレプレナーシップは，1980年代からアメリカで最初に高まってきました。もちろん，それ以前にも学術的な研究を源泉とした新しいビジネス機会の追求はなされてきました。しかし，それが活発になったのは1980年代以降です。なぜ，その年代に，アメリカから高まってきたのでしょうか。

■ バイ・ドール法の重要性

1980年は，アカデミック・アントレプレナーシップにおいて，大きな契機になった年だと考えられています。上院議員のバーチ・バイ（Birch Bayh）とロバート・ドール（Robert Dole）は，連邦政府から研究費が提供された研究開発の成果であったとしても，それを開発した大学や公的な研究機関やその研究者が排他的にその特許を実施することを可能にするための法案を提出しました。この法案は，1980年に成立し，翌年から施行されました。正式名称は1980年改正特許商標法96-517（Public Law 96-517, Patent and Trademark Law Amendments Act of 1980）ですが，一般的にはバイ・ドール法（Bayh-Dole Act）と呼ばれています。

このバイ・ドール法は，アメリカにおけるアカデミック・アントレプレナーシップの程度を高めたと考えられています。なぜでしょうか。これは，大学が取得する特許を増やし，産学連携あるいは大学発のスタートアップを増やしたと考えられているからです。少し見ていきましょう。

バイ・ドール法が成立するまでは，政府の研究助成を受けて進めた研究の成果の知的財産の所有権は，その研究費を提供した国の機関に帰属していました。研究費を出す国側としては，研究開発の成果の特許の権利が国に帰属するのは当然と考えていたのです。国が研究費を出したプロジェクトで生まれた特許の権利が発明した発明者やその所属機関に帰属するとすれば，私的

な収益を得るのに税金を使うということになるからです。

　しかし，バイ・ドール法によって，連邦政府の研究助成を受けた研究成果の知的財産が，大学や企業の所有物にできるようになったのです。確かに，研究開発の成果をそれを行った人や組織に帰属させれば，私的な収益を得ることになります。しかし，研究開発は，私的収益性よりも社会的収益性のほうが大きいのです。研究開発が基礎的なものになればなるほど，社会的収益性が大きくなります。研究開発から生み出された知識をもとにして，次の新しい知識が生み出されるからです。だからこそ，私的な収益を発明者やその組織が得たとしても，それは研究開発のインセンティブとなり，研究開発を促進させることになり，結果として，社会的収益が増えると考えられるようになったのです。

　バイ・ドール法の成立・施行によって，産学連携が進むようになったと考えられています。なぜ，産学連携が進んだのでしょうか。企業が大学と共同研究をするときには，その成果の専有可能性が重要です。第2章でも見たように専有可能性とは，イノベーションを生み出した人や組織がそこから経済的な成果を獲得できる程度です。専有可能性が高いということは，イノベーションを生み出した人が，きちんとその経済的な成果を得られるということです。これが高ければ，イノベーションを生み出すために投資をするインセンティブが高まります。その反対に，専有可能性が低い場合には，投資をしてイノベーションを生み出したとしても，そこから生み出される経済的な成果を獲得できる程度が小さいので，イノベーションを生み出すインセンティブが小さくなります。

　企業が大学と共同で研究開発をして，良い成果が出たとして，その成果を排他的に利用できるかどうかは重要です。もしも，共同研究の成果が，論文として広く公開されるような場合には，その成果を排他的に利用することはできません。論文として公開されれば，基本的には誰でもアクセスできます（「基本的には」というのは，論文を読むためには，購読料の支払が必要な場合もあるためです）。誰でも利用できるので，排他性はありません。また，特許をとったとしてもその権利が国に帰属している場合，排他的なライセンシングは期待できません。このような場合は，専有可能性は小さくなってしまいます。つまり，成果を排他的に利用できなければ，企業は大学と共同で研究開

発をするインセンティブが小さくなります。もちろん，排他的に利用するかどうかは企業の戦略によります。自社にとっての補完財を整備するような場合には，むしろ誰でもその知識にアクセスできるようにすることが大切になります。誰でもその知識にアクセスし，使えるようにすることによって，参入障壁を低くし，新たな新規参入者を期待することができます。しかし，そのような場合でも，特許をとることは重要です。もしも他社に特許をとられてしまうと，その企業が排他的に権利を行使することを妨げられません。特許をとった上で，無償でライセンシングしたり，特許を侵害されることを許したりすればよいのです。だからこそ，大学や公的な研究機関の研究成果が特許になり，その権利が発明した研究者やその所属組織に帰属していると，企業は産学連携をしやすいのです。大学や公的な研究機関で生み出された成果の商業化が進むのです[3]。

　また，バイ・ドール法はスタートアップの生成にも貢献したと考えられています。大学の研究者が国からの研究費を受け取りその成果を特許にして，自分で新しいスタートアップを設立し，ビジネスをできるようになったのです。

■ 本当の原因なのか

　バイ・ドール法は，イノベーションを生み出す上で重要な役割を担う制度と考えられています。そのため，多くの国が同様の制度を導入しました。日本では，1999 年に日本版のバイ・ドール法が成立しました。

　ただし，注意も必要です。バイ・ドール法が大学の特許の取得や産学連携を促進したという見方に対して，それはバイ・ドール法に対する過大評価であるという指摘もされています[4]。カリフォルニア大学バークレー校のデビット・モウィらは，アメリカの大学が特許をとり始めるのはバイ・ドール法が成立するより以前の 1970 年代に遡れると指摘しています。つまり，バイ・ドール法がアメリカの大学の特許取得のきっかけではなかったというのです。

3　Henderson et al.［1998］, Siegel and Wright［2015］.
4　Mowery and Sampat［2001］.

■ 図表 10-1：媒介変数としてのバイ・ドール法

一般的な見方
原因：バイ・ドール法の成立
結果：アカデミック・アントレプレナーシップの促進

モウィらの見方
原因：新たなパトロネッジ探索の必要性の高まり
結果：アカデミック・アントレプレナーシップの促進
媒介変数：バイ・ドール法

出所：著者作成。

　それでは，なぜ，大学は特許をとり始めていたのでしょうか。これにはベトナム戦争が関係しています。国防予算から多くの研究費が大学の研究に流れていたのですが，これが戦争の終結により少なくなると考えられていたのです。大学は新しい研究費のパトロンを見つける必要に迫られていました。新しいパトロン候補だったのが企業とのプロジェクト（産学連携）だったのです。しかし，大学の研究成果としてとられた特許の権利が国によって所有されていると排他的な利用ができず，企業とプロジェクトを行うのが難しいのです。そのため，産学連携を進めるために，バイ・ドール法の設立が求められたのです。つまり，バイ・ドール法が設立されたから産学連携が増えたのではなく，産学連携を進めたいという大学側の事情があったためにバイ・ドール法が成立し，その結果として産学連携が促進されたのです。少し堅苦しい言い方をすると，これはバイ・ドール法を原因ではなく，メディエーター（Mediator）と考えるものです。メディエーターは，媒介変数とも呼ばれています。原因と結果を媒介するものです。図表 10-1 は，バイ・ドール法をめぐる 2 つの見方を図示したものです。

　新たなパトロネッジ探索の必要性がバイ・ドール法成立の重要な原因であり，それがアカデミック・アントレプレナーシップを促進する上で大切な文脈になっていた可能性があるわけです。モウィらの分析が正しかったとすれ

ば，バイ・ドール法だけを模倣したとしても，新たなパトロネッジ探索の必
要性が高まっていなければ，意図した結果（アカデミック・アントレプレナー
シップの促進）が得られないのも当然ということになります。

3　大学の変化

　1980 年代から，大学や公的な研究機関はその研究成果を産業界へスムー
ズに移転するための取り組みを始めています。ここでは，それらの取り組み
を見ていきましょう。

■ 技術移転のための組織

　1980 年代から大学が技術移転のための組織をつくり始めました。これは，
TTO（Technology Transfer Office）や TLO などと呼ばれています（以下では，
この 2 つの組織を TTO で代表させていきましょう）。これらが設立されたとき
には，大きく 2 つのポイントに焦点が当てられていました。それは，大学で
の研究の成果を特許にするというものと，特許をライセンシングするという
ものでした。

　TTO は，大学の研究者の研究成果を企業へ技術移転するための法人です。
大学では，さまざまな新しい知識が生み出されています。その中には，新し
いビジネス機会の源泉となるような知識も少なくありません。それを産業界
へ移転し，ビジネスに活かしてもらおうということが TTO の目的です。研
究開発を行っている企業には，特許を管理する部門（たとえば，知的財産部
など）があります。しかし，大学にはそれに対応するような組織はなかった
のです。そこで，大学で生み出された研究成果の技術移転を専門的に行う組
織が設立され始めたのです。しかも，大学はそれぞれ競争に直面しています。
ライバル校が意欲的に産学連携を進めている場合，競争圧力がかかります。
現在では，特許やライセンス供与，起業活動などは，大学評価の基準に盛り
込まれるようになっています。また，TTO は，研究成果の特許化やそのラ
イセンシングなどの支援だけでなく，研究者の起業活動も支援するように
なっています。研究者の起業については次項で詳しく見ていきましょう。

　大学の研究成果にはさまざまなものがあります。商業化につながりそうな

ものや，その見込みがほとんどないものもあるでしょう（商業化に直接つながらないとしても，その研究成果の意義が小さいということを意味するわけではないことに注意してください）。特許化したり，それを管理するのにはコストがかかります。むやみやたらに成果を特許化すればよいというわけではありません。そのため，TTO には，技術移転のために特許化が必要かどうかを見極めることが求められます。

　TTO では，これまでの大学で働いていた人材が持つスキルとは異なるスキルセットを持った人材が必要です。TTO で働く人材は，法律的なバックグラウンドを持っているだけでは十分ではありません。新しいビジネス機会を追求するためのスキルも必要ですし，大学の研究（とくに基礎的な研究）に対する理解も必要です。単なる学識経験者というだけでもダメですし，ビジネス経験の豊富なビジネスパーソンというだけでもダメなのです。

　TTO の有効性については，まだよくわかっていません。もう少し正確にいえば，有効性を議論するための評価軸が並存しているのです。たとえば，ほとんどの TTO は純利益を上げていません。このことから，TTO は重要な役割を担っていないと評価できるかもしれません[5]。しかし，大学は利潤を最大化させることを目的とした組織ではなく，TTO も利益を最大化することを目的とはしていません。さらに，TTO が利益を最大化させることは，パテント・トロール的な行動を誘発してしまい，社会的な利益を減少させてしまう可能性すらあるのです。そのため，私的な収益性という観点からだけで TTO を評価することはできません。TTO は，大学の資金獲得責任者，研究者，資金提供者，ビジネスパーソン，地域経済活性化の責任者，学生などさまざまなステークホルダーに囲まれています。TTO の有効性の評価軸は，それぞれの立場で異なるのです。さらに，ある特定のトップ校での取り組みをより広範囲の大学や公的な研究機関に当てはめられるのかということに対する疑問も出されています。TTO の組織設計やインセンティブについてもまだまだこれからの研究が期待されるところです。たとえば，TTO については，大学の組織においてどのようなガバナンスの下，どのようなマネジメントを行うことが効果的なのかについてはまだよくわかっていません。さら

5　Abrams et al. [2009].

に，教員に対してもどのようなインセンティブを与えるのが効果的なのかについても今後研究で明らかにされることが期待されています。

■ 大学スタートアップ（大学発ベンチャー）の促進

　大学は，起業についてのプログラムも開始しました。いわゆる，大学発ベンチャーといわれるものです。ただし，大学発ベンチャーという言葉は，和製英語です。英語では，大学スピンオフ（University Spinoff），大学スピンアウト（University Spinout），あるいは大学スタートアップ（University Startup）と呼ばれることが一般的でしょう。本書では大学スタートアップという言葉を使っていきましょう。

　大学スタートアップは，大学内の研究開発によって生み出された新しいビジネス機会を追求するスタートアップです[6]。大学の研究から生まれたスタートアップは，その出自からして研究開発型になります。もちろん，研究開発型ではないスタートアップが大学から生まれることもあるでしょう。しかし，それらは，大学で生み出された知識を活用する程度は高くはありません。それらは大学に勤めている，あるいはそこで学んでいる（いた）人が設立したスタートアップではあるのですが，新しいビジネス機会の源泉がアカデミックな成果にない場合には，大学スタートアップとはいえません。

　大学スタートアップは知識集約型のスタートアップであり，付加価値の高い製品やサービスを提供するハイテク企業の重要な源泉となっています[7]。たとえば，マサチューセッツ工科大学（MIT：Massachusetts Institute of Technology）から生まれたスタートアップの売上は，1997 年にはおよそ2320 億ドルになっています[8]。また，大学技術マネージャー協会（AUTM：Association of University Technology Managers）は，1980 年から 1999 年の間にアメリカの学術機関から生まれたスタートアップは 28 万人の雇用をもたらしたとレポートしています。

　これまでの大学スタートアップについての研究は大きく 3 つに分けられます。1 つめは，大学スタートアップの成否を，そこで中心的な役割を担った

6　Shane [2004].

7　Shane and Stuart [2002].

8　BankBoston [1997].

大学の研究者の個人的な資質の点から分析するものです。これは，第12章から詳しく見ていきますが，たとえば，MITの大学スタートアップを調べると，独立性への欲求が高く，達成感への欲求が中程度，そして，所属意識が低い研究者が多いことが見られています[9]。また，大学で研究した成果を社会で実用化したいという意欲や，富を得たいという願望が高い人が大学スタートアップを起業していることもわかっています[10]。さらに，優秀な研究者（スター・サイエンティスト）を調べると，企業との共同研究を行っている人のほうが，純粋な学者のスターよりも（被引用件数で論文の質を測定した場合）質の高い論文を生み出していました[11]。研究者として優秀な人が，その成果の商業化を進めていることがわかります。質の高い研究成果が，商業化に求められているともいえます。

　2つめは，大学スタートアップを促進する大学の仕組みについての分析です。研究者が研究成果をビジネスに移転させようとするかどうかは，大学のマネジメントに依存しています。TTOなどの大学の研究成果を産業界へと技術移転を行う組織に対する報酬制度を確立すること，TTOへの優秀なスタッフの配置，分権的な意思決定，技術移転を柔軟に行うための大学の障壁の除去，学生への教育などが重要であると指摘されています[12]。また，大学の文化的な側面も影響を及ぼします[13]。新しいビジネス機会を追求することが当たり前，あるいはそれに高い価値がおかれている風土は，大学スタートアップの生成を促進します。反対に，大学の研究者は質の高い公共財を提供することが本分であり，私的収益性の高い商業化に与（くみ）することは望ましくないと考えられているような風土の場合には，大学スタートアップはもちろん促進されません。

　3つめは，研究者や大学を取り巻く環境要因です。たとえば，前述のバイ・ドール法の成立は，大学スタートアップの生成を促進しました。大学スタートアップは，研究開発型のスタートアップであり，エクイティ・ファイ

9　Roberts [1991].

10　Shane [2004].

11　Zucker et al. [1998].

12　Siegel et al. [2004], Debackere and Veugelers [2005].

13　Siegel et al. [2003].

ナンスが重要な役割を担っています。そのため，エンジェルやベンチャー・キャピタルからの資金提供は大学スタートアップの生成に強く影響します。SBIR や STTR（Small Business Technology Transfer：中小企業技術移転プログラム）などの政府による研究開発に対する助成も大学スタートアップを促進しました。さらに，研究者や大学を取り巻くネットワークは，研究者がその成果の商業化を試みるときに補完的な知識へのアクセスを可能にすると考えられており，産業集積や柔軟な人的なネットワークが重要な役割を担っています[14]。

「アカデミック・アントレプレナーシップ」といっても，大学発のスタートアップはそれほど上手くいっているのかという疑問を持つ人も多いでしょう。確かに，そのまま放っておくとなかなか上手くいきません。その大きな理由は，大学の研究者は特定の領域の専門家であって，企業経営の専門家ではないということです。新しい科学的な知見を発見したり，新しい技術を開発したりすることは得意ですが，それをビジネスに転換していくことが得意とは限りません。自分がつくり出した技術に対する研究者の思い入れが強すぎて，なかなかビジネスとしては上手くいかないということもあります[15]。だからこそ，研究者たちが生み出した新しい知見や技術をビジネスとして展開する経営専門家はきわめて大切です。

図表 10-2 はこれらの3つのカテゴリーを示したものです。それぞれのカテゴリーで分析が進められ，同じような結果が少しずつ見られてきました。つまり，頑健性が高い発見もされるようになってきています。ただ，これら3つのカテゴリーはそれぞれ相互に影響し合っています。そのため，これらの影響を丁寧に分析することが期待されます。

■ 何が新しくなったのか

1980 年代から大学は産業との結びつきが強くなってきたと考えられていますが，それについては懐疑的な議論も出てきています。サセックス大学のベン・マーティンは，実際には，19 世紀のドイツでは大学は産業界と密接

---

14 たとえば，Saxenian [1990b]，[1994]，Florida [2005]。
15 山田 [2015]．

■ 図表 10-2：大学スタートアップの生成の規定要因

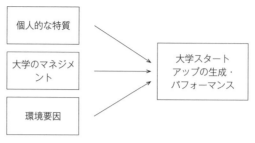

出所：著者作成。

に結びついていたことや，それがモデルとなって 20 世紀にアメリカやイギリス，フランスなどの多くの国の大学で採用されていったことを明らかにしました[16]。つまり，大学と産業界との結びつき自体はそれほど新しい現象ではないのです。

　しかし，すべてが「昔からそうだった」というわけではなさそうです。ベン・マーティンは，20 世紀後半からのアメリカで特徴的なのは，アメリカ国立科学財団（NSF：National Science Foundation）や国防高等研究計画局（DARPA：Defense Advanced Research Projects Agency）などが組織され連邦政府の資金が基礎研究を盛んに支えるようになったことだと指摘しています。産業界との結びつきが強くなったのは，国の予算がアメリカの大学の基礎研究を支え，大学が基礎的な研究を行い，それを産業界が応用，開発研究を通じてビジネスへと結びつけるという補完的な関係が構築されたからだと考えられます。

　また，大学はその基礎的な研究力にかなり差があります。基礎的な研究基盤のある大学とそうでない大学があるのです。そのため，基礎的な研究に強い基盤を持つ大学でなければ，アカデミック・アントレプレナーシップの程度を高めるための施策を導入したとしてもこのような補完関係が構築できず，上手く機能しないと考えられます[17]。そのような補完的な関係でなければ，企業にとっては産学連携は研究開発の一部の単なるアウトソーシングにすぎ

16　Martin［2012］.
17　Mustar et al.［2006］.

ません[18]。つまり，基礎的な研究力がない大学が産学連携によりアカデミック・アントレプレナーシップの程度を高めようとすれば，それは企業の研究開発の安価で質の悪い下請けを担うことになるかもしれないのです。

4 アカデミック・キャピタリズム

このように1980年代から，大学は研究成果の商業化を促進してきています。スター・サイエンティストを誘致するためのプログラムや，スタートアップのインキュベーションプログラムなども次々と整備されています[19]。大学の研究者が研究成果を商業化していくことはアカデミック・キャピタリズムと呼ばれています。実は，このようなトレンドに対して，警笛を鳴らす指摘がなされています[20]。

■ 資本主義化が進む学術界

大学にとっても，収入を拡大することは大切です。もちろん，利潤を最大化させることは大学の目的ではありません。研究を通じて最新の知識を生み出したり，知識を体系的に整理したり，社会に広く発信することが大学の目的です。また，教育を通じて，知識を伝達していくこと，学識ある人材を輩出していくことも大学の大切な目的です[21]。

しかし，このような目的をできるだけ高い水準で達成しようとすれば，どうしても資金が必要になります。しかも，大学は，激しい競争にさらされています。他の大学よりも高い水準の研究や教育を行うためには，最新の研究設備や大型の研究費，あるいは充実した研究環境を用意して，優秀な研究者

---

18 清水 [2010]。

19 Zucker and Darby [2001].

20 Slaughter and Rhoades [2004], Slaughter and Leslie [1997], 上山 [2010].

21 大学における教育とは何かはさまざまに議論されてきています。ただ，「何が教育なのか」という問いに科学的に答えることはできません。反証可能な仮説が成り立たないような問いだからです。「何が教育なのか」については人それぞれ考え方があって，どれが正解か（もっともらしいか）ということを決めることはできません。ちなみに，私は，タラ・ウェストバーの教育についての考え方（Westover [2018]）が最高だと思います。おすすめです。

を引きつけなくてはなりません。学生の満足度を高めるためには，質の高い教員，教育設備，充実した同窓ネットワークなどが必要です。資金力がものをいうのです。

　アリゾナ大学のシェイラ・スローターらは，アカデミック・キャピタリズムを，「外部からの収入を獲得するための市場行動あるいは疑似市場行動の追求」と定義しています[22]。大学は自らの目的を高い水準で達成するために，資金獲得競争をしているのです。そして，産業界からの資金は，大学にとって重要な資金源になっています。大学が生み出した特許や大学スタートアップの数は，大学の評価の重要なポイントの1つになりつつあります。

　アカデミック・キャピタリズムが進む背景には，サイエンス型の産業が高い付加価値を生み出す上で欠かせなくなっていることもあります。これまで説明してきたように，研究開発は，新しいビジネス機会の重要な源泉の1つです。企業は，できるだけ質が高く，新規性の高い研究開発の成果を求めているのです。だからこそ，大学の研究が新しいビジネス機会の源泉として注目されるようになっているのです。

■ 公共財の減少に対する懸念

　アカデミック・キャピタリズムに対して，なぜ警鐘が鳴らされているのでしょうか。大学で生み出された成果が，ビジネスを通じて社会で利用されていくのですから，大学の目的からしても善きことのようにも思えます。

　アカデミック・キャピタリズムを批判している研究者たちは，大学の本来の役割である公共財としての知識を生み出したり，社会に発信したりすることが減退する可能性を指摘しています[23]。大学や公的な研究機関で働く研究者の社会的な機能は，新しい知識を生み出し，それを公共財として社会に提供することです。公共財としての知識ですから，誰でもアクセスができ，誰でも使える知識です。ここに，大学や公的な研究機関を国が資金面で支える正当性があるのです。それに対して，研究成果をビジネスとして追求しようというのは，研究成果の私的利用ともいえます。

22　Slaughter and Rhoades [2004].
23　Bok [2009], Slaughter and Rhoades [2004].

　私的利用の具体例を見てみましょう。大学にとって産業界からの研究費獲得の重要性が増し，産学連携が進むにつれて，大学が特許をとることが増えてきました[24]。大学で特許がとられていないと，研究成果がどこに所属するかが曖昧になってしまいます。前述のように企業としては，知的財産権を得て，権利関係をはっきりさせなければ，連携をすることは難しいのです。どこからどこまでを専有できるのかがわからないからです。そのため，産学連携が盛んになるにつれて，大学や研究機関の特許の取得も増えてきています。大学や研究機関が特許をとって，企業がそのライセンシングを受けるということが一般的です。大学や研究機関にとっては，特許をとればそのライセンシング・フィーを収入にすることができます。それを研究者のインセンティブにすることもできます。また，研究者は特許を使って自分で起業することもできるでしょう。このように大学や研究機関が特許をとることは，概ね「善きこと」と捉えられてきました。しかし，研究成果を商業化のために特許にし，排他的に利用するということは，公共財としての知識を私有財産化しているともいえるのです。

　現在のところ，論文の生産に大きな悪影響が出ているということはそれほど観察されていません[25]。ただし，懸念はあるのです。実際に研究者の間でも，公共財であったものが私有化してきているという指摘もあります。研究資材の中は研究者の間で比較的自由にやりとりがされているものもあります（たとえば，細胞株）。徐々に，そのようなやりとりが小さくなってきているというのです[26]。自分が提供した資材（あるいはアイディア）を使って，同僚が先に特許をとってしまったら困るからです。論文の公開も同じです。特許をとることが重要であれば，特許申請までは，論文の公開は控えるでしょう。論文を先に公開してしまうと，それを見た人が先に特許を申請してしまうかもしれないからです。

　このようにアカデミック・キャピタリズムが進んでいくと，公共財としての知識を生み出したり，それを普及させたりすることが少なくなってしまうのではないかという懸念があるのです。しかし，大学の研究成果の私的な利

24　Mowery and Sampat［2001］.

25　たとえば，Toole and Czarnitzki［2010］。

26　Walsh et al.［2007］.

用が増えたとしても，その私的収益性よりも社会的な収益性のほうが高いし，私的収益を高めることは研究者のインセンティブともなるので，アカデミック・キャピタリズムは問題ないという見方もあります。また，アメリカでは大学の基礎研究がアメリカ国立科学財団（NSF）や国防高等研究計画局（DARPA）などによって支えられており，大学の研究は産業界の研究開発と補完的な関係になっているため，アカデミック・キャピタリズムによって大学の研究もむしろ促進されているという指摘もあります[27]。しかし，産学連携を促進したと考えられているバイ・ドール法も，実際には社会的収益性をそれほど高めているわけではないのではないかという指摘もあります[28]。このように，まだ頑健性の高い結論は出ておらず，さまざまな指摘がなされ始めたところです。今後の研究が期待される領域の1つです。

5　本章のまとめ

　大学の研究が生み出す新規性が，新しいビジネス機会の源泉としての重要性を増しています。いったい何に使えるのかわからない知識を深めたり，浮世離れした人がウロウロしていたり，（かなり）退屈な授業をする人がいたりという一昔前の大学のイメージはなくなりました（一昔前に大学を卒業した人の思い出の中にはあると思いますが）。産学連携や大学スタートアップはますます加速しています。大学の研究がビジネスを通じて，どんどん社会に使われるようになってきているのです。それに伴って，産業界が大学の重要なパトロンになってきています。

　このような動きに対して懸念がないわけではありません。アカデミック・キャピタリズムは公共財としての知識を減らしてしまうのではないか，本当に社会的収益性が拡大しているのかについては今後の研究が求められるところです。

27　Martin［2012］，清水［2010］．
28　Grimaldi et al.［2011］．

もう一歩詳しく知るためのリーディング

　科学からどのようにイノベーションが生み出されてくるのかを考える上では，次の本は重要なトピックをきちんとカバーしてくれています。また，定量的な論文の読み方を丁寧に解説してくれているので，これから論文を書きたい人だけでなく，論文からビジネスに有用な知見を得たい人にもおすすめです。

⇨ 牧兼充［2022］，『イノベーターのためのサイエンスとテクノロジーの経営学』東洋経済新報社。

　アカデミック・キャピタリズムについては，スレイターらの Slaughter, S. and G.Rhoades［2004］, *Academic Capitalism and the New Economy: Markets, State, and Higher Education*, JHU Press.（阿曽沼明裕ほか訳『アカデミック・キャピタリズムとニュー・エコノミー：市場，国家，高等教育』法政大学出版局，2012 年）がクラシックですが，次のほうがより上手くまとまっており，さらにアップデートもあるのでおすすめです。

⇨ 上山隆大［2010］，『アカデミック・キャピタリズムを超えて：アメリカの大学と科学研究の現在』NTT 出版。

第 **III** 部

アントレプレナーシップの高い人

　なぜ，ある人はアントレプレナーシップが高く，ある人は低いのでしょうか。アントレプレナーシップが高い人は，どのような特徴を持っているのでしょう。そもそも，なぜ，その人のアントレプレナーシップは高いのでしょうか。第III部では，個人のアントレプレナーシップを考えていきましょう。

第 11 章

起業家はクレイジーなのか？

この章を読み進める前に

■ 新しいビジネス機会を追求するために起業する場合と，従業員として
働いた場合とではどちらのほうが経済的なリターンは高いでしょうか。
あなたの考えを説明してください。

■ レイ・クロックは何に動機づけられていたのでしょうか。映画『ファ
ウンダー　ハンバーガー帝国のヒミツ』を見て，あるいは『成功はゴミ
箱の中に　レイ・クロック自伝：世界一，億万長者を生んだ男──マク
ドナルド創業者』を読んで説明してください。

　　　　クレイジーな（経済学的に合理的な計算に基づいて意思
決定をしている人ではない）人こそが，イノベーションの
担い手だといわれることがあります。確かに，新しさを生
み出したり，それを社会に届けたりする人たちは，高いビ
ジョンを持っていたり，野心家であったりして，一般的な
いわゆる普通の人とはちょっとどこか違いそうなイメージ
があります。
　　　この章では，起業に対するリターンを見てみましょう。
起業すると儲かるのでしょうか。問いは単純です。もしも，
普通に企業で働くよりも経済的な報酬が高くなることが期
待できるのであれば，起業家はクレイジーではなく，経済
合理的な計算の上で，新しいビジネス機会を追求している
ということになります。もしも，期待できるリターンが高
くないのに，大きなチャレンジをしているとすれば，それ
はやっぱり（あくまで良い意味で）クレイジーな人たちだ
ということになります。

1　起業家への経済的な報酬

　起業という選択の経済的な報酬は誰もが気になるところです。スタートアップを設立して新しいビジネス機会を追求するよりも，今の職場で働いていたほうが大きなリターンが期待できるとすれば，起業という選択をする人は少なくなります。その反対に，今の職場で働くより，スタートアップを設立して新しいビジネス機会を追求するほうが大きな経済的なリターンを期待できるとすれば，起業を選択する人も多くなるはずです。起業についての経済的なリターンを考えていきましょう。

■ 経済的なリターンについての基本的な考え方

　最初に少しだけ，経済的なリターンについての基本的な見方を確認しましょう。起業することへのリターンについての考え方で基本となるのは，リスク・プレミアム（Risk Premium）という見方です[1]。

　リスク・プレミアムとは，リスクがある資産から得られると期待できる収益性から，同じ期間にリスクがない資産に投資した場合に得られるであろう収益性を引いた差です。これではいま一つイメージがわいてこないかもしれません。リスクがない資産というのは，一般的には元本が保証された安全性の高い資産のことです。個人の資産でいえば，預貯金や国債などは安全性が高いものです。リスクがある資産の典型例は，新規性の高いビジネス機会を追求しており，まだ株式を公開していないスタートアップの株式（未公開株式）です。そのスタートアップが失敗して，倒産したときには，その株式の価値はなくなってしまいます。スタートアップが大成功したときには，大きなリターンになります。ここでのリスクとは，期待できる収益の変動です。変動が小さければ，リスクが小さいということになります。変動が大きければ，リスクが高いということになります。つまり，リスクは結果の変動の幅であり，これはコラム⑫のフランク・ナイトの考え方とは異なります。

　起業家が得る経済的なリターンは，その人が引き受けたリスクの大きさに

1　Kihlstrom and Laffont［1979］はこの見方の代表的なものです。

～ コラム⑫ 企業家的利益 ～

　リスクと不確実性は，ほぼ同じものだと考えられることが多いのですが，フランク・ナイトは，リスクと不確実性は異なるものだと考えました[2]。リスクは確率によって予測できるものであり，不確実性は確率的事象ではないものと考えたのです。たとえば，交通事故は毎年だいたい何件ぐらい起こるのかがわかりますし，どのくらいの自動車やオートバイ，自転車などが走っているのかもわかります。そうすると，事故が起こる確率というのが計算できるのです。どのくらいの確率でどのようなことが起こるかがわかれば，対策を立てることができます。これに対して，何が起こるのかは全然予想がつかないようなことが不確実性です。イノベーションにはどうしても不確実性がつきものです。新規性の高いモノゴトですから，リスクを計算するための「これまでの実績」というものがないのです。この不確実性に上手く対応することで得られた利益のことを，ナイトは，企業家的利益（Entrepreneurial Profit）と呼びました。

　不確実性が高いと，どうしても契約は不完備になります。事前にどのようなことが起こるのかをすべて想定できないわけです。不完備性があるからこそ，予測が難しい（あるいは全然できない）状況で意思決定を行わざるをえません。これが企業家的利益の源泉です。その不確実性に創造的に対応したときには，すべての契約を履行した上でもまだ手元に残る残余をコントロールする権利があると考えるのです[3]。

よると考えるのが，リスク・プレミアムという見方です。リスク・プレミアムが大きいということは，大きな変動を受け入れているということになります。

　一般的には，従業員として労働力を提供するほうがリスクは低く，自分で起業するほうがリスクは高くなります。とくに，起業して新規性の高いビジネス機会を追求することは，リスクが高くなります。リスクが高い場合には，高いリターンを求めます。リスクが高いということは失敗する可能性も高いということです。だからこそ，成功したときには，大きなリターンが得られなければ，引き受けたリスクに期待できるリターンが見合わなくなります。

2　Knight［1921］.
3　Hart［1989］.

■ いつ儲かるのか

　どのくらい儲かるのかは，いつの時点の経済的なリターンを考えるのかによっても異なります。新しいビジネス機会を追求して，次の日にいきなり大金持ちになるということはありません。しかし，起業してから100年後に儲かるといわれても困ります。できれば，経済的なリターンは自分が生きている（健康でちゃんと有効な使いみちがある）うちに欲しいところです。

　スタートアップを設立して，新しいビジネス機会を追求する人は，いつ経済的なリターンを得るのでしょうか。まず，新しいビジネス機会の追求のためには準備期間が必要です。ビジネス機会についてよりよく知るためにリサーチをしなければなりません。また，どのようにそのビジネス機会を追求していくのかについての戦略も立てなければいけません。ビジネス機会についての理解をしつつ，ビジネス機会を追求するための能力も構築していかなければなりません。このプロセスでは，一切，スタートアップにはおカネは入ってきません。自分で内部調達した資金で賄ったり，外部からの資金調達でやりくりします。

　そのビジネス機会が有望そうだと考えれば，本格的に能力構築をしていきます。より大型の投資が必要になります。収入はないのに，支出は増えていくのです。スタートアップにとっては苦しいところです。この期間は，死の谷（Death Valley）と呼ばれることもあります。この段階でも，起業家が得る経済的なリターンは多くはありません。自分の給料ぐらいです。スタートアップとしては経済的なリターンはマイナスです。この期間，起業家は第5章で見てきたようにノンバンクや小規模融資をする銀行，SBIRなどの公的機関，あるいはその後のエンジェルやベンチャー・キャピタルからの資金調達に奔走します。外部からの資金調達が成功していくと，起業家が個人的に用意した内部資金を切り崩さなくてもよくなります。資金が尽きると，新しいビジネス機会の追求は道半ばで終わってしまいます。

　能力を構築するための資金調達が上手くいくとやっと一息つけます。しかし，資金調達はあくまでもスタートアップのためのものですから，起業した人の経済的なリターンが増えるわけではありません。まだまだビジネスは始まっていません。ビジネスを開始する準備を進めていきます。ここまでくると試験的なビジネスを開始するスタートアップも出てきます。ビジネスを本

格的に開始するために，追加的な資金調達もしていきます。

　ビジネスを開始して，上手くいくと売上が入ってくるようになります。ここで初めて，スタートアップに現金が入るのです。期待していたように（あるいはそれ以上に）ビジネスが拡大していくと，売上高は拡大していきます。しかし，安心してはいけません。まだまだ，経済的なリターンはマイナスです。これまでの投資をカバーするには時間がかかります。さらなるビジネス拡大のために投資が必要な場合も多いでしょう。そのために，追加的な資金調達を募ります。

　第7章で見たように，起業家やそのチームにとっては，株式を公開して上場することは，大きな経済的なリターンを得る機会となります。自分が保有している株式に市場で価格がつくからです。自分が出資した額よりも株式の価値が高ければ，それを売却することにより売却益を得ることができます。また，M&Aなどにより，自分が起業したスタートアップを売却することもあります。これによっても売却益を得ることができます。つまり，起業して，新しいビジネス機会を追求することによる経済的なリターンはここで生まれます。

　自分が設立した企業の株式を売却するということは，企業に対する所有権の一部を手放すということです。せっかく自分で構築したビジネスですから，所有権を手放したくないという起業家もいるでしょう。起業家が得る経済的なリターンは，株式の売却益だけではありません。スタートアップを設立すれば，起業家もそこから給与を得ます。スタートアップのビジネスが上手く拡大していけば，給与所得も大きくなっていくでしょう。しかし，給与所得であれば従業員として働いていても得ることはできます。起業して得られる重要な経済的なリターンは，起業家が自ら保有する株式を譲渡（売却）の際に受け取る譲渡（売却）益です。

■ 繰延報酬

　株式を売却したときに利益が出るというのはわかるけれど，スタートアップが成功すれば給料も高くなるのではないのかという疑問もあるでしょう。確かに，ビジネスが拡大していけば，給与も上がってくるかもしれません。しかし，給与所得を上げられるのは，スタートアップのビジネスが十分に成

長してからです。

スタートアップを設立した当初の給与所得は通常はそれほど大きくありません。そもそもスタートアップがビジネスを構築している段階では，利益を出すことは難しいのです。さらに，利益が出せそうであったとしても，ビジネスの規模をより大きくしたり，将来より大きな利益を上げるために，投資に回したいところです。初期の段階から給与を大きくしてしまうと，ビジネスを拡大するための投資に回す分が減ってしまうのです。

ビジネスの拡大におカネを回すためには，人件費はできれば削りたいところです。しかし，人件費が削られている企業には，優秀な人はあまり来てくれません。スタートアップにとって，優秀な人材が来てくれるかどうかはとにかく大切ですから，それでは困ってしまいます。

そのようなときに使われるのが，繰延報酬（Deferred Compensation）です。繰延報酬とは，読んで字のごとく，報酬を繰り延べて支払うものです。従業員に対して，月々一定水準の給与を支払うかわりに，将来の報酬を約束するというものです。従業員も生活をしないといけないので，実際には，給与をまったく支払わないということはありません。月々の給与の水準を抑えるかわりに，働きに見合うだけの報酬を将来に支払うことを約束するものです。退職金やストック・オプション，年金などさまざまな形態があります。繰延報酬を実施するためには，きちんとその原資が確保されていることが大切になります。そうでなければ，いくら繰延報酬を約束したとしても，従業員が不安になり，十分なコミットメントをしてくれない可能性があります。

■ スタートアップのキャッシュフローの推移

スタートアップのビジネスが生み出す経済的なリターンと，起業家が手にする経済的なリターンは必ずしも常に一致しているわけではありません。たとえば，スタートアップが将来のビジネスの拡大のために大型の投資を繰り返している段階では，そのスタートアップは累積赤字です。しかし，そのスタートアップの将来性が高く評価されれば，起業家は保有する株式を売却して大きなリターンを得ることができます。

この点に注意した上で，今度はスタートアップの経済的なリターンをキャッシュフローの観点から考えてみましょう。これを見ると，いつスター

トアップの経済的なリターンがプラスになるのかがわかります。

　キャッシュフローとは，現金の流れです。キャッシュフローは3つに分けられています。1つめは，営業キャッシュフローです。現金の流れを本業のビジネスからの流れで見たものです。これは，商品の仕入れや製造，あるいは販売などにかかわる現金の動きです。必要な人件費やその他の経費なども含まれます。営業キャッシュフローが大きければ，ビジネスからしっかりと現金を生み出せているということになります。営業キャッシュフローがマイナスの場合には，営業活動（本業のビジネス）から現金を生み出せていないということになります。そのため，手持ちの資金を減らしながらビジネスを行うことになります。

　2つめは，投資キャッシュフローです。これは，企業の投資にかかわる現金の流れです。企業が投資をすれば，現金が出ていきますから，投資キャッシュフローはマイナスになります。その反対に資産を売却した場合などには，現金が入ってきますから，投資キャッシュフローはプラスになります。

　営業キャッシュフローに投資キャッシュフローを足したものは，フリーキャッシュフローと呼ばれています。フリーキャッシュフローは，企業が自由に使える現金です。フリーキャッシュフローがプラスの場合は，手持ちの現金に余裕が出てくるので，外部からの資金調達に頼らずに投資をすることができたり，借入金を返済して，自己資本比率を高め，財務的なリスクを減らすこともできます。しかし，フリーキャッシュフローがマイナスの場合は，手持ちの現金が出ていっているということですから，資金調達をしたり，資産を売却したりする必要が出てきます。

　3つめは，財務キャッシュフローです。これは企業の資金の調達や返済などに関する現金の流れを示すものです。資金調達を行えば財務キャッシュフローはプラスになっていきますし，借入金の返済を行えば現金が出ていくために財務キャッシュフローはマイナスになっていきます。

　図表11-1は，スタートアップの成長段階での典型的なキャッシュフローを示しています。ビジネスの開発段階では営業キャッシュフロー，投資キャッシュフローがマイナスになります。まだ，実際にビジネスは始めておらず，ビジネスの準備段階ですから，手元の資金は出ていく一方です。そのため，資金調達をしていく必要があるので，財務キャッシュフローはプラス

■ 図表11-1：スタートアップの成長段階とキャッシュフロー

		開発段階	展開段階	成長段階	成熟段階
営業活動による キャッシュフロー	営業活動から生まれる現金の流れ	−	+	+	+
投資活動による キャッシュフロー	投資に伴う現金の流れ	−	−	−	+
フリーキャッシュ フロー	営業キャッシュフローから投資 キャッシュフローを引いたもの	−	−	+	+
財務活動による キャッシュフロー	資金調達における現金の流れ	+	+	−	−

出所：忽那ほか［2013］，176頁，図12.6を参考に著者作成。

になります。この段階で，資金調達ができなければ，ビジネスを続けることが難しくなります。

　開発段階が終わると，ビジネスを本格的に展開する段階になります。ビジネスをスタートするため，売上として現金が入ってきます。これが大きくなってくると営業キャッシュフローがプラスに転じます。しかし，本格的な展開のためには大きな投資が必要になるため，投資キャッシュフローはマイナスのままです。大きな投資が必要であるため，フリーキャッシュフローもマイナスのままであり，大型の資金調達が必要であり財務キャッシュフローもプラスのままです。利益が出ているのに，キャッシュフローがマイナスになっていることは企業の成長段階ではよくあります。ビジネスが成長段階にあるときには，雇用を増やしたり，マーケティング活動を増やしたり，設備投資を行ったり，成長のための支出を増やします。ここで投資を抑制してしまうと，より大きな成長を逃してしまう可能性があります。

　ビジネスの展開が落ち着いてくると，本格的な成長段階へと入ります。ここでは売上高が拡大してくるため，営業キャッシュフローが大きくなります。成長する市場で競争力を構築したり，維持したりする必要があるため，投資は必要であり投資キャッシュフローはマイナスになりますが，営業キャッシュフローのプラスが大きくなってくるため，フリーキャッシュフローもプラスに転じます。フリーキャッシュフローがプラスになってくるので，さら

なる資金調達の必要性が減ってきます。むしろ，借入金の返済などを行っていくため，財務キャッシュフローはマイナスになります。

そして，成熟段階になると，営業キャッシュフローは相変わらずプラスですが，その成長は小さくなります。さらなる投資はそれほど必要でなくなり，不要な資産を売却することもあります。そのため投資キャッシュフローもプラスに転じます。

2　経済的な報酬の大きさ

起業家が経済的なリターンを得るのは，そのビジネスをスタートさせて今後大きな拡大が見込まれるという期待が大きくなったときに保有する株式を売却するか，あるいはビジネスの拡大とともに大きくなるであろう会社から得る報酬です。もちろん，ビジネスの拡大といっても，その程度には差があります。大きなビジネスになるものもあれば，小さなビジネスにとどまるものもあります。実際には小さなビジネスにとどまるものや失敗に終わるものが多いのです。そのようなものも含めて，起業の経済的なリターンは大きいのでしょうか。

■ 大きくない経済的報酬

これまでの研究では，起業した場合の経済的な報酬はマイナス，あるいはマイナスになっていなかったとしても，起業しない場合と比べると低いことが観察されてきました。自らビジネスを始めた人たちの多くは，①初期の収入が低く，その後の収入の成長は，従業員として働く人たちよりも平均的に高いこと，②所得の大きさは平均的には，従業員として働く人と比べて高くはないことが発見されてきました[4]。

つまり，起業するよりも，従業員として働くほうが経済的なリターンは大きいのです。さらに，起業をした人が，その後，再び従業員として働いた場合には，賃金が低くなること，さらにその賃金の落ち込みは持続性があること（この研究では少なくとも5年間）などが見られています[5]。この賃金の低

4　たとえば，Brock et al. [1986], Rees and Shah [1986], Borjas and Bronars [1989]。

下の6割程度は労働時間の減少が原因なのですが，残りは，雇用する企業が起業した人に対して低い賃金率で仕事を提供していることが原因です。こうなってくると，なぜわざわざ起業するのかという疑問がさらに強くなってきます。

　しかし，これらの発見には，課題もありました。起業した人と従業員として働いている人を比べて，経済的なリターンの平均の差を検証していたのです。課題は，平均的なリターンを見ていたところです。自らビジネスを始める人の所得は，分散が大きいのです。多くの人がビジネスに失敗するものの，ごく少数の人がビジネスで大成功し，大きなリターンを得ているのです。そのような場合，経済的なリターンの平均を出しても，分散がきわめて大きいので，分析は適切ではないかもしれません[6]。

■ 非経済的な報酬

　ワシントン大学のバートン・ハミルトンは，従業員として働く人と，自分でビジネスを始めて10年間継続していた人の経済的なリターンの中央値を比べました[7]。平均値でなく，中央値というのがポイントです。平均値にしてしまうと，極端な値の影響が大きく出てしまいます。ここでの中央値とは，経済的なリターンを小さい（または大きい）順に並べて，真ん中にくる値です。また，ビジネスに失敗し，10年以下で撤退した人は除いた上での比較という点も重要です。つまり，自分でビジネスを始めた人の中に，まったく上手くいかなかった人は含まれていません。ある一定以上の成果を上げた人だけを分析しているのです。その結果は，自分でビジネスを始めた人の経済的なリターンは，従業員として働く人と比べて35％低かったのです。さらに，起業家の経済的なリターンの中央値は常に，従業員として働く人の最初の給与よりも低かったのです。つまり，自分でビジネスを始めるよりも，従業員として雇用されているほうが経済的なリターンが大きいのです。起業家は，中央値で見ても，儲からないのです。

　注意深い人は，「もしかしたら，この差は，従業員として働いた場合に低

5　Mahieu et al. [2021].

6　Rosen [1981].

7　Hamilton [2000].

い給与となってしまう低スキルの人が自らビジネスを始めており，従業員として働いた場合に高い給与を得られる人は起業を選択していないことから生じているのではないか」と考えるでしょう。しかし，ハミルトンの研究では，これを裏づけるようなデータは見いだされていません。自らビジネスを始めた人は，そのビジネスをやめ，従業員として雇用された場合に受け取れるであろう所得以下の経済的なリターンであっても，多くの場合，自ら始めたビジネスを継続していたのです。

　それでは，なぜ起業家は，自分でビジネスを始めようと思うのでしょうか。ハミルトンらは，非経済的なベネフィットが大きいと指摘しています。自分でビジネスを始めれば，すべて自分で決めることができます。嫌な上司にあれこれ指図されたり，管理されたりすることがないのです。自律的にビジネスをしたい人にとっては，これは大きな非経済的なメリットです。

　シュンペーターは，アントレプレナーは，次の3つのモチベーションによって突き動かされているのではないかと考えていました[8]。それらは，①自分の帝国を築こうという夢や意思，②征服したいという意思，そして，③創造の喜びです。ずいぶんと荒々しい感じです。スターウォーズでいえばパルパティーンのイメージです。リチャード・スウェッドバーグは，これをもう少し現代的な意味に置き換えるとすると，①自律的であることへの渇望，②成功への欲求，③モノゴトを成し遂げることの喜び，の3つになるだろうと指摘しています[9]。これらの非経済的な動機は重要な役割を担っているようです。

■ 本当に儲からないのか

　このように，起業家が期待できる経済的なリターンは平均的にも，中央値で見ても，従業員として雇用されているよりも小さいことが繰り返し見られています。つまり，起業家は，非経済的なメリットを求めて自らビジネスを始めているのではないかと考えられています。非経済的なメリットとは，上記のような自律的に働くことだけでなく，ビジネスを通して自分が思うよう

8　Schumpeter and Opie [1934].
9　Swedberg [2000].

な価値を社会に届けたいという願いや，大きな成功によって名声を獲得したいなどさまざまなものがあります。これらは，どれも経済的な合理性があるというよりも，非経済的なものです。経済的には期待できるリターンが小さいほうを選んでいるということになりますから，起業家は「クレイジー」だといわれたりすることもあります。

　しかし，最近では，起業という選択はむしろ経済的なリターンが大きいのではないかという研究も見られています。それらの研究が問題にしたのは，自らビジネスを始める人のサンプリングでした。これまでの研究では，個人事業主（セルフ・エンプロイメント）の人を，自らビジネスを始めた人と見なして分析していました。しかし，個人事業主にはさまざまに異なる人たちが含まれています。たとえば，働く時間の自由を求めて個人事業主になる人もいるでしょう。個人事業主になって追加的な収入を得るために副業を始める人もいます。それまで企業でやっていた仕事を，フリーランスとして引き受けようという人も多いでしょう。現状のやり方の踏襲を重視し，ビジネスのそれほどの拡大を望まない人もいるでしょうし，ビジネス機会をどんどん追求しようとする人もいるでしょう[10]。新しいビジネス機会を追求しようと考える人ももちろん含まれていますが，個人事業主にはそのような人だけではないのです。そのため，新しいビジネス機会を追求する起業家を分析する際に，個人事業主のすべてを分析に含めてしまうのは，十把一絡げにすぎるのです。だからこそ，平均値でも中央値でも，従業員として働くほうが経済的なリターンが大きくなるのかもしれないのです。

　これはなかなか難しい問題です。第3章でも見たように，個人事業主の中で，新しいビジネス機会を追求している人と，そうではない人を区分するのはなかなか簡単ではないのです。この問題を解決するために，アステブロらは，大学の研究者のスタートアップを分析したのです[11]。大学の研究者のスタートアップは，第10章でも見てきたように大学の研究で生み出された新規性により生じたビジネス機会を追求する場合がほとんどです。もちろん，大学の研究の成果とは関係なく，起業する研究者もいるかもしれません。し

10　この対比については，マクドナルドの創設をめぐる映画『ファウンダー　ハンバーガー帝国のヒミツ』がおすすめです。

11　Åstebro et al. [2013].

かし，そのような研究者はまれでしょう。アステブロらは，大学の研究者で起業した人の所得と，起業しなかった場合の所得を比較すればよいと考えたのです。

　この結果は，またしても，同様の結果でした。平均では大学を離れる前の所得は，SEK 39 万 7000（彼らはスウェーデンの大学を分析したので単位がスウェーデン・クローナです）であり，起業した後の年収は SEK 45 万でした。つまり，SEK 5 万の所得の増加です。これはおおよそ 65 万円です。それほど大きな額ではなさそうです。しかも，教員としての勤続年数を分析の中で統制すると，この差は統計的には有意なものではなくなるのです。新しいビジネス機会を追求しているであろう起業家に絞って分析してみても，スタートアップを設立することの経済的なリターンは平均的にはそれほど高くなさそうです。

　ただし，実は経済的なリターンはそれほど小さくないのではないかという結果を示している研究もあります[12]。カーネギーメロン大学のブラギンスキーらは，国立科学財団の SESTA（Scientists and Engineers Statistical Data System）というサイエンスとエンジニアリングにおいて博士号を取得した人々のデータを用いて，ハイテク産業における起業を分析しています[13]。起業することで得られるであろう経済的なリターンに影響を及ぼしそうな要因，たとえば，起業家の能力や起業のアイディアの質，それまでの雇用の経験，あるいは年齢などを考慮に入れて分析をしています。そこではいくつかのことが発見されています。まず，大学での研究との関連性の高い領域で起業している場合には，そうでない場合と比べると平均的に所得が高くなっていることが見られています。また関連性の高い領域で起業している人は，年齢が高く，現職での在職期間が長く，白人の割合が高いという傾向も見られています。これについて，ブラギンスキーらは，経験を積んでいる人ほど，ビジネスのアイディアの将来性について適切な評価をできる程度が高いためではないかという可能性を指摘しています。

12　ブラギンスキーらのほかに，マンソーもまた，新しいアイディアを実験的に試してみることの価値を考慮に入れると，起業に対する経済的なリターンはそれほど低くないという議論をしています（Manso [2016]）。

13　Braguinsky et al. [2012].

━ コラム⑬ 大学は中退するべきか ━━━━━━━━━━━━━━━

　大学で学んでいるうちに新しいビジネス機会を見いだす人もいるでしょう。そのような場合，大学を中退してでもそのビジネス機会の開拓を進めるべきか，ひとまずは卒業しておくのかは大学生には悩みどころです。

　スティーブ・ジョブズやビル・ゲイツらは，大学を中退して，自分でビジネスをスタートさせました。彼らは大学などに行っている暇があったら，自分で新しいことを始めたいという思いが強かったのでしょう。しかし，合理的に考えると，もしかしたら，きちんと大学を卒業しておいたほうが，よかったかもしれません。失敗したときに次の就業機会を見つけやすくなるでしょうし，十分に知識を蓄えてから起業したほうが，失敗する確率を低く抑えられたかもしれないからです。

　そこで，ドイツのカッセル大学のブエンストロフらは，大学を中退して自分でビジネスを始めた人のその後のパフォーマンスをデンマークのデータを用いて分析しました**14**。大学を卒業した人たちと比べて，中退してビジネスを始めた人たちの所得が高ければ，彼らはクレイジーではなく，むしろ，合理的に計算した期待に基づいていたといえるでしょう。もしも，大学を卒業した人のほうが所得が高い場合には，その人たちはやはりクレイジーということになるでしょう。その結果を見てみると，起業によってものすごく成功した人などの外れ値をサンプルから除くと，平均的には大学を卒業した人のほうが所得は高かったのです。ちなみにこの論文は，「Steve Jobs or No Jobs（スティーブ・ジョブズか，無職なのか）」というお洒落なタイトルで公開されています。

3　スタートアップへの投資のリターン

　これまでは起業を選択した人の経済的なリターンを見てきました。最後に，スタートアップに出資（エクイティ・ファイナンス）をした投資家のリターンを考えてみましょう。ここでの投資家は，スタートアップに対して出資（エクイティ・ファイナンスにより資金を提供）した人や組織です。スタートアップを設立した起業家やそのチームは通常自分たちの会社に出資していますから，その人たちも投資家ということになります。そのため，起業家が得る経済的な報酬を出資からのリターンに絞って見ていくともいえます。

　エクイティ・ファイナンスを行った投資家が得るリターンには，2つの経路があります。1つめの経路は，キャピタル・ゲインです。これは，投資家

---

14 Buenstorf et al.［2017］.

が保有している株式を売却することによって得られる売買差益です。自分が
投資した額よりも，その株式の価値が上がっているときに売却すれば，キャ
ピタル・ゲインが得られます。もちろん，自分が投資した額よりも，その株
式の価値が下がってしまうこともあるでしょう。そのような場合には，売却
することで（あるいは，売却できずに）損失が出ます。それはキャピタル・ロ
スといわれます。キャピタル・ゲイン（あるいはロス）は，保有している株
式を手放すときに発生するものです。保有しているときには，含み益あるい
は含み損が発生することがあります。含み益とは，自分が投資した額よりも
株式の価値のほうが高く，益がある状態のことです。反対に，投資額よりも
株式の価値のほうが低い場合には，含み損が出ているということになります。
しかし，これらの益や損が確定するのは，株式を売却したときです。キャピ
タル・ゲインは，マイナスになることもあります。しかし，もう1つの経路
である，インカム・ゲインに比べて，リターンが大きくなる可能性がありま
す。

　もう1つの経路のインカム・ゲインを見てみましょう。これは，株式を保
有していることで得られるリターンです。これは保有している株式に対する
配当金であり，インカム・ゲインと呼ばれています。配当は，株主に対する
利益の分配です。決算期末に株主名簿に載っている株主の保有株式に応じて
分配を行います。インカム・ゲインは，ゼロになることはあるかもしれませ
んが，マイナスになることはありません。

　企業は，投資家を満足させるためには，株式の価値を上げるか，配当を行
うか，あるいはその両方を行うことが必要です。しかし，スタートアップの
場合は，配当を支払うのは一般的ではありません。配当の源泉は，ビジネス
から生み出されるキャッシュフローです。スタートアップの営業キャッシュ
フローがプラスになるのはビジネスが成長し始めてからです。それまでは，
株主に配当として分配するよりも，将来のさらなる成長のために投資する重
要性のほうが高いのです。それでは，実際にどのくらいリターンを得ている
のかをインカム・ゲインを中心に見ていきましょう。

　シカゴ大学のモスコウィッズらは，アメリカにおける未公開株式に対する
リターンがどれだけあるかを分析しました[15]。未公開株式とは，その名の通
り，まだ株式を公開していない企業の株式です。未公開株式に対するリター

ンと公開株式（株式公開をしている企業の株式）に対するリターンを分析すれ
ば、スタートアップに対するエクイティ・ファイナンスから得られる経済的
なリターンがどの程度高いのかがわかると考えたわけです。

　そして、実際に分析してみると、さまざまなことがわかってきました。ま
ず、1989年から1998年という彼らの分析期間の中では、未公開株式への投
資（プライベート・エクイティ）の総額は、公開株式市場と同程度の規模だっ
たのです。かなり大きな額が未公開株式に投資されていることがわかります。
また、未公開株式へ投資をしている人は、平均して、その保有資産の70％
以上を単一のスタートアップに投資し、積極的に経営に関与していたのです。
分散的に投資しているわけではない人が多いのです。そして、未公開株への
リターンは、公開株式へのリターンよりも高くなく、ほぼ同程度であること
がわかったのです。これは驚くべき結果ともいえます。未公開株への投資の
ほうがリスクが高いと考えられるからです。つまり、リスクを考慮に入れる
と、既存企業に投資したほうがよさそうです。

　それでは、なぜ、わざわざスタートアップに投資をするのかということが
疑問になってきます。モスコウィッズらは、やはり非経済的な報酬が存在し
ているのではないかと考えています。つまり、自分のスタートアップに出資
をしている起業家やそのチームは、自らビジネスを構築していくことを重視
しているのかもしれません。あるいは、そこに投資をする投資家は、スター
トアップの生存確率に対する過度の期待を持っているのかもしれませんし、
成功したときのきわめて大きなリターンを期待しているのかもしれません。

　リスクが大きく、リターンがそれほど高くないにもかかわらず、自分の資
産の大部分を1社の未公開株式（ほとんどは自分の会社）に投資をしている
という現象は、プライベート・エクイティ・プレミアム・パズル（Private
Equity Premium Puzzle）と呼ばれています。モスコウィッズらの研究以降、
このパズルについての研究が積み重ねられています。

　たとえば、ドイツの調査ではリスク許容度が高い人ほど未公開株式への投
資を増やすことが見られており、プライベート・エクイティ・プレミアム・
パズルは投資家（多くの場合はスタートアップの起業家）のリスク許容度の高

---

15 Moskowitz and Vissing-Jørgensen [2002].

さが原因なのではないかと議論している研究もあります[16]。

また，モスコウィッズらと同じデータを使って，分析期間を広げた研究もなされています[17]。そこでは，分析期間を 2010 年代にまで延ばしてみても，未公開株式への集中的な投資が見られています。ただし，プライベート・エクイティ・プレミアム・パズルは期間によっては成立していないことも発見されています。1999 年から 2010 年にかけては未公開株式に対するリターンは 16.5％であったのに対して，公開株式に対するリターンは 9.2％となっていました。つまり，未公開株式に対するリターンのほうが平均的に公開株式に対するリターンよりも高かったのです。起業のリターンについてはまだまだ議論がされているホットな領域です。

4 本章のまとめ

本章では「起業すると儲かるの？」という点を中心に考えてきました。本章で見てきたように，起業家に対する経済的なリターンを分析するのはそれほど簡単ではありません。まず，起業家を特定しなければいけません。多くの研究は，セルフ・エンプロイメントの人を起業家として考えて分析をしています。しかし，セルフ・エンプロイメントにはさまざまな人が含まれます。新しいビジネス機会を追求している人ばかりではないのです。そのために，分析単位を大学の研究者に限ったり，未公開株式へのリターンを見てみたりしているのです。

そこで概ね見られていることは，平均値あるいは中央値で見てみると，起業家に対する経済的なリターンはそれほど高くないということです。起業家は自らの事業へのリターンに対して楽観的であり，過剰な期待をしているのかもしれません。だからこそ，（良い意味で）クレイジーだといわれたりするのです。

また，これは，起業するという選択には，非経済的な動機が重要になっているということを示唆しています。非経済的な動機というのは，自分のやり

---

16 Fossen [2011].
17 Kartashova [2014].

方でビジネスをできる（自律性や独立性），ビジネスを通じて自分が重要だと考える価値をつくり出す，成功したときの名声や社会からの称賛を得られるなど，さまざまなものがあるでしょう。今後は，経済的なリターンの推計を精緻化していくとともに，この非経済的な動機の深堀りが求められるところです。

　これは，スタートアップを促進する政策を考える上でも大切です。もしも，起業家の多くが経済的なリターンに対する期待を第 1 に考えているとすれば，経済的なリターンを増やすような政策が大切になるでしょう。もしも，非経済的な動機が強いのであれば，いくら経済的なリターンを増やすような政策をとっても，効果は限定的です。非経済的な動機が具体的になんであるのかを分析した上で，それに対して効果が出るような政策立案が必要になります。

　皆さんの周りにもなんだかよくわからないけれど，ある信念や自信（時には過信かもしれません）を強く持っている人や大きな社会的意義を（勝手に）感じている人がいるかもしれません。そういう人をマネジメントするのはなかなか難しいのですが，そういう人（の一部）こそがイノベーションの担い手であり，経済を駆動させる原動力なのです。

もう一歩詳しく知るためのリーディング

　本章で見てきたように，起業家がクレイジーかどうかを考える上では，起業した場合の所得と企業で雇用されて得られた所得の比較が行われてきました。しかし，それはあくまでも結果です。どれだけクレイジーかどうかは，生の声を聞いてみたいところでもあります。日本の起業家が構築している自分のビジネスについて生の声を聞かせてくれる次の本はおすすめです。起業家のどこがクレイジーで，どこはクレイジーではないのかを（生存バイアスには気をつけて）ぜひ考えてみてください。

⇨ 堀新一郎・琴坂将広・井上大智 [2020]，『Startup：優れた起業家は何を考え，どう行動したか』ニューズピックス。

　スタートアップに資金を投じるエンジェルは，成功した起業家や富を築いて第一線からはすでに引退した人，というイメージがあるかもしれません。起業家の夢の実現のために，資金や専門知識を提供してくれるまさに

天使のような存在です。しかし，アメリカにおけるエンジェルたちを分析したスコット・シェーンは，そのようなエンジェル像は幻想だということを示してくれているとともに，エンジェル投資活性化のための方策も議論しています。残念ながら日本語の翻訳は出ていないのですが，その期待込みでおすすめです。

⇨ Shane, Scott [2008b], *Fool's Gold?: The Truth Behind Angel Investing in America*, Oxford University Press.

第12章

アントレプレナーシップが高い人の特性

■■ この章を読み進める前に

■ 具体的な起業家を 5 人挙げ，その人たちに共通の個人的な特徴を説明
してください。

■ 上記の起業家に共通の個人的な特徴は，どのような条件の下で，最も
上手く機能するでしょうか。あるいはどのような条件では，上手く機
能しないと考えられるでしょうか。

　　アントレプレナーシップの程度が高い人はどのような人
でしょうか。有名な起業家を見てみると，なんとなく共通
の特徴があるような気もしてきます。共通点がわかれば，
アントレプレナーシップの高い人を選別して採用しようと
思えばできるかもしれません。もしかしたら，個人のアン
トレプレナーシップを促進する教育ができるかもしれませ
ん。

　　どのような人のアントレプレナーシップが高いのかは，
これまでの研究でもホットな話題の 1 つでした。これまで
の研究は，個人的な特性（たとえば，性別や年齢，あるい
は心理的な特徴）と社会的な資本（たとえば，家庭環境や
ネットワークなど）という 2 つの側面から分析されてきま
した。この章では個人的な特性を，そして，次の章では社
会的な資本の側面を見ていきましょう。

1　性　別

女性と男性の起業家の比率は，地域や国によって異なります[1]。女性の起業家の数は増加していますが，世界の多くの地域では，男性の起業家が女性の起業家を数でかなりの程度上回っています。

また，収益性や成長性などのパフォーマンスにおいても，男性起業家が女性起業家よりも優れていることも見られています。女性の起業家のほうがビジネスの規模が小さく，成長性が低く，外部からの資金調達も小さいという点は発展途上国，新興国，あるいは先進国の間でも共通に見られています。なぜこのような差が出るのでしょうか。性別は生来の個人的特性のように考えられることもありますが，実は社会のあり方がその特性を規定してきたと考えられるようになっています[2]。

■ 不利な立場にある理由

女性が男性に比べて新しいビジネス機会を追求する程度が小さいということは，女性がそれを望んでいない，あるいは，女性が不利な立場にあるのではないかということになります[3]。たとえば，ビジネスの教育や経験を積む機会が制限されているのかもしれません。ビジネス機会を開拓する上で必要な経営資源へのアクセスが限定的なのかもしれません。また，法的な環境も，女性の起業家にとって不利に働いている要因となります。たとえば，法的な枠組みによって，相続などの資産移転や婚姻規則などが女性にとって不利な場合などです。フォーマルな制度としてそのような不利なものがなかったとしても，暗黙的な社会的な規範によって制約を受けていることもあります。そもそも女性の起業家が少なかったということ自体が，女性の起業家にとっての制約の1つでもあります。女性のロールモデルとしての起業家の少なさ

---

[1]　Kesting and Jaeger [2013].

[2]　性のあり方は，法律上の性別として分析されてきましたが，自分の性別の認識や性的志向などさまざまな要素に分解できます。この点とアントレプレナーシップとの関係については，これからの研究が期待されるところです。

[3]　Fischer et al. [1993].

が，スタートアップの創業者における女性の割合の小ささの理由であるという実証結果もあります[4]。

　カナダのサンプルでは，男女のパフォーマンスの差は，ビジネスの選択が原因になっていることがわかっています[5]。女性の起業家でサイエンス型のスタートアップを起業する人は少なく，最終消費財やサービス分野で労働集約的なビジネス（たとえば，飲食店や小売店，ネイルサロンなど）を選択する傾向があるのです。これは，男女の起業家の間の収益性や外部からの資金調達の違いの原因の1つでしょう。また，これは男女の間での教育やトレーニングの差を反映しているのかもしれません。多くの国で理学部や工学部では男性の学生のほうが多く，人文社会科学など人間の行動やコミュニケーションを学ぶ学部では女性の学生のほうが多いのです。

　女性が不利な立場におかれているという考え方の中で，中心的な見方は，社会的な役割期待というものです[6]。これは，人々の行動は，社会的に期待される役割によって変わると考えるものです。その社会的に期待される役割は，既存の社会的な分業を背景にしています[7]。性別によって，アントレプレナーシップの程度が違うのは，社会的に期待される役割が異なっているからだと考えるわけです。

　たとえば，親の面倒を見るのは長男であるとか，男性には経済力を期待するとか，女性は料理が得意であってほしいといった役割期待です。ビジネスによって家庭を支えるという役割は，男性により期待されてきたのかもしれません。女性には家庭生活や育児という役割を積極的に担うことが期待されてきた社会では，女性がビジネスを行うことの障壁は大きいものとなります。

　実際，男性は，スタートアップを起業した人も起業していない人も，経済的な成功とイノベーションを，女性よりもより重要だと考えていたこともわかっています[8]。また，セルフ・エンプロイメントの女性の所得は，結婚や家族が多くなるにつれて減っていくことが観察されています[9]。それに比べ

4　Rocha and van Praag [2020].
5　Menzies et al. [2006], Paré and Therasme [2010].
6　たとえば，Jennings and Brush [2013]。
7　Eagly [2013].
8　Carter et al. [2003].

て，セルフ・エンプロイメントの男性の所得は，結婚や家族の増加によって
増える傾向があります。

　キャリアアップや新しいビジネス機会の追求のために起業する女性もいる
一方で，家庭との両立のために専門的ではない自営業を始める女性も多いの
です。2005 年に Eurostat が EU15 カ国の起業家を対象に行った調査による
と，起業の動機として，家庭生活や育児の責任と仕事を両立できることを挙
げる女性は，男性よりもはるかに多かったのです[10]。女性は男性に比べてビ
ジネスにおける労働時間が短く，育児や家事をより多くこなすことが見られ
ています[11]。これは男女で起業（あるいはセルフ・エンプロイメント）を選択
する動機が異なっていることを示しています。女性は柔軟な労働時間がより
重要な動機になっていることが窺えます。

　また，ビジネスや起業は男性的な言葉で表現されることが多く，女性的な
資質の起業家にはふさわしくないと考えられていることもあるでしょう[12]。
これまでのアントレプレナーシップの程度が高い人の一般的なイメージは，
エネルギッシュ，アグレッシブ，リスク愛好的，自己啓発的などであり，ど
ちらかといえば，男性的なイメージが付与されてきたといえます。実際に起
業家に対するイメージを調べる実験を行ったところ，被験者は，通常のビジ
ネスを行う起業家や，高い水準の成長を遂げた起業家のイメージを男性的と
し，社会起業家や成長性が低いビジネスの起業家を女性的なイメージでとら
えていることが明らかにされています[13]。また，性差別的な態度が，性別に
よる組織的地位への適性に対する信念に影響を与えているという点も議論さ
れています[14]。もしも，ビジネスには男性のほうが適していると考える人が
多ければ，女性がリーダーになったときに男性の場合よりも懐疑的な目が向
けられることになります。起業家が資金調達を行うときにも，これは障壁に
なるでしょう。現在では，露骨に性差別的な態度を示すことは少なくなって

9　Hundley [2000].
10　Eurostat [2005].
11　Verheul et al. [2009].
12　Ahl [2006].
13　Gupta et al. [2019].
14　Ryan and Haslam [2005].

いるかもしれませんが，まだまだそれは暗黙的であったり隠れて存在している可能性があります。

このような性別による役割期待は徐々に小さくなっているのかもしれませんが，まだまださまざまなところで存在しています。このような社会的な役割期待が強い場合には，新しいビジネス機会を追求するプロセスにおいて，女性は「ガラスの天井」に直面し，男性は「ガラスのエスカレーター」の恩恵を受けることになります[15]。

2　年　齢

アントレプレナーシップと年齢の関係はどうでしょうか。第4章でも見たように，若い人にアントレプレナーシップの程度が高い人，あるいは若い人のほうが将来，起業してみたいと考える人が多いことは，繰り返し観察されています[16]。

なぜでしょうか。若い人のほうがリスクに対する許容度が高いという可能性があります[17]。スタートアップは，マクロ経済的なショックに敏感です。年齢を重ねるとともに多くの人は人生設計が進んでいきます。生活スタイルも決まってきます。ローンで家を買う人もいるでしょうし，子どもの学費が気になるかもしれません。そのため，大きな変動は避けたいところです。だからこそ，成果の分散がとても大きい新しいビジネス機会の追求はしにくいのです。

また，第4章で見たように，スタートアップと就職を希望する人のマッチングという点からの説明もあります。若い人の生産性は分散が大きく（とびぬけて優秀な人もいるけれど，まったく優秀でない人もいる），平均的にベテランのビジネスパーソンよりも生産性は低くなります。これは，まったくビジ

---

15 最近ではガラスの天井を打ち破りつつあるものの，リーダーとしての役割を担っていくときにガラスの崖に直面しているという研究もあります（Ryan and Haslam [2005]）。

16 Ouimet and Zarutskie [2014], Lévesque and Minniti [2006], Praag and Ophem [1995].

17 たとえば，Vroom and Pahl [1971], Hensley [1977]。

ネスに向いていない人は競争において淘汰されていくので，ベテランとして働いているビジネスパーソンは働きだして間もない若い人と比べると相対的に生産性が高くなるためです。スタートアップも同じです。競争で淘汰されずに生存してきた既存企業と比べると，スタートアップの平均的な生産性は低いのです。そして，生産性の高い優秀な人材から雇用しようと考える企業と，できるだけ有望で生産性の高い企業を選びたいと考える就職を希望する人の間でのマッチングを考えると，生産性の高い優秀な人材は有望で生産性の高い企業とマッチングすることになります。生産性の低い企業は，相対的に生産性の低い人材しか採れないのです。だからこそ，スタートアップには若い人が多くなるのです。

　現在では，シニアのビジネスパーソンと比べると，若い人のほうがアントレプレナーシップの程度が高いことは確認されていますが，「シニアはやっぱりダメだ」と判断する前に，最後に1つ注意点があります。現在，若い人のアントレプレナーシップが高いとしても，それは現在の若い人にとって新しいビジネス機会を追求しやすい環境が整っていることを反映しているだけかもしれないのです。ある一時点で若い人と加齢が進んでいる人のアントレプレナーシップを比べるのではなく，同じ人のアントレプレナーシップが時系列でどのように変化していくのかを分析したいところです。年齢の効果は，その環境の効果と切り離して考えなくてはならないのです。世代によって受けた教育や持っている価値観も違うでしょう。さらにそれぞれの年齢で直面している環境も違います。実際に，新しいビジネス機会を追求するために企業を設立した起業家をアメリカの月例の人口動態調査（Current Population Survey）で見た研究では，世代によってその影響は異なることが見いだされています[18]。そこでは，1965年から1979年生まれの人は，40代にかけてアントレプレナーシップは低下する傾向が見られたのに対して，アメリカの団塊世代（1946年から1964年生まれ）では低下傾向は見られていません。ただ，63歳から70歳になると，団塊世代の人たちにアントレプレナーシップの低下が見られています。

18　Zhang and Ács [2018].

‑‑ コラム⑭　**高齢化社会と年功序列はまずい組み合わせ** ‑‑‑‑‑‑‑‑‑‑‑‑‑‑‑‑‑

　先進国の多くで高齢化が進んでいます。日本はその代表選手です。少子高齢化が進むということは，労働力が減少することを意味しています。もちろん，定年が延長されたりと，高齢化社会になれば，働く人の平均年齢も上がります。これはどのようにアントレプレナーシップに影響するのでしょうか。

　もしも，加齢とともにアントレプレナーシップの程度が下がっているとすると，高齢化社会では新しいビジネス機会は追求されにくくなります。実際に，大きなブレークスルーは若い人材から生み出されることが観察されてきています。若い人は，その領域でも新参者なので，既存の固定概念などに縛られることも少ないでしょうし，既存のパラダイムの利害関係者も存在しません[19]。若いからこそ新規性の高いアイディアも出てくるでしょうし，新しいビジネス機会をつくり出せるかもしれません。

　しかし，若ければ，ビジネスの経験が乏しくなるという側面もあります。人々は職務を通じたトレーニング（オン・ザ・ジョブ・トレーニング）や経験などによって，人的な資本を獲得していき，それが生産性や所得に影響すると考えられています[20]。

　そのため，年齢とアントレプレナーシップの間には逆Ｕ字の関係があるのではないかと考えられています（図表12-1）。若いときには，固定観念や既存の利害関係などに縛られることなく，新規性の高いアイディアを生み出すことができるかもしれません。しかし，アイディアの新規性が高かったとしても，それが新しいビジネス機会として成立するかどうかはわかりません。それを判断するためには，ある程度の知識や経験が必要になるでしょう。しかし，加齢によってどうしても，新規性の高いアイディアはなかなか出なくなってきてしまいますし，新しいビジネス機会を追求するためのエネルギーも小さくなってきてしまうで

■ 図表 12-1：年齢とアントレプレナーシップ ■

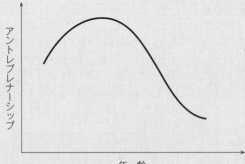

出所：著者作成。

しょう。

ある国の労働人口の年齢は，その国のアントレプレナーシップに影響する可能性があります。高齢化が進むと，職場にはシニアの人材が多くなります。その結果，若い人がスキルを身につけるチャンスが減ってしまうのです。反対に，労働人口の平均年齢が若い場合には，若い人材が早くに知識や経験を身につけるチャンスに恵まれることになります。

そこで，北京大学のジェームズ・リアンとスタンフォード大学のエドワード・ラジアーらは，Global Entrepreneurship Monitor のデータを用いて，実際に労働人口の年齢とアントレプレナーシップの間にはどのような関係があるのかを分析しました[21]。この研究では，国の労働人口の年齢が低いと，アントレプレナーシップの程度が上がることが示されています。どの年齢層においても，労働人口の年齢が高いとアントレプレナーシップの程度は低かったのです。

注意が必要なのは，これは高齢化が進むと，アントレプレナーシップの程度が下がるという単純なものではありません。働く人のスキルの形成の問題であり，それは組織のマネジメントのあり方にも依存しています。もしも，労働人口の高齢化が進む中で，年功序列的なマネジメントがなされている場合には，若い人が重要な意思決定にかかわる機会が少なくなってしまいます。その場合，その組織のアントレプレナーシップは低下することが十分に予測できます。もしも，若い人材にどんどん重要なビジネスの経験を積ませるような組織の場合には，その組織のアントレプレナーシップは高い水準になると考えられます。

この点からすると，高齢化社会になればなるほど，若い人に権限移譲をすることが重要だということになりそうです。これは最新のスキルをビジネスに活用する点からしても大切そうです。年齢が進んでくると自分自身に対する投資をする人が少なくなってきます。たとえば，20 代から 30 代で MBA に行こうかなと考える人は多いでしょう。しかし，60 代になって MBA でスキルのアップデートをしようという人は，多くはありません。これは，投資を回収する期間が短いからです。20 ～ 30 代であれば，あと 40 年程度はおそらく働くわけです。自分に対して大きな投資をしたとしても，その 40 年間で回収していけば良いのです。しかし，60 代になってくるとタイムスパンがずいぶん違います。これからさらに 40 年働くと考えている人は少ないでしょう。投資の回収期間が短いので，自分に対して大きな投資をするインセンティブが小さいのです。

高齢化社会になってくると，自分自身に対して投資をする人が少なくなってく

---

19 科学史家のトーマス・クーンも，パラダイム・チェンジにつながるようなアイディアは，若い人によってもたらされることが多いことを指摘しています（Kuhn [1962]）。

20 Becker [1962].

21 Liang et al. [2018].

るのは当たり前です。しかし，新しい知識が次々と生み出されてくるような場合は，自分に投資をしていかなければ，すぐに自分のスキルは陳腐化してしまいます。高齢化社会においては，若い人は周りのシニアの人が自分に投資していないからといって，それに倣って自分も自分に対する投資をしないでいると，とてもまずい状況になります。高齢化社会だからこそ，自分自身に対して大型の投資を行い，最新のスキルを身につけた人を登用することが重要になりそうです。

3 不確実性に対するストレス耐性

　新しいビジネス機会を追求するのには，不確実性がつきものです。しかし，不確実性はなかなか困ったものです。不確実性が高いと，どうしてもストレスがたまります。そのため，新しいビジネス機会を追求する人は，ストレス耐性が強くなければ困るかもしれません。

　この不確実性に対するストレス耐性に影響を与える1つの要因として，ホルモンの分泌が関係しているのではないかと考えられるようになっています。とくに注目されているのは，男性ホルモンの1つであるテストステロンです。テストステロンの分泌が大きいと，アグレッシブになったり，食事の量が多くなったりすることはこれまでさまざまな動物でも見られてきました。最近になって，人間のリスク・テイクの程度も高くなることが観察されているのです[22]。たとえば，18歳から23歳の男性を対象にした実験では，テストステロンの分泌と投資行動におけるリスク・テイクとの間に正の相関が見られています[23]。

　テストステロンは，唾液や血清などから測定できますが，最近では，手の人差し指と薬指の長さの比率からの測定が，測定の簡便さから注目されています。図表12-2のように，人差し指の長さを薬指の長さで割ります。医学用語では，人差し指は第二指，薬指は第四指と呼ばれています。そのためこれは2D：4D比率と呼ばれています[24]。この比率は，子宮内でのテストステロンへの曝露に影響されると考えられています。つまり，後天的なものでは

22　Apicella, Carré, and Dreber. [2015].

23　Apicella et al. [2008].

24　レビューについては，Manning [2002] がおすすめです。

■ 図表 12-2：2D:4D 比率

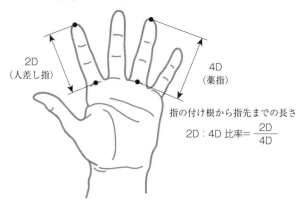

2D
（人差し指）

4D
（薬指）

指の付け根から指先までの長さ

$$2D：4D 比率＝\frac{2D}{4D}$$

出所：著者作成。

なく，出生前に決まるものです。

　この比率が小さくなれば（つまり，薬指が相対的に長くなれば），不確実性に対するストレス耐性が強いというのです。とくに男性ではリスク・テイクの程度が大きくなることが見られています[25]。2D：4D 比率が小さくなると，リスクをとりやすくなるだけでなく，ロスの回避能力が低下することも観察されています[26]。年齢とともにリスク・テイクの程度が低くなるのは，加齢とともにテストステロンの分泌が小さくなることと関連があるのではないかとか，男性よりも女性のほうがリスク・テイクの程度が高いのもテストステロンの分泌量に関係があるのではないかと考えられ，研究が進められています。まだ，それほど頑健的な結果は得られていませんが，被験者にテストステロンを投与して，リスク・テイクの程度を調べたり，リスクを得られるもの（Gain）と失うもの（Loss）に分けて分析をしたりしています。

　しかし，2D：4D 比率とリスク・テイクの関係性については，明確な関係を見いだしていない研究もあります。たとえば，白人とアジア人をサンプルとした調査では，リスク・テイクとの間に関係が見られていません[27]。

　また，リスク・テイクしやすい人の生得的な特徴がわかったとした場合の

25　Stenstrom et al.［2011］.

26　Hermann［2017］.

27　Neyse et al.［2020］.

注意点があります。そのような特徴が明らかになったとすれば，イノベーションを生み出したいと考える企業にとっての次のポイントは，そのような人たちを集め，新規性の高いプロジェクトに配置することになります。しかし，テストステロンの分泌のように個人が意識してコントロールできない特徴によって異なる処遇をするとすれば，それは差別的なものになります。

さらに，リスクをとる傾向が強い人だけを集めたとしても，上手くビジネス機会を追求できるとは限りません。イケイケどんどんの人ばかりで構成される組織が高いパフォーマンスを上げられるわけではありません。リスク愛好的な人が，リスク回避的あるいはリスク中立的な人と比べて能力が高いとも限りません。リスク回避的あるいはリスク中立的な人の中にもビジネスの新しいチャンスを見いだす人はいるでしょう。だからこそ，特定のリスク選好を持つ人だけでなく，多くの人がチャレンジしやすい仕組みを用意することは大切です。

4 心理的な特性

新しいビジネス機会を追求するアントレプレナーには，共通の特徴があると考えられています。確かに，起業家と呼ばれている人たちには，積極的，野心的，エネルギッシュ（妙に元気）といったイメージがあるのではないでしょうか。

アントレプレナーシップの程度が高い人はどのような人かという点を，心理的な特性から明らかにしようという試みは，アントレプレナーシップ・オリエンテーション（EO：Entrepreneurship Orientation）と呼ばれています。これまでのアントレプレナーシップ・オリエンテーション研究で主に分析されてきたのは，新しい組織を設立してビジネス機会を追求するという人の心理的な特性です。

■ 起業への内的な動機づけ

起業家的なキャリアを歩みたいと考える人もいれば，そのような志向性が低い人もいるでしょう。起業という選択に影響を与える要因として，まず内的な動機づけが存在しています。起業家的なキャリアを歩む人の内的動機づ

けとしては，次の3つのポイントがあります。

（1）自律性への欲求

自律的に仕事をしたいという人はいるでしょう。組織的な制約があったり上司から細かく管理されるのを好まなかったり，自分で設定した目標を，自分のやり方で進めたいと思う人です[28]。このようなに自律的に仕事をしたいという志向性が高い人は，起業家的なキャリアを選択する傾向が大きくなります。

（2）達成への欲求

達成感は誰にとっても大切です。しかし，これをとくに渇望している人もいます。何かをやり遂げたいという欲求が強い人です。この欲求の大きさは，起業に影響を与える個人的な特性の1つだと考えられています[29]。達成欲求の高い人は，自分で目標を設定し，自らのやり方でそれをやり遂げたいと考えています。

（3）支配への欲求

コントロールされることを嫌う人もいる一方で，コントロールしたいという欲求を強く持っている人もいます。自分を含めて，多くのモノゴトを自分のコントロールの下におき，仕事を進めたいという欲求は人さまざまです。この欲求の強さも起業の重要な要因になると考えられています[30]。

■ 起業への資質

起業に対して内的な動機づけを高めるような心理的な特性を持っていたとしても，起業家としての資質がないと感じれば，起業を選択する人は少なくなるでしょう。起業家の心理的な特性上の資質については，さまざまなものが指摘されていますが，代表的なものは次の6つです[31]。

（1）自己効力感

自己効力感は，「自分は成功させることができる」という自己認識の強さです。内的な動機づけが強かったとしても，自己効力感が小さければ起業と

28　Schein［1990］.
29　McClelland［1961］.
30　Rotter［1966］.
31　Hornaday［1982］, Gartner［1989］.

いう選択をする傾向は小さくなります[32]。自己効力感が高い人は，自分のアイディアに対する自信が強く，それを実現するために多くの時間や努力を投入します。

(2)　リスク許容度

新しいビジネス機会を追求することは，高い水準のリスクを伴います。リスク許容度の低い人は，そのような高いリスクをとることを避けるため，起業家的なキャリアを選択する傾向が小さくなります。その反対にリスクの許容度が高い人は，リスクが高いと考えられているビジネス機会でも追求する傾向が高くなります[33]。

(3)　創　造　性

新しいビジネス機会を認識し，それを開拓，追求していくためには，新規性が大切です。そのために，創造性も起業家の重要な資質の1つであると考えられています。創造性とは，簡単にいえば，新しくてしかも有用なものを構想する力です。また，創造性が高い人は，それを活かして，何か新しいものをつくりたいという動機も強くなると考えられています[34]。

(4)　積　極　性

積極性とは自分から主体的に行動することを好む程度です。受動的な性格な場合には，なかなか新しいビジネス機会を開拓していくのは難しいでしょう。何か変化が起きてからそれに対して反応するのではなく，むしろ先に自らが変化を起こすことを好む程度と，起業家的なキャリアを歩む傾向の間には相関関係があると考えられています。

---

[32]　Bandura [1977].

[33]　Fairlie and Holleran [2012], Brockhaus [1980].
　　　企業家と一般的なマネージャーや従業員では，リスク，あるいは不確実性に対する態度がどれだけ異なっているのかを実験で分析した研究があります。その研究では，①リスク回避的，②損失回避的，そして，③不確実性回避的という3つの側面に注目しています。そこでわかったのは，企業家はリスク回避的ではないという自己認識を持っていたにもかかわらず，実験でそれ検証してみると，企業家と一般的なマネージャーや従業員の間ではほとんど差が見られなかった，ということです。差があったのは，損失回避的な傾向だけだったのです。企業家のほうが損失回避的な傾向が小さいことが見られました（Koudstaal et al. [2016]）。

[34]　Schein [1990].

(5)　競　争　性

　競争を好む程度も，起業家的なキャリアの選択に影響を与えていると考えられています。日本語で競争的というと良い意味で捉えられることは多くないかもしれません。人を蹴落としたり，勝利のために手段を選ばないといったイメージもあるかもしれません。しかし，英語では，成功や他よりも優れているということを証明するために努力を惜しまないというような意味で用いられ，競争的であることにそれほど悪いイメージはありません。

(6)　忍　耐　力

　新しいビジネス機会を追求するプロセスには，失敗がつきものです。そのため，目的を達成するためには，根気や忍耐力が必要になります。上手くいかなければ第7章で見たようにやめるか，ピボットするということになります。根気や忍耐力の強さは，起業家的なキャリアを継続できるかどうかに影響すると考えられています。

　図表12-3は，これらの要因をまとめたものです。ここで注意が必要なのは，これらの要因の間の関係についてです。まず，それぞれの要因はそれぞれ完全に独立なものとは限らないという点です。たとえば，積極性の高い人は，競争性も高いかもしれません。また，自己効力感は強いけれども，忍耐力が弱い人がいた場合に，アントレプレナーシップはどのようなものになるのかという点もまだよくわかっていません。

　また，心理的な特性という観点ではなく，認知的なバイアスとして考えられてきた要因もあります。これは楽観主義です。第11章で見たように，起業に対する経済的なリターンはそれほど大きくなさそうです。ということは，起業をする人は，経済的なリターンに対して，過度の見積もりをしている可能性があります。楽観主義的な人が起業家には多いのではないかと考えられたのです。これは，期待できる成果に対する認知的なバイアスです[35]。

　しかし，これは前章で見てきた起業に対する経済的なリターンの推定にも依存します。経済的なリターンがそれほど大きくないということになれば，

35　認知的なバイアスは，証券アナリストや投資家，さらにはCEOなどさまざまな人たちの意思決定において見られてきました（Werner and Thaler［1990］，Kahneman and Tversky［1979］，Odean［1998］，Malmendier and Tate［2005］）。また，Kahneman［2011］は認知的なバイアスをわかりやすく解説しています。

■ 図表 12-3：アントレプレナーシップ・オリエンテーション ■

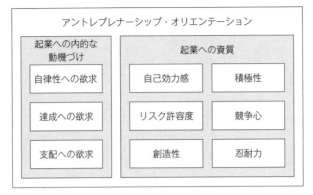

出所：著者作成。

認知的なバイアスがあるのではないかということになります。その反対に，大きな経済的なリターンが実際に存在しているということであれば，認知的なバイアスがないということになります。

　大学発のスタートアップを分析したところ，過度の楽観主義は見られないという研究もあります[36]。この研究でも，スタートアップの創業者たちは，既存の企業よりも上手くいかない開発に長期間努力投入することが見られています。これは起業家の過度の楽観主義的な傾向と一致するものです。しかし，長期的にスタートアップの動向を追っていくと，サンプルの多くが既存企業に買収された後に十分な経済的なリターンを得ていることがわかりました。このことから，過度の楽観主義があるとはいえないというわけです。

■ 個人の特性研究の進化と批判

　これまで見てきたように，アントレプレナーシップの程度の高い人に共通する個人的な特性については研究が進められてきました。これはある特性を持った人たちが新しいビジネス機会を追求する傾向が高いと考えるもので，特性アプローチと呼ばれたりしています。このアプローチの研究は，大きく3つの方向で修正がなされてきています。

36　Lowe and Ziedonis［2006］.

1つめは，起業をもう少しきちんと分類して考えようというものです。起業家的なキャリアや新しいビジネス機会を追求するといっても，その内容はさまざまです。スタートアップを設立する人もいるでしょうし，既存企業の中で新しいビジネス機会を追求する人もいます。ビジネス機会を次々と開拓する連続的な起業家（シリアル・アントレプレナー）と呼ばれる人もいますし，じっくりと1つのビジネス機会を追求する人もいるでしょう。特性アプローチの多く（アントレプレナーシップの研究の多くといってもよいでしょう）が見ているようなセルフ・エンプロイメントか従業員として雇用されて働くか，あるいは起業している人としていない人といった区分は，満足できる分け方ではありません。そのため，起業家的なキャリアや新しいビジネス機会の追求をいくつかに区分し，それぞれにどのような特性が重要になるのかの探索がなされています[37]。

2つめは，これまでに見てきたような特性は，実は文脈依存的なのかもしれないという考えに立脚するものです[38]。たとえば，高い水準のリスク許容度が起業家的な選択と結びついているのは，流動性制約が大きいという文脈に依存しているからかもしれません[39]。流動性制約が大きい状況であるからこそ，リスクを許容できる人が起業しやすいのかもしれないのです。流動性制約が小さい場合には，リスク許容度が低い人でも起業を選択しやすいはずです。図表12-4のように，環境条件や組織的な条件が個人的な特性と成果の間の関係をどのように条件づけているのかが探られています。いくら起業家的な特性を個人として持っていたとしても，それが上手く成果に結びつくかどうかは，その人が直面している状況やその人が働いている組織の状況に依存しているはずなのです。どのような条件があると，個人的な特性は上手く機能するのか（あるいはしないのか）が探索されてきています。

さらに，個人の特性というよりも，新しいビジネス機会を追求するプロセ

---

37 Chell et al.［2008］.

38 Wiklund and Shepherd［2003］，［2005］，Lumpkin and Dess［2001］などはEOが効果を発揮しやすい文脈を探ったり，EOが特定の変数間の関係のモデレーターとして効果を発揮する場合などを検証している代表的な研究です。

39 流動性制約についてさっぱり忘れたという高い水準の忘却特性を持つ人は，第2章に戻ってください。

■ 図表 12-4：アントレプレナーシップ・オリエンテーションと環境・組織の条件 ■

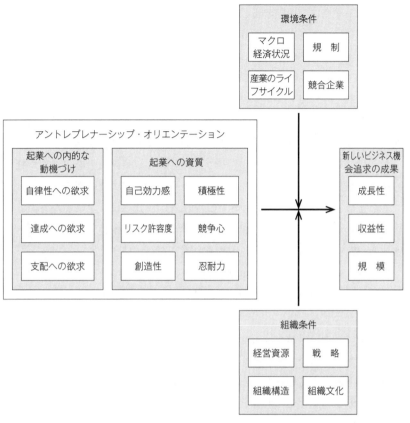

出所：Lumpkin and Dess［1996］，を参考に著者作成。

スにおける特定の行動に焦点を当てる分析も出てきています[40]。これは行動アプローチと呼ばれています。最近では，アップル・コンピュータのスティーブ・ジョブズやアマゾンのジェフ・ベゾス，デルコンピュータ（現デル・テクノロジーズ）のマイケル・デルなどの社会に大きなインパクトを与えたと考えられている企業家の情報を集める際の行動の特徴（質問の仕方，観察の仕方，仮説の検証，アイディアのネットワークなどのあり方）が新規性の高い製品やサービスにつながっているという研究もなされています[41]。

40　Gartner［1989］.

　最後のポイントは，個人的な特性（少なくともその一部）は生来的なものなのかという点についてのものです。生来的な能力というのはあるでしょう。誰もがトレーニング次第で100メートルを9秒台で走れるようになったりはしません。やはり，生まれ持った才能というものはあります。

　もしも，アントレプレナーシップに影響を与える特性が生来的なものであるとすれば，教育でアントレプレナーシップの程度を高めるということはほぼできないということになります。できることは特性が高い人と低い人を選別するだけです。差別的な選別に結びついてしまう可能性があります。

　さらに，個人の特性や行動の特徴が，新しいビジネス機会を追求した経験の産物として身についたものなのか，もともと備えていた特徴なのかを区別することはとても難しいのです[42]。前述の2D:4D比率は，生来的な特徴といえます。しかし，あくまで不確実性に対するストレス耐性であり，アントレプレナーシップに直接影響するものとは考えられていません。

　アントレプレナーシップ・オリエンテーションなどで考えられている個人の特性は，生来的なものなのか，経験的に身につけたものなのかの峻別は簡単ではありません。

　たとえば，企業家はそうでない人と比べると，自律的な行動が多く見られたとしても，それがイノベーションを起こすプロセスの中で徐々にそのような行動をとるようになったのか，あるいはもともとそのような志向性を持っていたのかを判別することはとても難しいのです。

　この特性は先天的ではなく，新しいビジネス機会を追求するプロセス（あるいはそれが成功していくプロセス）において身についていたものだとすると，「新しいビジネス機会を追求する程度が高い人はどのような人か」という問い自体があまり意味あるものではないということになります[43]。新しいビジネス機会を追求する人としない人という二項対立的な見方ではなく，特性と状況の相互関係を見ていくことが大切かもしれません。社会的な状況の中で

41　Dyer et al.［2008］.

42　また，本当に個人的な特性の問題なのか，その特性が促進する行動をとることが重要なのかを分けて考えないといけないという指摘もあります（Anderson et al.［2015］）。

43　Gartner［1989］.

~ コラム⑮　起業家のストレスとメンタル・ヘルス ~~~~~~

　　新しいビジネス機会を追求することは楽ではありません。新しいチャレンジです。前例がないのは当たり前で，やってみないとわからないことだらけです。起業して新しいビジネス機会を追求する場合には，自分でさまざまなことを切り拓いていかなければなりません。大きなストレスがあるでしょう。また，初期の段階では，創業者（あるいはそのチーム）が長時間がむしゃらに働いたという逸話にはこと欠きません。働いている時間が長くなれば，当然，睡眠時間やプライベートの時間が犠牲になります。そこで気になってくるのが，起業家の健康です。新しいビジネス機会を追求することが，起業家の健康を害しているのではないかというわけです。

　　起業家へのアンケート調査によって，起業家たちは，企業で管理職に就いている人と比べると大きなストレスを感じていることが観察されています[44]。また，起業家は，不確実性の高い環境や重要な決断を迫られたとき，あるいは仕事と家庭の両立が難しくなったときなどに，健康を害していることがわかっています。これらは予想通りの結果といえます。1日の終わりに仕事の悩みを忘れることができる時間を過ごせている起業家は，ストレスから健康を害する可能性が少ないということもわかっています。

　　起業家の心の健康（メンタルヘルス）も研究が進んでいます。メンタルヘルスの不調は，うつ病やパニック障害，不安障害，適応障害，睡眠障害や依存症などを引き起こすこともあります。また，起業家のメンタルヘルスの不調は，もちろん，意思決定や行動に影響します。これまでの起業家のメンタルヘルスの研究では，新しいビジネス機会を追求している起業家（必要に迫られて自営業を選択している人ではない起業家）は，自律的に仕事をすることができており，その結果，概ね精神的幸福感（Mental Well Being）が高いことが見られています[45]。しかし，大きな努力投入や集中力，責任を要求されるような仕事からのストレスが起業家の精神的幸福感を害しています。さらに，長時間労働をしていたとしても，休暇をとれている起業家は精神的幸福感が高かったこともわかっています。起業家は内的動機づけも高く，自律的に働くこともできるため，長時間労働になりやすく，仕事に関するストレスも多いのです。

ある特定のパーソナリティが形成されていくかもしれないのです。

44　Buttner［1992］.
45　Stephan［2018］.

5　本章のまとめ

　新しいビジネス機会を追求する人は，どのような人なのだろう。これは，イノベーションやアントレプレナーシップが注目されてからずっとある率直な問いです。本章では，アントレプレナーシップに影響を与えると考えられている性別や年齢，ストレス耐性や心理的な特性などの個人的な特性について見てきました。

　個人的な特性はある一定の役割を担うのは確かでしょう。しかし，個人的な特性は私たちが思うほど重要な役割を担ってきたわけではないかもしれません。イギリスで 17 世紀中頃から産業革命が起こったのですが，それを，「17 世紀中頃からたまたまイギリスにアントレプレナーシップが高い特性を持った人が誕生し，そして，100 年後にはまた，たまたまそのような人がいなくなった」と説明するのはかなり無理がありそうです[46]。アメリカでスタートアップによる新しいビジネス機会の追求が増えるのは 1980 年代からです。アントレプレナーシップが高い特性を持った人たちが，1980 年代のアメリカ（とくに西海岸と東海岸の一部）にたまたま生まれたというのでしょうか。もしも，個人の特性が重要であれば，アントレプレナーシップあるいはイノベーションに経験的な規則性はそれほど見られないはずです[47]。アントレプレナーシップを考えるときには，個人的な特性だけに焦点を当てるのではなく，人々を取り巻く社会的な状況や組織の条件などを考える必要があります。これについては次の章で見ていきましょう。

もう一歩詳しく知るためのリーディング

　アントレプレナーシップが高いのはどういう人なのか。これはやはり気になるところです。著名な起業家の共通項を探っているものは多くありますが，その中でも次の書はおすすめです。まず，とても読みやすく，なんだか自分でも真似できそうな気がしてくる良書です。ただ，この本はいわ

46　Cain and Hopkins [1993a], [1993b].
47　経験的な規則性については，姉妹書『イノベーション』の第 3 章を参照してください。

ゆる大成功した人たちだけを見て，その共通項を見ているので，そこに共通項があったとしても，それが成功に結びついたのかどうかはちょっとよくわからない面があります。その点には気をつけながら楽しんでください。

⇨ Dyer, Jeffrey H., Hal B. Gregersen, and Clayton M. Christensen [2011], *The Innovator's DNA: Mastering the Five Skills of Disruptive Innovators,* Harvard Business Review Press.（櫻井祐子訳『イノベーションのDNA：破壊的イノベータの5つのスキル』翔泳社，2012年）

　アントレプレーシップ・オリエンテーションについては，多くの論文が出ています[48]。しかし，残念ながら日本語で全体像を見られるような書籍は多くありません。次の書はかならずしもスタートアップだけに分析対象を絞ったものではありません（むしろ，アントレプレナーシップはスタートアップだけに大切なものではないのでそれでよいのですが）。小規模な企業が成長する上でのアントレプレナーシップ・オリエンテーションを考えたい方におすすめです。

⇨ 江島由裕 [2018]，『小さな会社の大きな力：逆境を成長に変える企業家的志向性（EO)』中央経済社。

---

[48]　論文については，全体像を概観するのには Lumpkin and Dess [2015] のランプキンらの解説がとても短く，わかりやすいでしょう。

第**13**章

アントレプレナーシップが高いのは
どのような環境にいる人なのか？

この章を読み進める前に

■ 具体的な起業家を３人挙げ，その人たちはどのような環境にいたのか
　説明してください。

■ どのような状況におかれると，人間はアントレプレナーシップの程度
　が高くなるのでしょうか。

　　　前章では，アントレプレナーシップと関連性が高いと考
　えられている個人的な特性について見てきました。しかし，
　われわれは社会に埋め込まれています。だからこそ，社会
　的な環境によってアントレプレナーシップの程度や生み出
　されるイノベーションが影響を受けるのです。
　　　社会資本的なアプローチの基本的なポイントは，生まれ
　ながらにしてアントレプレナーシップの程度が高い特質を
　持っている人がいるというよりも，ある環境にいるからこ
　そ，アントレプレナーシップの程度が高くなると考えるも
　のです。どのような環境が，アントレプレナーシップを高
　めるのでしょうか。

1 社会の状況

　人々は，社会に埋め込まれています。暮らしている社会の状況によって，行動も変わってきます。アントレプレナーシップも当然，社会的な状況によって変わってきます[1]。これまでに見てきたように，基本的にヒト・モノ・カネといった経営資源の流動性制約が小さい社会ではアントレプレナーシップの程度が高まります。その反対に流動性制約が大きいと，アントレプレナーシップの程度は小さくなります。この基本を抑えた上で，アントレプレナーシップに影響を与える社会・経済状況を見ていきましょう。

■ 経済状況

　経済状況とアントレプレナーシップの程度の間には，U字型の関係が見られてきました[2]。経済成長（多くの場合，1人あたりの所得で測られています）が途上の場合には，アントレプレナーシップの程度は高いものとなります。就職先はそれほどなく，生活のために起業するのです。しかし，経済成長が進むと，さまざまなビジネスが生まれ，就職先としての企業も充実してきます。その結果，徐々にアントレプレナーシップは低下していきます。しかし，1人あたりの所得の増加が上昇を続けていくと，再び，アントレプレナーシップは高まっていくのです（図表13-1）。

　国が裕福になっていくと，可処分所得も増え，人々がより新しい差別化された製品やサービスを求めるようになります。これは，ビジネス機会となります。そして，そのビジネス機会を追求するための制約も小さくなります。経済成長とともに，利用できる技術も高度なものになっていきます。また，新しいビジネス機会を追求するためのヒト・モノ・カネといった経営資源も豊富になり，流動性制約が緩やかになってきます。経済成長していくと，起業によって新しいビジネス機会を追求する機会費用はもちろん高くなるで

---

1 アントレプレナーシップが社会に埋め込まれているという点を明示的に示した初期の論文としては，Shapero and Sokol [1982] があります。

2 たとえば，Wennekers et al. [2005]，Sternberg and Wennekers [2005]，Fritsch and Schroeter [2011]。

■ 図表 13-1：経済成長とアントレプレナーシップ

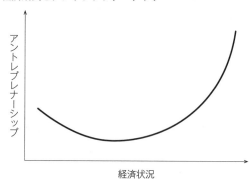

アントレプレナーシップ

経済状況

出所：著者作成。

しょう。そのため，大きな報酬が得られるであろうと期待できるプロジェクトにおいて起業が多くなります。

　ただし，アントレプレナーシップの程度を，経済成長の程度から説明しようという試みは，完全に成功しているわけではありません。経済成長の程度が同じような水準の国でも，アントレプレナーシップの程度は異なっているのです[3]。つまり，経済成長の程度だけではなく，追加的な要因を考慮する必要があるのです。そこで1つの候補は，文化的な価値や規範です。そこに行く前に，もう1つだけ大切なポイントをおさえておきましょう。それは人々の働き方です。

■ 労働市場

　ヒト・モノ・カネといった経営資源の流動性は，アントレプレナーシップにとってはとても大切だということは第2章の流動性制約のところでも指摘しました。流動性に対する制約が高いとアントレプレナーシップは低くなってしまうのです。この点を頭に入れておいて，ここでは，ヒトについて焦点を当てましょう。

　ヒト・モノ・カネといっても，それぞれ性質が異なっています。とくに，ヒトの性質はモノやカネとは大きく違います。モノやカネはそもそも取引を

---

3 Pinillos and Reyes［2011］.

することを目的として生み出されたものです。しかし，ヒトは，取引することを前提に生み出されたわけではありません[4]。また，私たちは，自分の時間を労働時間として提供します。自分と切り離すことはできません。東京で働いていながら，同時にモルディブのリゾートで読書をしながらウトウト…最高！　などということはできません。モノやカネは，時間や地理的な制約もそれほどなくどんどん動いていきますが，ヒトはそうはいきません。寝ないといけませんし，同時に複数のところにいることもできません。自分が離れがたい場所や，住みたい地域もあるでしょう。そのため，労働のあり方は，それが提供されている国や地域の制度や人々の働き方，スキル形成などによって異なっています。

　人々の働き方は，アントレプレナーシップに影響します。もしも，新しいチャレンジが失敗に終わったとしても，いくらでも自分に合うような就業機会はあると考えれば，新しいビジネス機会の追求を進める人は多いでしょう。反対に，もしも失敗に終わったときには，なかなか次の仕事を見つけるのは難しそうだと思うと，ビジネス機会の追求をあきらめる人も多くなります。

　就業機会に影響を与えるのは，労働市場の流動性です。労働市場とは，賃金によって労働の需要と供給を調整するメカニズムです。労働市場というと売り手市場や買い手市場，学生の就職活動や社会人の転職活動などを思い起こす人も多いでしょう。労働市場とは，企業の外にあるものを表すことが一般的です。働きたい人や雇用したい企業が賃金や処遇などをめぐってそれぞれ競争し，それによって需要と供給が調整されるわけです。これは，外部労働市場などといったりします。

　しかし，労働市場はそれだけではありません。企業の内部の労働市場もあります。従業員たちが昇給や昇進をめぐって競争し，経営者が賃金や労働力の配分を決めるのです。日本企業では，戦後に新卒一括採用が定着してからは，この内部の労働市場が重要な役割を果たしてきたといわれています。新卒で入社した人たちは，社内でトレーニングを受け，昇進のラダーを昇っていきます。年功序列的な会社であったとしても，みんなが経営者になれるわけではありません。昇進において選抜があります。長期的な雇用慣行があっ

4　この点については，Polanyi［1944］を参照してください。

たため，もしも，途中で退職してしまうと，それは「あいつは上手くやっていけなかった人材だ」というネガティブなシグナルを出してしまいます。そのため，転職の場合には，なかなか賃金が上がらない（むしろ下がる人が多かった）という状況が生まれました。そうすると，転職するインセンティブは減り，社内でなんとか頑張るインセンティブは高くなります。その結果，ますます内部労働市場は活発化します。それによって，経営者は社内で優秀な人材を選抜し，必要な部門に配置することができたのです。

　それぞれの労働市場は連動しています。たとえば，外部労働市場が売り手市場の場合には，社内で自分の賃金や処遇に不満を抱いている人は，転職したほうがよいと考えて内部労働市場を離れ，外部労働市場に出ていくでしょう。

　これらの労働市場がどの程度流動的かは，ビジネス機会の追求に影響を与えます。労働市場が流動的であれば，自分の能力の市場価値に従って，就業機会を見つけやすいということになります。反対に，労働市場が流動的でなければ（硬直的であれば），なかなか就業機会が見つけにくいということになります。戦後の日本の外部労働市場は硬直的であるといわれてきました。とくにいわゆる大企業のコア人材（たとえば，研究開発に従事する人）はなかなか動かなかったのです。たとえば，アメリカのトップ1％の発明家のおよそ83％は組織間の異動を経験しているのに対して，日本では26％でした[5]。

　外部労働市場が流動的であれば，人々は自分の市場価値が高まるようなスキルに投資をします。どこの組織でも重要となるようなスキルです。たとえば，コミュニケーション能力や語学，資格，MBAなどといった汎用的なスキルを磨くようになります。反対に，企業の内部の労働市場が活発であれば，人々はその組織の中で大切になるようなスキルを身につけようとするでしょう。たとえば，その業界の専門知識やその企業特有の仕事の仕方やネットワーキングなどです。スキル形成が制度化されていくと，ますます，労働市場のあり方は固定化していきます。既存組織で新しいビジネス機会を見つけ出したとしても，もしも，既存組織でその追求が許可されなかったとすれば，自分で既存組織からスピンアウトしてそのビジネス機会を追求しようとする

5　清水［2016］，Shimizu［2019］.

人は少なくなってしまいます。もしも，失敗した場合に，自分の能力とその市場価値に見合った次の就業機会を探すのが難しいからです。このような場合は，新しいビジネス機会を追求することは，イチカバチかの博打になってしまうわけです。反対に，外部労働市場の流動性が高いということは，労働者の能力の市場価値によって，労働力が配分されている程度が高いということになります。ということは，今，働いている企業を離れて，新しいビジネス機会を追求し，それが失敗に終わってしまった場合にも，自分の能力の市場価値に従って次の就業機会が見つけやすいのです。チャレンジして，成功すれば大きな成果が得られると期待できるのであれば，このような場合は，チャレンジしないほうが損なぐらいです。労働市場の流動性が高ければ，新しいビジネス機会を追求する機会費用が低下するのです。反対に，労働市場の流動性が低い場合には，新しいビジネス機会を追求する機会費用が高まるのです。

　新しいビジネス機会の追求のために必要なスキルを自分ですべて持っていればよいですが，そのようなことはほとんどないでしょう。必要に応じて，スキルを持った人材を確保できなければビジネス機会の追求はままなりません。既存企業の場合は，新しいビジネス機会の追求のために必要な人材を内部の労働市場から確保できるかもしれません。しかしながら，スタートアップの場合は，そうはいきません。外部労働市場から調達しなくてはならないのです。

　労働市場の流動性が高い場合には，ビジネス機会を追求するために必要な人材の確保が容易になります。サイエンティストやエンジニア，あるいはプロフェッショナルな経営者などの労働市場の流動性が高ければ高いほど，必要に応じて市場を通じてそのような人材を確保しやすくなります。もしも，労働市場が流動的でなく，新しいチャレンジが失敗に終わってしまったときに，自分の能力に見合うような次の就業機会を見つけるのが大変そうだと思えば，いくら魅力的なチャレンジだから一緒にやろうと口説いたとしても，なかなか参加してくれないでしょう。人材確保が難しくなってしまいます。もしも，人材の確保が難しい場合には，良いビジネス機会を見いだしたとしても，スタートアップを設立してそれを追求するのは難しくなります。

■ 文化的な状況

さて，文化的なところに話を進めましょう。文化は，人々の行動に大きな影響を与えています。同じ状況に直面しても，文化的な価値が異なる人は，異なる行動をするでしょう。文化的な価値や規範が，経済的な成果に大きな影響を与えることは繰り返し見られています。文化によって起業の機会や資源の種類やレベルが異なると考えられています[6]。

ただし，文化というのは，かなり曖昧な概念です。文化を区別して，その数を1つ，2つと数えることもできません。それができたとしても，文化は多元的なものです。たとえば，ヨーロッパに共通に見られる文化もあるでしょう。しかし，それぞれの国や地域には，さらに固有の文化的な要素もあります。

このように，捉えることがなかなか難しいのが文化なのですが，多くの研究が，ゲールト・ホフステッドの国民文化の6つの次元を使って分析をしています[7]。6つの次元とは，権力格差，集団主義／個人主義，目標達成／寛容性（男性的／女性的），不確実性回避，短期／長期志向，そして，堕落性／自制性です。

ただ，文化的な価値だけでは，アントレプレナーシップの程度は規定されてはいないようです。たとえば，個人主義的な文化のほうが，アントレプレナーシップの程度は高そうな気がします。しかし，グローバル・アントレプレナーシップ・モニターの52の国のデータを分析しても，明確な差は見られていません[8]。とくに，経済成長が高い水準の国では，個人主義的な文化と起業率との間に正の相関関係が見られているものの，経済成長の程度がそれほど高くない場合には，むしろ負の関係になっています。

また，特定の文化的な価値ではなく，価値観の多様性がアントレプレナーシップを促進するという発見もされています。アメリカの起業のデータを分析したところ，特定の文化的な価値観ではなく，価値観の多様性がある州のほうが起業率やベンチャー・キャピタルの出資額などが多くなっていたことが観察されています[9]。ただし，文化的な多様性がアントレプレナーシップ

6 Bates [1995].
7 Hayton et al. [2002].
8 Pinillos and Reyes [2011].

を促進するかどうかは，国のその他の制度にも依存します。多くの低開発国では，文化的多様性（たとえば，民族的な分派）が経済的成果にマイナスの影響を与えることが見られてきました。

　文化として考えられるものの中で，新しいビジネス機会を追求することにどのような価値がおかれているのかは大切なポイントです。イギリスにおいて産業革命期には多くのイノベーションが生み出されたのに対して，その後は，徐々にイノベーションがなくなっていってしまったのはなぜかというのは，イギリスの経済史だけでなく，アントレプレナーシップを考える上においても重要なポイントです。文化的な変容は重要な要因の１つだと考えられています。イギリスでは，新しいビジネス機会を追求するような私的利益の追求よりも，より社会的あるいは公的なサービスへの貢献が重視されるようになったのです[10]。これは，エリート私立の中高であるパブリック・スクール（パブリックというのですが私立です）がビジネス機会を追求するための技術やビジネスに対する教育よりも，社会に貢献することを理想とする教育を行っていったことによりさらに強固なものにされたといわれています。そのため，ビジネスで成功することが社会においてそれほど重要なものとは認識されなくなっていったのです。これは，ビジネスでの成功が社会的に重要な成功の１つとして考えられていたアメリカとは対照的です。

　社会学者のリプセットは，ラテンアメリカと北米を比べ，その社会でビジネスに対する価値がどのようにおかれているかということがアントレプレナーシップにも影響することを指摘しています[11]。ラテンアメリカでは，製造業や商業などのビジネスを低く価値づける初期のイベリア文化が深く根差しており，多くの不動産を持っていることが成功の証と考えられてきました。その一方で，北米では勤勉であることや職業としてビジネスを行うことが高く価値づけられていたプロテスタントの文化が広まっていました。北米（とくにアメリカですが）では，ビジネスからの富こそが成功の証と考えられていたとリプセットは言います。これが，地味に（でも確実に）アントレプレナーシップに影響するのです。最近では，国だけでなく，もう少し小さな範

9　Sobel et al. [2010].

10　Wiener [1981].

11　Lipset [2000].

囲の地域の文化も注目されています。たとえば，シリコンバレーには「起業家精神の資本」と呼ばれるものが存在しているという指摘もあります[12]。

これは文化や社会のあり方なので，どちらのほうが良いということを議論することは意味がありません。そもそも私たちは，アントレプレナーシップを高めたり，イノベーションを生み出したりするために生きているわけではありません。どのような社会が良いのか，どのような文化が暮らしやすいのかは，さまざまな視点があって当然です。

アントレプレナーシップに限って考えると，ビジネスでの成功に高い価値がおかれることは重要です。さらに，ビジネスを行うことが，ある特定の属性にとっては重要であるけれども，その他の属性を持つ人たちにとってはそれほど大切だと思われていないということもあります。前章で見たように，新しいビジネス機会の追求は男性的なものであると考えられてきたという指摘がされています[13]。人々の属性によって，そこに付与される価値が異なっているとすれば，そこでアントレプレナーシップの程度にも差が出てきます。

■ エスニック・グループ

アントレプレナーシップについては，移民のエスニック・グループごとの分析も盛んに行われています[14]。たとえば，アメリカではユダヤの移民たちは，アイルランドからの移民よりもビジネスで成功しています。イタリアの移民たちは，ポーランドの移民たちよりもセルフ・エンプロイメントの割合が高いのです。韓国からの移民はセルフ・エンプロイメントの割合が高い一方で，メキシコからの移民たちはその割合が低いのです。フランスでは，モロッコやトルコ，中国からの移民のセルフ・エンプロイメントの割合が高い一方で，スペインやポルトガルからの移民のそれは高くありません。

エスニック・グループとは，特定のエスニシティのグループです。エスニシティとは，ある人々を他の人々と区別する文化的価値や規範のことです[15]。

---

12 Saxenian［1990b］.

13 Fischer et al.［1993］.

14 文化的な価値や規範を厳密に定義し，測定するのは難しいため，エスニック・グループもどこからどこまでが同一のグループなのかを厳密に定義することもなかなか難しいという点には注意が必要です。

⌁ コラム⑯　起業に対する態度 ⌁⌁⌁⌁⌁⌁⌁⌁⌁⌁⌁⌁⌁⌁⌁⌁⌁⌁⌁⌁⌁⌁⌁

　図表 13-2 は，Global Entrepreneurship Monitor の調査で，起業してビジネス
を始めることについての態度を国ごとに調べたものです。これは調査が開始され
た 2003 年と 2019 年に，18 歳から 64 歳までの人に，「ビジネスを始めること
がキャリアの選択肢として良いものであると多くの人が考えている」ということ
について同意するかどうかを尋ね，同意すると答えた人の割合です。Global
Entrepreneurship Monitor とは，第 3 章でも紹介したように 1999 年にアメリカ
のバブソン大学とイギリスのロンドン・ビジネス・スクールの共同プロジェクト
として開始したものです。アントレプレナーシップの国際比較のために，多くの
国でサーベイ調査を行っています。

　これはあくまでも人々の態度の一部です。態度なので実際の行動とは異なりま
す。キャリアの選択肢として起業することが良いと考えていたとしても，全然行
動に移さない人たちもいるでしょう。反対に，キャリアの選択肢としては良くな
いと考えていたとしても，起業する人もいるでしょう。しかし，どのようなキャ
リアが望ましいのか（あるいは望ましくないのか）についての態度は，少なから
ず行動にも影響を及ぼすはずです。

　日本を見てみると，起業してビジネスを始めることをキャリアの良い選択だと
いうことに 2003 年に同意した人は 33.5％でしたが，2019 年には 24.6％に
なっています。他の国と比べると低い割合ですし，低下していることがわかりま

■ 図表 13-2：キャリア選択としての起業についての態度 ■

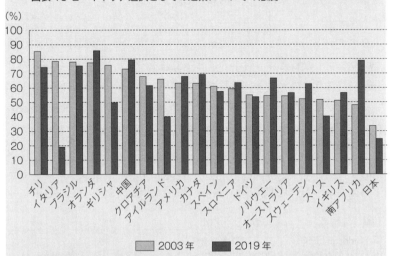

　出所：EGCC（Entrepreneurship as a Good Career Choice），Global Entrepreneurship
　　　Monitor.

す。
　それぞれの国によって，答え方の傾向が違うかもしれないということには注意が必要です。ある特定の時点だけを切り取って国際比較をすることにはあまり意味はありません。国ごとにどのようにその態度が変化しているのかを見ることが大切です。

人種とよく混同されるのですが，概念としては異なるものです。人種（Race）は，ある人々を他の人々と分ける区分です。骨格や肌の色，瞳の色，髪の色などいろいろな区分がありえます。たとえば，18世紀のドイツの動物学者のヨハン・フリードリヒ・ブルーメンバッハは，肌の色と頭蓋骨のかたちをもとに，コーカシアン（白色人種），モンゴリアン（黄色人種），エチオピアン（黒色人種），アメリカン（赤色人種），マラヤン（茶色人種）の5つに分けました。エスニシティとは，このような身体的な特徴ではなく，人々が持っている文化的価値や規範による区分です[16]。共通の文化的価値や規範を有していると認識している人々の集団が，エスニック・グループと呼ばれます。

　通常，移民の起業家は，伝統的な製品，サービス，コミュニケーション・チャネルを用いて，自分のエスニック・グループの顧客に焦点を当ててビジネスをスタートすることが多く観察されています。その移民に特殊的な消費財があります。たとえば，日本人にとって醤油や味噌は欠かせないものです。それと同じように，タイ人にとってナンプラー，インド人にとってクミンやターメリックは重要です。食料だけでなく，新聞や本，雑誌，服や装飾品，美容院などもあります。これらが彼らの移民先の国では特殊的なものであればあるほど，移民の企業家にとってビジネス・チャンスとなります。自国の伝統的な料理を，同じエスニック・グループの人向けに提供するレストランはこの典型例です。しかし，もしもビジネスがそのようなエスニック・マー

15 Giddens［1993］.

16 身体的な特徴により現在分けられているような人種区分についての懐疑は，Jordan［2008］を参照してください。Morrison and Coates［2017］は，人がどのように差別を作り出してしまうのか，差別が人種にどのように結びついているのかを人文の観点から深く考察しています。

ケットにとどまるのであれば，それほど大きな成長は見込めません。

　自分たちのエスニック・マーケットを超えてビジネスを展開するエスニック・グループもある一方で，同じエスニック・グループ向けのビジネスにとどまる人たちもいます。なぜでしょうか。同じ国で移民として暮らしているのに，アントレプレナーシップに差があるのは，そのエスニック・グループの文化的な価値や規範が原因ではないかと考えられてきました[17]。しかし，特定の文化的な価値や規範，それ自体がアントレプレナーシップに影響を及ぼすというよりも，それを共有している人たちが持つ経営資源が重要だと考えられるようになっています。

　エスニック・グループ内では，人々のつながりは密接です。エスニック・グループの持つ文化的な価値や規範を共有している人の間では，密接なコミュニケーションがなされ，情報や資本，あるいは労働力などへの排他的なアクセスがあります[18]。だからこそ，そのエスニック・グループが持っている情報の質や資本の大きさ，労働力の多さや質などが，ビジネスのパフォーマンスに大きな影響を及ぼします。また，特定のエスニック・グループの中でのネットワークが親密なものとなるほど，それは排他性を持つものになります。そのため，外からの情報が入りにくいというデメリットがあります[19]。

　教育水準の低さや資本の蓄積が少ないこと，差別の存在などによって，移民は流動性制約が強くなります。そのため，労働集約的な産業において長時間労働をするという傾向が大きくなります。長い時間働くことにより，それまでのビジネスのオーナーが放棄したような低収益のビジネス機会を開拓していくのです。たとえば，韓国からの移民の企業家は，白人のマイノリティ（典型的にはユダヤ人）から，小さな店舗などのビジネスを継承していくということが見られています[20]。

　移民のビジネスがより大きな市場へと成長していくためには，その国の大

17　エスニック・グループとアントレプレナーシップについては，Volery [2007] を参照してください。

18　Granovetter [1973], Dyer et al. [2008]. 具体的なケーススタディとしては，西口・辻田 [2016] が代表的です。

19　Granovetter [1973].

20　Kim [1981].

きなビジネスによってターゲットとされていない市場があるかどうかは重要
です。都市部の周辺部などにはビジネスがあまり展開していないところもあ
ります。たとえば，大都市の周辺地域（たとえば，ロンドンのハックニーやシ
カゴのノースローンデールなど）では，中東やアジアなどからの多くの移民が
ビジネスを行っています。

　規模の経済性があまり効かないところも重要です。規模の経済性が効かな
いところでは，移民の企業家が「安い賃金でたくさん働く」ことによって，
競争できるためです。セルフ・エクスプロイテーションです。たとえば，パ
リの移民が所有する店舗は，フランス人が経営する店舗と同じような製品や
サービスを扱っているにもかかわらず，長時間営業をしていたり，閉店日が
少なかったりするのです。アメリカにおけるタクシーも同じです。移民たち
は自分たちが長い時間タクシーを走らせることによって，自分の資金を貯め
ていくのです。

■ 差　　別

　差別もアントレプレナーシップに影響を及ぼしていると考えられるように
なっています。差別とは，ある特定の集団に属すると考えられる人や，特定
の属性を有する人に対して，特別な扱いをする行為のことです。一般的には，
正当な理由なくその人に対して不利益になるような行為をすることです。

　差別の存在によって，ヒト・モノ・カネといった経営資源へのアクセスに
制限が生じることがあります。たとえば，移民の起業家たちは，優秀な人材
を広く労働市場から調達したり，資金を調達したりすることに関する制約の
存在が確認されています[21]。そのため，移民たちは人材や資金の調達におい
ても，自らのエスニック・グループのネットワークがとても大切です。移民
が起業の際に自らのエスニック・グループから経営資源の調達を行ったり，
特定のビジネスを行ったり，特定の地域でビジネスを行うことは，エスニッ
ク・エンクレーブ（Ethnic Enclave）と呼ばれています[22]。

　これはエスニック・グループ内のネットワークによって，情報のスムーズ

21　Kushnirovich and Heilbrunn [2008].
22　Portes and Jensen [1989], Wilson and Portes [1980].

なやりとりや信頼構築がしやすいこと、あるいは社会的な近似性が高いことなどが理由と考えられてきました[23]。差別によって不利な立場におかれているということも重要な理由の1つとして考えられるようになっています。

　これまでにも、スタートアップが創業者のエスニック・グループ内で資金調達をすることは繰り返し見られてきました。資金提供者についても、差別によって、有望な投資先を見つける競争において不利な立場におかれているという指摘もあります。たとえば、シリコンバレーでのベンチャー・キャピタルからの最初の資金調達を分析したところ、アジア系のベンチャー・キャピタルはアジア系のスタートアップに投資する傾向が強いことが見られています[24]。マイノリティとなっているエスニック・グループが支配的ではないメジャーなベンチャー・キャピタルと比べると、高いリスク・プレミアムを支払っていたのです。これは、アジア系のベンチャー・キャピタルがそのエスニック・グループ内のネットワークを活用して、より良い投資先を見つけられているのではなくて、むしろ、アジア系ベンチャー・キャピタルの社会的地位の低さによる不利益によるものだと考えられています。

　差別によって経営資源へのアクセスに制限があるため、そもそも起業という選択がなされにくいことも指摘されています。とくに、アメリカにおけるアフリカ系の人々の起業という選択の少なさは繰り返し見られてきました[25]。アメリカの1910年から1997年までの農業部門以外でのセルフ・エンプロイメントを調べてみると、アフリカ系男性のセルフ・エンプロイメントの割合は、一貫して白人のその割合のおよそ3分の1の水準だったことがわかっています[26]。アフリカ系アメリカ人のセフル・エンプロイメントが少ない理由としては、教育水準が低いことや、内部資本の少なさなども要因として指摘されていますが、差別も重要な要因だと考えられています。フェアリーとマイヤーは、世代間のシミュレーションから、もしも差別による経営資源のアクセスの制限がなかったり、世代間で引き継がれる資本などが存在していなかったならば、セルフ・エンプロイメントの割合は2世代以内に白人男性と

23　Nielsen [1985], Hegde and Tumlinson [2014].

24　Zhang et al. [2016].

25　Bogan and Darity Jr. [2008].

26　Fairlie and Meyer [2000].

アフリカ系男性の間で同程度のものになるだとうと分析しています[27]。

■ ガラスの天井

　差別の存在は，人々の行動を変えます。外部からの経営資源の調達に制限があるために，新しいビジネス機会を追求する程度が小さくなるという点をこれまで見てきました。しかし，差別により，むしろ起業という選択が促進される可能性もあります。民族や移民のマイノリティ・グループの人々のように，社会システムに適応しにくい人にとっては，その限界的な社会的地位が原動力になるのです。

　これは，ガラスの天井とも呼ばれています。ガラスの天井とは，資質や実績があったとしても，一定以上の処遇を受けることを阻む障壁のことです。資質や実績では十分なものがあるのに，マイノリティであるがゆえに昇進や受けられる処遇に限界がある場合，ガラスの天井があるということになります。ここで注意が必要なのは，実際にガラスの天井が存在しているかどうかというよりも，ガラスの天井が存在していると多くの人が思っているかどうかです。既存企業での昇進などにおいて，ガラスの天井が存在していると予期することで，起業を選択する人がいるのです。

　アメリカでは，スタートアップの創業者に多くの移民が見られています。2000年のアメリカの外国生まれの人の割合は人口の12%であったのに対して，1990年から2005年の間にベンチャー・キャピタルから資本提供を受けた創業者のうち25%が移民だったのです[28]。人口の比率で考えると，移民のほうが新しいビジネス機会を追求しているのです。また，パフォーマンスも悪くありません。2006年に売上高が100万ドル以上にのぼった研究開発型の工学系スタートアップの創業者の25%は移民だったのです[29]。ガラスの天井を予期して起業という選択をする高い水準の教育を受けた移民やその子どもが存在していることを示唆しています。

　また，移民の起業は世代によっても性質が異なります。第1世代の移民たちは，エスニック・エンクレーブの程度が強く，生活のために起業するとい

27　Fairlie and Mayer［2000］.
28　Anderson and Platzer［2006］.
29　Wadhwa et al.［2007］.

⟶ コラム⑰　母国との関係 ⟶⟶⟶⟶⟶⟶⟶⟶⟶⟶⟶⟶⟶⟶⟶⟶⟶⟶⟶⟶⟶⟶⟶⟶⟶⟶

　新しいビジネス機会の追求は，国境を越えてなされます。新しいビジネス機会を追求する人材も国を越えていきます。交通・通信手段の発達とそのコストの低下により，個人が教育や職業訓練，仕事のために海外に移住することが比較的やりやすくなっています。さらに，以前よりもはるかに広いネットワークを低コストで構築できるようにもなっています。そこで重要な役割の担い手として注目されているのが移民や留学生です。

　移民や留学生は，今いる国で新しいネットワークを構築したり，新しいスキルを身につけたりします。そして，母国のネットワークを使って，母国でのビジネス機会を追求するのです。母国に戻る移民や留学生は，そもそもグローバルな起業家としての志向性を備えている人が多いだけでなく，アップデートされた知識を持っており，知識集約的ないわゆるサイエンス型産業において，母国の起業家よりも優れた業績を上げる可能性が高いと考えられています。だからこそ，アップデートされた知識を持つ移民や留学生を母国にUターンさせる取り組みを行っている国も少なくありません。

　もちろん，移民や留学生（あるいはその子どもたち）の中には，何年も母国から離れて生活をしてきたため，地元とのつながりがなく，母国に戻る際に再適応の困難に直面する人もいます[30]。そのため，移民や留学生なら誰でも母国で高いパフォーマンスを上げるわけではないのですが，母国における新しいビジネス機会の担い手として注目されています。

　そこで重要なポイントは，移民や留学生が母国に持つネットワークです。母国にネットワークがあれば，アップデートされた知識を母国に持ち帰り，新しいビジネス機会を追求し，高い成果を上げることができるのです。母国とのネットワークがなければ，知識を移転させたとしても，なかなか高い水準の成果を上げることは難しいのです。

　これは，見方を変えれば，移民や留学生を受け入れてきた国からすると知識移転です。一般的には頭脳流出といわれることもあります。ホスト国にとっては優秀な人材が流出するのは好ましくないと考えられていました。だからこそ，いかに優秀な人材を世界中から集め，そしてその人材を引き留めるかが考えられてきました。しかし現在では，移民や留学生が母国に帰り，そのネットワークを活かしてビジネスを行っていくことは，ホスト国側にとっても意義がありそうだということがわかってきています。将来，母国に戻って新しいビジネス機会を追求できるかもしれないという期待が大きくなれば，優秀な人材が移民や留学生として渡ってくるでしょう。さらに，移民や留学生が母国に戻ったときには，そのネットワークを利用して，ホスト国の企業が新しい市場を開拓できるかもしれないのです。このようにイノベーションのエコシステムが国を越えて拡大しています。

う選択をしている傾向が強くなります。第2世代（移民の子どもたち）は移民先の社会で教育を受けた人も多く，エスニック・エンクレーブを超えて，新しいビジネス機会を追求する傾向が強くなると考えられています。

■ 宗　教

　社会の中で，宗教は人々の価値観を形成する重要な要素の1つです。古くは，マックス・ウェーバーが，プロテスタントとしての宗教的な価値が資本蓄積や経済合理的な経営行動を促進し，その結果，資本主義の形成につながっていったと議論しています[31]。ここから，アントレプレナーシップを促進するような宗教もあれば，それを阻害するような宗教もあるのではないかと考えることができます。

　しかし，実際に調べてみると，宗教のアントレプレナーシップに対する影響はそれほど明確には見えてきません。宗教的なバックグラウンドは，それほどアントレプレナーシップには影響しないのではないかという指摘がなされてきています。たとえば，オランダにおけるセルフ・エンプロイメントを選択する要因を分析した研究では，宗教的バックグラウンドの影響は見られていません[32]。イギリスでも起業を選択した人としなかった人の間に，宗教上の違いは見られていません[33]。ロンドンの移民のグループの起業を分析した研究でも，特定の宗教が移民の起業行動に影響を与えていることは確認されていません[34]。

　このように宗教とアントレプレナーシップの関係については，まだ明確な結論が出ていないのです。ということは，宗教の価値観が直接，人々のアントレプレナーシップに影響を与えるというよりも，影響があったとしてもそれは間接的なものなのかもしれません。実際に，それを示唆する結果も出ています。世界価値観調査を分析した研究では，宗教が，リスクに対する態度（リスク愛好的かあるいは回避的か）に影響を与え，その態度が，起業という

30　Gaw [2000], Szkudlarek [2010].
31　Weber [1930].
32　De Wit and van Winden [1989].
33　Dodd and Seaman [1998].
34　Basu and Altinay [2002].

選択に影響を与えていることが見えてきています[35]。

　宗教がどのようにアントレプレナーシップに影響するのかは，まだまだよくわかっていません。宗教が提供する価値観それ自体が，アントレプレナーシップの程度に影響しているのかもしれませんし，宗教を介したネットワークがアントレプレナーシップの程度に影響しているのかもしれません。また，多くの人がどのような宗教的な価値観を持つかを自ら選択しているとすれば，その選択に影響を与える要因が，アントレプレナーシップに影響を与えている可能性もあります。

2　社会的なネットワーク

　料理をしていたら，砂糖が足りないことに気がつきました。昨日，買い物リストに入れておいたのに，忘れてしまったのです。でも，もう作り始めてしまった肉じゃがに砂糖が必要です。あなたはどうするでしょうか。「カレーにメニュー変更！」あるいは「コンビニまでダッシュ」という人が多いのではないでしょうか。しかし，「隣の人に借りに行く」という人もいるかもしれません。これは，隣人との関係によります。近所の人と普段から濃密な関係を築いている人（あるいは相当図々しい人）なら，気軽に砂糖を借りに行かれるでしょう。しかし，隣の人とそもそも挨拶もしたことがないという関係であれば，いきなり砂糖を借りに行くのは怪しすぎます。

　人間は，人々のつながりの中で生きています。人々のつながり方によって，私たちの行動も変わります。人々のつながりのあり方（紐帯（ちゅうたい）と呼ばれています）は，アントレプレナーシップにも影響します。

■ 強い紐帯と弱い紐帯

　強い結びつきで結ばれた人たちがいます。親友はこの良い例です。自分の人生に大切な意思決定をする際には，親友に相談する人もいるでしょう。親友のことは人柄や考え方などお互いによく知っているからです。強い紐帯の間には，信頼性の高い情報が流れます。さらに，コミュニケーションが頻繁

35　Guiso et al.［2003］。

なので情報の流れも早いのです。強い紐帯で結ばれている人たちは，凝集性の高いコミュニティを構成します。

　強い紐帯は，同時に閉鎖性を有しています。100人も親友を持っている人はなかなかいないでしょう。それは，強い紐帯は排他性を伴うからです。人と人との結びつきが強くなるためには，同じ経験を共有したり，同じ言葉づかいを共有したりしなければなりません。電車でたまたま隣に座った初見の人とその場でいきなり親友になることは難しいのです。特異な経験をしている人たちや長い間一緒にいる人たちのつながりは強くなる傾向がありますが，それは排他性を伴うのです。他の人たちとは異なるものを共有しているからこそ，強い結びつきになるのです。

　強い紐帯は閉鎖性があるため，新しい情報が入りにくいという弱みがあります。だからこそ，弱い紐帯が必要です。弱い紐帯は，その名の通り，人と人との弱いつながりです。知り合いではあり，たまに話すけれど，あまり強い結びつきではない人とのつながりのことです。排他性はそれほどありません。弱い紐帯の間の情報のやりとりは，それほど頻繁ではありません。また，流れる情報の信頼性は強い紐帯に比べると高いものではありません。しかしながら，新しい情報が入ってくるのです。だから，自分のネットワークが強い紐帯だけだと要注意ということになります。情報は頻繁に入ってきますし，その信頼性は高いものでしょう。さらにそのコミュニケーションは心地良いでしょう。しかし，入ってくる情報の同質性は高くなり，新しい情報はなかなか入ってきません。だからこそ，弱い紐帯も必要なのです。これはマーク・グラノベッターが有名な「The Strength of Weak Ties（弱い紐帯の強み）」という論文で示したものです[36]。

　図表13-3は，人と人とのつながりを表しています。つながりが強い場合は，強い紐帯として実線で，つながりが弱い場合には弱い紐帯として破線で示されています。強い紐帯でつながれている人たちは，いわゆる「濃い」つながりを持っている人たちです。上述のように濃いつながりだけでネットワークが構成されている場合（この図では右下のグループ），新しい情報はなかなか入ってきません。このグループは他のグループから切り離されてしま

36　Granovetter［1973］.

■ 図表 13-3：強い紐帯と弱い紐帯

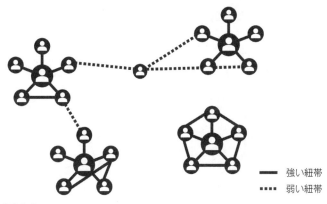

出所：著者作成。

います。他のグループの情報は入ってきにくくなりますし，このネットワーク内の情報の非対称性は小さくなりますから，新しいビジネス機会が生まれることはなかなか期待できません。新しい情報は弱い紐帯を通じてもたらされるのです。もしも，グループの中に弱い紐帯で他のコミュニティとつながっている人がいれば，そこから他のグループからの新しい情報が入ってくるのです。ここに新しいビジネス機会が発見される余地が出てくるのです。

■ 構造的空隙

　シカゴ大学のロナルド・バートは，グラノベッターの弱い紐帯の強みを，情報の非対称性という観点からさらに展開させました。彼は，弱い紐帯の中でもより重要なものと，それほど重要でないものがあると議論しています。その重要性を決めるものは，「重複しないつながり」です。

　つながりを維持するのにもコストはかかります。日常の人間関係の場合は，あまり意識することはありませんが，企業にとってはネットワーキングもより効率的に行えるに越したことはありません。重複しているつながりを複数持っていてもあまりインパクトはありません。同じ情報が流れてくるだけです。それよりは，異なるグループへのつながりを持っているほうが効率的なわけです。重複しないつながりのことを，バートは構造的空隙（Structural Holes）と名づけました[37]。

■ 図表 13-4：構造的空隙 ■

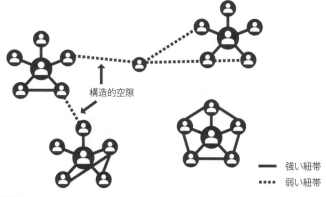

構造的空隙

―― 強い紐帯
‥‥‥ 弱い紐帯

出所：著者作成。

　図表 13-4 で示されているように，それぞれのネットワークをつなぐポジ
ションが，構造的空隙のポジションということになります。そこにいる人
（あるいは組織）は，新しい情報を戦略的に利用することができます。重複す
るつながりが存在しないため，新しい情報は自分を経由して流れることにな
るからです。ここに新しいビジネス機会を発見する余地が出てくるのです。

3　家庭の状況

　ビル・ゲイツやスティーブ・ジョブズ，セルゲイ・ブリン，マーク・ザッ
カーバーグ，ラリー・ペイジ，イーロン・マスクなど，起業家に対する一般
的なイメージには，起業時には若く，未婚で，子どもがおらず，ワーカホ
リックなどがあるでしょう。また，最近の起業家は裕福な家庭に育ち，エ
リートの大学あるいは大学院を卒業しているというイメージもあるかもしれ
ません。
　デューク大学におけるグローバル・エンジニアリング・アンド・アントレ
プレナーシップ・プロジェクトのフォローアップとして行われたアメリカの
549 名の創業者に対する質問票調査の結果では多くの興味深い発見がされて

37　Burt［1992］.

います[38]。あくまで成功した創業者に対する調査なので，生存者バイアスがある，という点に注意した上で，この調査をベースに家庭環境とアントレプレナーショップとの関係を見ていきましょう。

■ 親族からのサポート

　新しい企業の設立において，親族の関与は見逃せません。調査にもよりますが，新しく設立された企業のおよそ25％から30％程度に，親族やパートナーが関与していることが見られています[39]。

　とくに，親族は，経営資源の最初の提供者として重要になってきます。もう少し具体的にいえば，親族は，最初の資金の提供者として重要です。新しい企業を設立するときに，創業者が自らの資金で足りない場合，まずは親族に頼るのです。また，親族や配偶者，あるいはパートナーは，創業者以外での最初の労働の提供者でもあることもよくあります。家族が始めた新しいビジネスを手伝ってあげようというわけです。もちろん，その場合の人件費は格安（ただより高いものはないという考えもありますが）です。家族のスペースを新しいビジネスのために提供することもあるでしょう。これらは，新しいビジネス機会を追求しようと考える人に対して，必要な経営資源の提供者として重要な役割を担っています。もちろん，流動性制約が小さくなれば，親族からのサポートの必要性は小さくなります。反対に，親族からのサポートは，流動性制約が強い場合に，重要性が高まります。

　また，以前は，家族とビジネスは密接に結びついていました。ビジネスをスタートするということは，ファミリーでそこに注力するということを意味していました。しかし，徐々に家族とビジネスは分離していきつつあります[40]。もちろん，自営業などを営む場合には家族との結びつき傾向はまだあるのですが，多くの国で核家族化が進み，家族の単位が小さくなっていることも影響し，新しいビジネスを始める上での親族の役割は少しずつ減少しています。

38　Wadhwa et al. [2009].

39　Aldrich and Cliff [2003], Reynolds and White [1997].

40　Stafford et al. [1999].

■ 保護者と教育

　新しい企業を立ち上げる上での親族からのサポートを見てきましたが，もう少し，時間を遡ってみましょう。保護者からの影響はどうでしょうか。

　まず，新しい企業を立ち上げた人の多くは，富裕層あるいは中間層の出身がほとんどだったことがわかっています[41]。創業者たちは，経済的に恵まれていない層の出身が多いというわけではなさそうです。

　もしも，保護者が自分でビジネスを営んでいる場合，その子どもも起業という選択肢をとりやすくなります。これまでの研究で，家族がすでにビジネスを営んでいる場合，その子どもも自分でビジネスを営む意図を持ちやすいことも観察されています[42]。調査にもよりますが，保護者に起業家がいると，子どもが起業家になる確率が30％〜200％上昇することが見られています[43]。身近にロールモデルがいることは重要です。

　創業者のおよそ半分は，父親が学士かそれ以上の学位を持っていました[44]。母親が父親と同じような大学卒業以上の学位を持っている創業者はおよそ34％となっていました。アメリカ全体の大学進学率と比較すると，保護者の教育水準は特徴的に高いわけではなさそうです。

　しかし，創業者たちが学生だったときの成績はなかなか良さそうです。成功した創業者たちの多くは，高校生のときの成績も良かったのです。52.4％が高校の中でトップ10％の成績であり，75％がトップ30％の成績でした。これを読んでいる高校生の皆さん（ほとんどいないとは思いますが），勉強しましょう。創業者たちの95％の人が大学卒業の学位を持っています。これはアメリカ全体の平均と比べても高い水準です。学部のときの成績は67％の人が，トップ30％でした。47％の創業者が修士や博士の学位を持っています。この傾向は，繰り返し見られています。独立した事業を営む確率は，教育水準とともに高まることが見られています[45]。さらに，教育水準の高さ

41　Wadhwa et al. [2009].
42　Mathews and Moser [1995].
43　Sørensen [2007], Dunn and Holtz-Eakin [2000], Colombier and Masclet [2008], Andersson and Hammarstedt [2010], [2011], Lindquist et al. [2015].
44　Wadhwa et al. [2009].
45　Evans and Leighton [1990], Bates [1991].

は，独立した事業において成功する確率を高めてくれることもわかっています[46]。知識集約的なビジネスが重要になってきていることが示唆されるものです。

■ 結婚と子ども

結婚をしていれば，当然，パートナーに対する責任が生じます。2人の人生設計を立て始めるでしょう。そのため，思い切ったチャレンジをしにくくなるかもしれません。そのため，アントレプレナーシップの程度は小さくなるかもしれません。子どもがいる場合にも同じです。自分のチャレンジによって，子どもに影響が出るのは望まない人も多いでしょう。また，家計での働き手が1人の場合には，さらに思い切ったチャレンジをしにくくなるかもしれません。新しいチャレンジに失敗したら，家族の人生設計が狂ってしまうかもしれません。この場合，新しいチャレンジをする機会費用が高くなるのです。

その一方で，パートナーが働いていて，家計をともに支えていてくれる場合は，むしろ新しいチャレンジをしやすくなります。「2～3年なら，自分が支えるからがんばれ！」と後押しをしてくれるかもしれません（パートナーの性格と日頃の行いにもよると思いますが）。

この創業者への調査では，最初のビジネスを起業したときに結婚していたのは創業者の70%でした。5.2%の人は離婚や死別を経験した人です。つまり，未婚の人はおよそ25%でした。

結婚しているかどうかは，起業時の年齢にもよります。起業時の年齢は平均で40歳でした。40歳で未婚の人の割合が25%程度というのは，人口全体の割合と似た傾向です。つまり，結婚しているあるいは結婚したことがあるかどうかは，それだけでは起業に直接影響はしていないようです。また，最初の起業のときに子どもがいた創業者もおよそ60%であり，それほど顕著な特徴は見られません。

46　Millán et al. [2014].

4　本章のまとめ

　人間の行動は，その人が埋め込まれている状況に大きく左右されます。経済状況や文化的な状況，家庭環境などさまざまです。もしも，アントレプレナーシップが第12章で見たような，人の生得的な特徴によって完全に規定されているとすれば，アントレプレナーシップの程度やその結果としてのイノベーションには経験的な規則性は見られないはずです。

　しかしながら，実際には経験的な規則性は見られています。たとえば，本書で見てきたように，スキルと起業の確率の間にはU字型の関係が見られています。また，スタートアップ（とくに研究開発型のもの）が増えてきたのは1980年代のアメリカからです。もしも，生得的な特徴がアントレプレナーシップを決めていて，生まれる赤ちゃんの生得的な特徴に規則性がないとすれば，アントレプレナーシップの程度やイノベーションの発生はもっとランダムなものになり，このようなパターンは見られないでしょう。つまり，社会のあり方によって，アントレプレナーシップの程度も変化すると考えられるのです。

もう一歩詳しく知るためのリーディング

　ある特定の地域におけるアントレプレナーシップの高さは大きな注目を集めてきました。とくにシリコンバレーやボストン，オースティンなどについては優れた分析も多くされています。興味がある方は，最初の1冊には次のサクセニアンの本が基本的なものとしておすすめです。

↪ Saxenian, A. [1994], *Regional Advantage: Culture and Competition in Silicon Valley and Route 128*, Harvard University Press.（山形浩生・柏木亮二訳『現代の二都物語：なぜシリコンバレーは復活し，ボストン・ルート128は沈んだか』日経BP社，2009年）

　次の本は，さまざまなタイプのアントレプレナーシップを具体例とともに説明してくれています。また，Ⅳ部はエスニック・グループや地域のネットワークの話などが上手くまとめられているのでおすすめです。

⇨ 山田幸三・江島由裕編［2017］，『1 からのアントレプレナーシップ』碩学舎。

第 **IV** 部

アントレプレナーシップと社会

　　アントレプレナーシップは，イノベーションに欠か
せません。そのため，経済成長の重要な源泉であると
も考えられています。だからこそ，アントレプレナー
シップの促進は，政策的にも重要な課題と考えられて
います。第 IV 部では，まず第 14 章で，アントレプレ
ナーシップを促進するための政策を見ていきましょう。
その上で，最後の第 15 章では，アントレプレナー
シップの高まりが社会にもたらす影響を考えていきま
す。

第 **14** 章

アントレプレナーシップを促進する政策

この章を読み進める前に

■ あなたが政府の政策担当者だとしたら，アントレプレナーシップを促進するためにどのような政策を実行するでしょうか。特定の国を選び，その国の状況を考慮に入れた上で，できるだけ具体的に考え，説明してください。

■ アントレプレナーシップについての具体的な政策を1つ取り上げ，その政策を評価してください。

　アントレプレナーシップは，イノベーションに欠かせません。経済成長の重要な源泉です。だからこそ，さまざまな国の中央あるいは地方政府でアントレプレナーシップを促進する政策がとられています。まるで，アントレプレナーシップの促進競争をしているようでもあります。

　この章では，いつ頃から，どのようなアントレプレナーシップ促進のための政策がとられるようになったのかを見ていきましょう。そして，アントレプレナーシップを促進する政策の難しさがどこにあるのかを考えていきます。

1　起業促進による雇用創出効果

アントレプレナーシップ促進のための政策はいつ頃からとられるように
なったのでしょうか。現在，アントレプレナーシップ促進のための政策のほ
とんどが，起業促進についてのものです。しかし，このような政策が昔から
とられてきたわけではありません。少しだけ歴史を振り返ってみましょう。

■ 中小零細企業の存続

起業は人々の職業選択です。そのため，そこに政府が政策的に関与するこ
とは行われてきませんでした。しかし，雇用は重要な政策的な課題です。で
きるだけ失業を防ぎ，安定的な雇用を達成することは，人々の生活のために
大切です。

アメリカでは 1946 年に雇用法（Employment Act of 1946）が制定されまし
た。これは，完全雇用と高い水準の経済成長を達成することを目標とする法
律でした。それまで戦時動員されていた労働者が平時の産業に戻っていく中
で，不況を回避し，完全雇用を実現することが重要であり，その達成は連邦
政府の責任であると考えられていたのです。

また，1953 年にはアメリカで中小零細企業の存続のための支援を行う目
的で中小企業庁（Small Business Administration）の設立が承認されました。こ
の背景には，垂直統合の程度の高いいわゆる「大企業」の台頭がありました。
1890 年代以降，取引費用を下げる制度整備が，経済成長のスピードに追い
つかなかったため，企業はビジネス機会を追求するために垂直統合の程度を
高めていったのです[1]。

大企業の興隆は，中小零細企業の存続にとって脅威と考えられるように
なっていました。規模の経済性や範囲の経済性などが強く働く産業では，規
模の小さい企業は不利です。しかし，中小零細企業は雇用という点で重要な
役割を担っています。だからこそ，その存続を支援する必要があると考えら
れたのです。それまでは，中小零細企業は政策的な育成や保護の対象ではあ

1　このプロセスについては，Chandler Jr. [1977]，Langlois [2007]。

りませんでした。しかし，中小企業庁の設立により，雇用のために保護する必要がある対象だと考えられるようになったのです。

■ 保護政策から雇用創出政策へ

　その後，徐々に考え方が変化していきました。確かに，中小零細企業で働いている人の数は多いのです。企業の数で見れば，おおよそどの国でも9割以上が中小零細企業です。労働人口における中小零細企業で働いている人の割合も，少ない国でも5割以上です。つまり，社会における小規模な企業は大きな存在です。

　しかし，中小零細企業の多くは，設立された後も，その規模の成長はほとんど見られません。ということは，雇用の創出という点では中小零細企業の保護・存続の政策だけでは十分ではないと考えられるようになってきたのです。

　メリーランド大学のハルティワンガーらは，アメリカで実際に雇用を創出しているのは，中小零細企業でもいわゆる大企業でもなく，創業から年数が経っていないスタートアップであったことを明らかにしています[2]。これが正しいとすれば，スタートアップの起業促進が雇用創出という点において重要な政策課題となります。

　さらに，中小零細企業の保護政策は生産性が低い企業を長期的に存続させてしまう可能性があるため，むしろ，イノベーションの創出や生産性の向上を阻害する要因になりえます。たとえば，中国やインドは中小零細企業の数が多いのですが，それらの企業の多くは労働集約的です。だからこそ，なかなか経済の全要素生産性（TFP：Total Factor Productivity）が上がりにくいのです。TFPとは，経済成長のうち資本投入と労働投入では説明できない残渣の部分です[3]。ざっくりとしたものですが，イノベーションの代理指標と考えられています。もしも，資本や労働力がアメリカと同程度の生産性を持つセクターに配分されていたとすれば，中国では30～50％，インドではさらに多くて40～60％のTFPの成長があったであろうと試算されています[4]。

2　Haltiwanger et al.［2013］.
3　TFPについては，姉妹書『イノベーション』の第2章で詳しく見ています。

生産性が上がりにくいところに資源を配分するよりも，生産性が上がると期待できるところに資源を投入するほうがよいわけです。

ダーロン・アセモグルらは既存企業の既存ビジネスに対する課税によって，生産性の低い企業の撤退を促すことができるだけでなく，生産性が低くなった既存企業にいる有能な従業員をより生産性の高い企業へ移ってもらうことが社会的に可能になり，社会全体としての生産性が向上すると分析しています[5]。また，既存企業に対して研究開発の補助金を提供することは，生産性の低い企業を存続させることにつながるので，生産性の向上のためにはやめたほうがよいということになります。

ブルームとバン・リーネンは，イギリス，ドイツ，フランス，アメリカの中小企業に対するマネジメントの調査から，どのようなマネジメントがされているかは企業レベルの生産性や収益性，企業価値や生存に重要であることを明らかにしています[6]。当たり前の話ですが，ちゃんと経営している企業は生産性や収益性，企業価値が高まっているし，生存率も高いのです。ここで測定されているマネジメントの慣行は，たとえば，在庫管理とか生産のトラッキング，目標の時間的な射程や評価の方法などで，教科書に出てきそうな，いわば，基本中の基本のようなものです。そして，このマネジメントの水準は，国ごとにずいぶんと違いがあることもわかっています。平均的にはアメリカ企業のほうがヨーロッパ企業よりもよくマネジメントがされているのです。ヨーロッパ企業には，相当悪い経営がされている企業が存在しているのです。その「相当悪いマネジメント」がなされているのは，企業の規模ではなく，市場での競争が緩かったり，長男に事業継承がされている家族企業に見られています。つまり，中小零細企業を守るための保護・優遇政策をとるのではなく，参入障壁を低くし，公平な競争を可能にすることが生産性の向上のためには重要だということになります。

このように，企業に関する政策は，中小零細企業の保護や存続を促進するようなものではなく，新しい企業の設立を促進することにより新しい雇用を創出しようというものに変化しつつあります。ヨーロッパでは 2000 年のリ

4　Hsieh and Klenow［2009］.

5　Acemoglu et al.［2018］.

6　Bloom and van Reenen［2007］.

スボン・アジェンダ以降，新しいビジネスの創出や起業の促進がさまざまな国で行われています。

　しかし，第4章でも見たように，起業という選択は，スキルの低い人と高い人の両極で大きくなっていることがわかっています。また，新しく設立された企業の大半は成長せず，小さな規模にとどまっていることも見られています。ということは，なんでもかんでも起業を促せばよいというものではなさそうです。ビジネスを成長させることができるスタートアップの設立を促進することが大切なポイントです。

■ 新陳代謝を促す政策へ

　中小零細企業の保護や存続を促進するものから，新しい企業の設立を促進するような政策に変わってきているということを見てきました。既存企業の保護や存続を促すと，競争の程度が小さくなり，生産性が低下すると考えられるようになってきたからです。そのため，参入障壁を下げ，より競争を促進するような政策がとられるようになっています。

　たとえば，市場参入に対する規制は，スタートアップの設立に負の影響があります。参入障壁を高めるような規制の場合には，新規参入企業は参入障壁を越えるためのコストに耐えられるくらいビジネスを大きくしなければならないので，スタートアップの参入が難しくなることもわかっています[7]。競争政策もビジネスの追求の仕方に影響を与えます。新規参入を促進する競争政策は，大きなブレークスルーとなるイノベーションの発生を高めます[8]。

　また，労働者保護が強い場合には，企業は人員の整理解雇がしにくくなります。労働者保護が弱く，整理解雇がしやすい場合には，企業はビジネスの状況に合わせて柔軟に人員を調整できます。解雇をするコストが高い場合には，企業の生産性が下がってしまう可能性があるのです。また，解雇のコストの高さには，企業が試行錯誤をするのを難しくしてしまいます。ベンチャー・キャピタルの投資は，労働者保護が強い国では小さくなっており，ボラティリティが高いビジネスのセクターではその影響は最も高くなってい

7　Klapper et al. [2006].

8　Gans and Persson [2013].

■　図表 14-1：代表的な起業支援政策

政策	支援内容
補助金・助成金	特定のスタートアップへの補助金や助成金の提供
補助金・助成金つき ローン	特定のスタートアップへの補助金や助成金がついたローンの提供
ローン保証	スタートアップに対する融資の保証（無担保・無保証人）
タックス・ホリデー （税金免除）	特定期間の法人税などの免除
公的ベンチャーキャピ タル・ファンド	スタートアップへのエクイティ・ファイナンスの提供
フィジビリティ・ スタディ	技術や市場の調査機会の提供
インキュベーター	起業家コミュニティの形成・オフィスや研究設備などのインフラ提供
コンサルティング・ サービス	ビジネスプランや資金調達，会計などのアドバイス
起業相談	創業や事業計画，法令についての相談

出所：Sexton et al. [2000]，p.98 Table 5.3. を参考に著者作成。

ます。このように既存企業を保護するというよりも，競争や新陳代謝を促進するような政策がアントレプレナーシップを高めるためには重要になってきています。

　新しい企業の設立を促進するために，さまざまな起業支援が行われています。図表 14-1 は代表的な公的機関による起業支援をリストアップしたものです。このような支援は現在，多くの国でなされています。補助金や助成金の提供などから始まり，オフィスや実験設備などのインフラの提供，さらには起業家コミュニティの形成による暗黙的な知識の共有などのソフトな面の支援も行われています。

■ エリサ法

1つ具体的な政策を見ていきましょう。アントレプレナーシップ促進という点で，重要な効果があったと考えられているベンチャー・キャピタルを活発化させるための政策です。

アメリカでベンチャー・キャピタル産業が始まったのは，MIT の学長やビジネス界のリーダーたちが，American Research and Development を 1946年に設立したことに始まるといわれています。これは，第二次世界大戦のために米軍によってつくり出された技術を商業化しようとする企業に対して投資を行うために設立されたものでした。

1960年代に入ると，政府がベンチャー・キャピタルの支援を始めました。中小企業投資会社（SBIC：Small Business Investment Company）を立ち上げたのです。投資家が SBIC を通じて投資をしようとする際に，政府はそれに対してマッチングし投資を行うものでした。しかし，この制度は設計がずさんであり，多くは失敗に終わってしまいました。

ベンチャー・キャピタルは，アメリカで 1970年代後半からの制度的な仕組みが整備されたことによって，徐々に活発になってきました。1978年の歳入法の改正によってキャピタル・ゲインへの課税が 49.5％から 28％へと引き下げられたことによって，株式投資が増加しました。1981年には経済再建税法（Economic Recovery Tax Act）により，個人のキャピタル・ゲインへの課税はさらに 20％へと下げられました。これらによって，株式に投資しようというインセンティブが高まりました。

1979年には，一般的にエリサ法と呼ばれている従業員退職所得保障法（ERISA：Employee Retirement Income Security Act）がつくられました。エリサ法は，民間企業の年金が最低限守らなければならない基準を定めたものです。年金は，人々の老後の生活にとってとても大切なものですから，安定的な運用が求められます。年金のファンド・マネージャーがハイリスク・ハイリターンの投資先を選んでしまっては，人々の老後を高いリスクにさらすことになってしまいます。だからこそ，年金の資産運用に対して厳格な制限をかけたのです。たとえば，①加入員や行政に対する情報開示，②制度への加入資格や受給権付与の最低基準の明確化，③年金資産の最低積立基準の設定，④制度の管理・運営者の受託者責任，⑤制度終了保険などを規定しています。

　そもそも年金がスタートアップやスタートアップに対する投資を行うベンチャー・キャピタルへ投資をすることは一般的ではありませんでしたが，もしもそれを行う場合には，エリサ法に従わなければいけないようになったのです。

　しかし，エリサ法にはいくつかの免除事項があるのです。その中でも重要な免除事項は，VCOC（Venture Capital Operating Company）と呼ばれるものです。年金基金の限られた割合にとどまるものであればVOCCへの投資は問題ないと考えられるようになったのです。

　VOCCとは，簡単にいえば，ベンチャー・キャピタルとして実際に活動している企業です。VOCCと認められるためには，次の2つの要件が必要です。1つは，その企業が集めたファンドの資金の少なくとも50％が事業会社に投資されている必要があります。2つめは，少なくとも1社の事業会社について経営権を行使していることです。だからこそ，スタートアップに投資をするときには，多くの場合，ベンチャー・キャピタルは，経営権レター（Management Rights Letter）と呼ばれるものを要求するのです。これは，企業の財務の状況や意思決定へのアクセスを投資家がより多くできるようにする権利を要求するものです。投資家が公開されていない財務状況を確認できるようにしたり，スタートアップの取締役会に出席できる権利です。これがあれば，つまり，実質的な経営権を行使できる状態にあれば，VOCC免除を得ることができます。エリサ規制から免除されることには大きなメリットがありました。免除がない場合には，そのファンド・マネージャーの投資先が限定されてしまうのです。しかし，VOCC免除があれば，ベンチャー・キャピタルへ投資ができるのです。

　キャピタル・ゲインへの課税が引き下げられていたこともあり，そこを狙いたい投資家たちにとっては，大きなキャピタル・ゲインが期待できるスタートアップやそこに投資するベンチャー・キャピタルは良い投資先と考えられたのです。

　さらに，1980年には中小企業投資促進法（Small Business Investment Incentive Act）によって，ベンチャー・キャピタルがアメリカの証券取引委員会の投資顧問業登録やそれに関する規制の対象から外されました。これによって，ベンチャー・キャピタルの活動に柔軟性が与えられました。また，同年には，

前述のエリサ法のセーフ・ハーバー規制（Safe Harbor Regulation）が成立し，ベンチャー・キャピタルが年金基金から投資資金を調達したとしても，年金のファンド・マネージャーとしては見なされないことが明示されました。エリサ法が緩和されたのです。これによって，ベンチャー・キャピタリストの年金からの投資資金の調達についての自由度が広がりました。これらの制度の改革によって，ベンチャー・キャピタルの投資額は1970年代後半から増加し，1980年代後半には，ベンチャー・キャピタルは1億ドル以上を投資する大きなものから，100万ドル程度からの投資を行うニッチなものまで大きな多様性を持つようになったのです[9]。新規性の高いプロジェクトに多くの資金が流れるような「ホット」な市場は，アントレプレナーシップを高めるためには必要です[10]。その点で，ベンチャー・キャピタルへの投資を促進したエリサ法の改正は意義があったのです。

2　研究開発支援による波及効果

　アントレプレナーシップの促進といっても，新しいビジネス機会はさまざまなものがあります。どのようなものでも，政府が支援すればよいというわけではありません。政府が支援するべき正当性が大きいものは，どのようなものなのでしょうか。

　アントレプレナーシップの促進について，政府が介入する正当性があるものは，第1に市場に任せておくと上手くいかないようなものです。市場の失敗と呼ばれるものです。その典型例は独占や公害などを引き起こすものですが，アントレプレナーシップの文脈では研究開発がこれにあたります。第2に，波及効果が大きいものです。雇用創出効果が大きいものであったり，他の産業への波及効果が大きいものです。また，国民の暮らしを豊かにするという点も重要です。この2つめの点は，スタートアップが大きく成長するかどうかが重要な課題の1つです。この2つの点を頭に入れた上で，政府が介入して，アントレプレナーシップを促進する正当性が高い研究開発型のス

9　Gompers and Lerner［1999］.
10　Nanda and Rhodes-Kropf［2017］.

タートアップを見てみましょう。

■ スタートアップの研究開発支援の妥当性

これまで見てきたように研究開発は新しいビジネス機会を生み出す上で重要です。そして，研究開発は知識の波及効果が大きいのです。波及効果が大きいということは，研究開発への投資の社会的な収益率が大きいということです。つまり，研究開発投資の恩恵は，投資をした企業だけにとどまらず，広く社会に広まるわけです。だからこそ，研究開発を国が支援する合理性があるのです。

それでは，なぜ，スタートアップがそれを担うのが大切なのでしょうか。イノベーションの分類を考えてみるとその重要性がわかります。イノベーションはさまざまな種類に分類することができますが，能力破壊型（Competence Destroying）と能力増強型（Competence Enhancing）に分けて考えてみましょう。能力破壊型とは既存企業が構築してきた能力を破壊するようなイノベーションであり，能力増強型とは既存企業の能力をさらに強めるようなイノベーションです。これまでの研究では，能力破壊型のイノベーションは新規参入企業から，そして能力増強型のイノベーションは既存企業から生み出される傾向があることが明らかにされています[11]。新規参入企業は，既存企業の能力を破壊するようなイノベーションをもって参入しなければ，既存企業に対して競争力を構築することが難しいのです。

既存企業による既存領域での研究開発が支配的であると，どうしても能力増強型のイノベーションが多くなってきて，能力破壊型のイノベーションは生み出されません。能力破壊型のイノベーションを社会的に促進しようと思うのであれば，新規参入企業が必要です。スタートアップは，新しく設立された企業なので，新規参入企業です。既存企業では狙えないような小さな市場や，既存企業の能力を陳腐化してしまうようなビジネス機会でも，スタートアップであれば開拓していけるのです。

ただし，スタートアップを単純に増やせばよいというわけでもありません。スタートアップは，放っておくと研究開発型ではなくなってしまいます。ス

---

11 Tushman and Anderson [1986].

タートアップは内部留保がほとんどなく，外部からの資金調達が重要です。しかし，第5章で見たように，研究開発のための資金調達は資本コストが高くなってしまうため，研究開発は避けられがちなのです。だからこそ，内部留保から研究開発投資を行う余裕のある，いわゆる大規模な企業のほうが有利になります。外部の投資家から資金調達をして，スタートアップが研究開発を行うのはなかなか難しいのです。研究開発が進み，おおよそビジネスの見込みがたってくると，エンジェルやベンチャー・キャピタルからも資金を調達できるようになってきますが，それまでが課題です。ここに政府が介入する妥当性があります。

　また，第2章で見たように，研究開発型のスタートアップは知識集約的であり，大きく成長するインセンティブを持っています。規模を大きくすればコスト・スプレディングができるからです。労働集約的なビジネスの場合には，製品やサービスを生み出すのに多くの人手が必要なものですから，確かに雇用はある程度確保できるかもしれません。しかし，なかなか規模は大きくなりにくいのです。労働集約的なビジネスは，コストに占める人件費の割合が多いからです。つまり，変動費が多いということです。そのため，規模の経済性が効きづらく，ビジネスを大きくすることでコストが下がる効果が大きくないのです。

■ SBIR と補完的な制度

　研究開発型のスタートアップは，1980年以降，アメリカで増えてきました。日本ではまだなかなか増えてはいません。それは，「アメリカン・ドリーム，チャンスを求めてやってきた人の国だからでしょう」と思う人もいるでしょう。アメリカはそもそも個人主義的でアントレプレナーシップの程度が高く，日本は集団的で保守的で出る杭は打たれるような文化があるというわけです。よく耳にする一般的なイメージです。

　これには注意が必要です[12]。日本は文化的にイノベーションに適していなかったり，アメリカの文化のほうが個人主義的であるということを示す実証的な証拠はほとんどないのです。それに，もしも，アメリカの文化的な要因

12　この点については，清水［2019］を参照してください。

が強く作用しているとすれば，1980年代以前からずっとスタートアップが多くなっていてもおかしくなさそうです。それではなぜ，1980年代からアメリカで研究開発型のスタートアップが増えてきたのでしょうか。連邦政府によるスタートアップに対する研究開発助成（SBIR）などが重要な役割を果たしていました。

　SBIRについては，第5章でも見てきたので，ここではSBIR自体の説明はほどほどにして，それを機能させる補完的な制度について考えていきましょう。

　SBIRは，アメリカ議会が，アメリカ企業の国際競争力低下への対応として1982年に制定したものです。各連邦機関（日本でいえば，省庁です）に対して年間予算の一定の比率を中小企業の研究開発の資金に提供するようにしたものです。SBIRによる研究開発の給付は，公募による競争的なプロセスによって決まります。公募の対象は，従業員数が500名以下のアメリカの企業です。従業員数500名以下の企業が対象ですから，既存の中小零細企業も受けることはできます。しかし，助成の対象は革新的な研究開発プロジェクトです。既存の労働集約的なビジネスを行う中小零細企業はなかなか選考には残ることはできません。大学や公的な研究開発機関，あるいは企業の研究部門からのエンプロイー・スタートアップが助成を受けています。

　SBIRの研究開発支援には3つの段階があります。最初の段階は，新しい知識を生み出したり探索したりする点において最も萌芽的な段階です。新しい技術の探索をしたり，基盤的な研究開発を行ったりするための研究開発費が給付されます。第2段階は，新しい技術を製品あるいはサービスとして市場に出すために必要な研究開発の費用が給付されます。各省庁のSBIRによって若干異なりますが，追加的な研究開発の給付の必要性に対応して第2段階では複数の延長の研究開発給付が行われています。そして，第3段階は，いよいよ製品化あるいはサービス化です。このフェーズではSBIRによる研究開発の給付はありませんが，SBIRやSTTR（中小企業技術移転プログラム）以外の資金提供者とのマッチングや実際の製品化・サービス化の契約を促進するような取り組みがなされています。第3段階めまで進んできたスタートアップは，中小企業優先調達制度と連動して，省庁が最初の顧客となることもあります。

　SBIR の研究開発の給付額は，ベンチャー・キャピタルからのスタート
アップへの投資額の平均と比べると，それほど大きくはありません。しかし，
SBIR は設立して間もないスタートアップの研究開発を支援するという点で，
非常に重要な役割を担っています。大学の研究者が SBIR の研究開発費を得
るためにスタートアップを組織することが多くなったのです。また，給付の
額はそれほど大きくないのですが，競争的なプロセスを経て給付が決定され
るので，SBIR を受給していること自体がそのスタートアップの持つ技術の
有望さのシグナリングとして機能しています。実際に，SBIR を受給してい
る企業は，受けていない企業よりもベンチャー・キャピタルからの資金提供
を受けやすくなっていることや，生存率や成長率が高いことが観察されてい
ます[13]。また，SBIR と基本的なプログラムの設計は同じで，その目的が技
術移転にある STTR（中小企業技術移転プログラム）というものも行われてい
ます。大学や非営利の研究開発機関とスタートアップの共同研究開発プロ
ジェクトが研究開発の給付の対象です。これもスタートアップの研究開発に
対する支援の 1 つといえます。

　「SBIR なら，日本でもやっている。それなのにあまり上手くいってないの
ではないか」と思う人もいるでしょう。確かに，日本でも日本版 SBIR と呼
ばれるもの（中小企業技術革新制度）を導入しています。しかし，なかなか
思うような成果を上げられていないようです。なぜでしょうか。

　それは，アメリカの SBIR はそれ単体の制度で機能しているわけではない
からです。補完的な制度が存在しています。その代表的な 1 つは国防です。
アメリカの国防予算はおよそ 80 兆円にものぼります。基礎研究は国防予算
によって支えられています。アメリカの国防から研究助成を受けて生み出さ
れたイノベーションは枚挙にいとまがありません。インターネットや GPS
などは代表的な例ですが，AI やロボティックスなど，その後多くのビジネ
スにつながった基盤的な技術が生み出されているのです[14]。情報通信，エ
レクトロニクス，航空宇宙などでは生み出されているイノベーションのほと
んどすべてが国防からの基礎研究を基盤にしているといえるほどです。スター

13　SBIR については，Lerner [2000]，Audretsch et al. [2002]，Lanahan and Feldman
　　[2015]。

14　この点については，Mazzucato [2015] が詳しく議論しています。

トアップは新規性の高い研究開発を進め，それが上手くいけば，国防産業の既存企業の M&A によりイグジットができるのです。日本の国防の予算は国際的に見てもそれほど小さいわけではありませんが，アメリカとは桁が違います。さらに，歴史的な経緯もあり，自国で研究開発を行い生産し，調達しているというよりも，ほとんどアメリカから調達しています。もちろん，日本の国防費を上げろというわけではありません。しかし，この重要な制度上の違いを無視していては，SBIR などの制度を表面的に模倣したとしても，期待するような成果が生まれないのは当たり前です。

3　知的財産権の影響

国の知的財産権のあり方もアントレプレナーシップに影響を与えます。一般的には，知的財産権に対する保護が強い場合は，技術（あるいはそれを含めた企業）の買収によるビジネス機会の追求が促進されると考えられています[15]。基本的には，研究開発型のスタートアップを促進しようと考えた場合には，知的財産権の保護の程度を高めればよいと考えられます。

■ 特許制度

ただし，それほど単純な話でもありません。代表的な知的財産権の特許とアントレプレナーシップについて考えてみましょう。特許は，新規性，進歩性，産業上の利用可能性のある製品やプロセスといった知的財産に一定期間与えられる独占的な権利です。特許制度には，大きく 2 つの目的があります。1 つは，知識の普及です。特許は技術情報を公開することを条件として付与されます。新しく生み出された技術情報が公開されることにより，社会的には二重投資を防ぐことができます。さらに，新しい技術は，次の研究開発のインプットにもなります。今日の発明が明日の発明の糧です。新しく開発された技術を土台に，さらなる研究開発がされるのです[16]。もう 1 つは，専有可能性を高めることです。専有可能性とは，イノベーションを生み出した人

15　Gans, Hsu and Stern [2002], [2008].

16　Romer [1990].

（あるいは組織）が，生み出された経済的な価値を得られる程度です。高い専有可能性は，ビジネス機会を追求するインセンティブを高めます。その反対に，専有可能性が低い場合（良い技術を開発したとしても，容易に模倣されてしまう場合など）は，新しいビジネス機会を追求するインセンティブは小さくなります。特許を得ると新しい技術の独占的な権利が一定期間与えられます。そのため，その技術から得られる経済的な価値を確保しやすくなります。つまり，専有可能性が高まるのです[17]。

　特許はスタートアップの生成にも重要な役割を果たしています[18]。研究開発型のスタートアップは，生産設備を自社で有していないものも多くあります。自らだけでビジネスを展開していくための補完的な経営資源をそれほど有していないのです。このようなスタートアップが存在できるのは，特許によって自社の技術を保護できているからです。特許がなければ，スタートアップは自社が生み出した知識を活用して経済的な価値を生み出すことが難しいだけでなく，ベンチャー・キャピタルなどからの資金を調達することすら難しくなってしまうでしょう。特許があることによって，製造企業にその特許をライセンシングする研究開発特化型のスタートアップと，製造企業のように垂直的な分業関係が成立する余地が生まれています。

　また，近年注目を集めつつあるのは，特許の排他的な側面ではなく共動的な側面です。上述のように，特許は，その権利者にその技術の独占的な実施権を付与します。独占的な実施権ですから，そこには，排他的な側面が含まれています。しかし，特許により技術情報が公開されることにより，企業はビジネス・パートナーを見つけたりすることができます。さらに，特許により知識ベースの開放性を維持し，オープンソースタイプの知識の生産を促進することもできます。特許を取得した上で自社で排他的にその権利を実施するのではなく，広く一般にその技術の使用を認めるのです。これにより，新しいビジネス機会が多くのアクターに開かれる可能性があります。

17　インセンティブとしての知的財産権については，Scotchmer［2004］を参照してください。

18　Arora and Merges［2004］。

■ 多様な影響の経路

しかし，特許がアントレプレナーシップを促進するという点について疑問を投げかける研究が多く見られるようになっています[19]。ポイントは3つに分けることができます。

第1点は，特許が本当に適切に模倣を防げているのかという点についての疑問です。他社によって自社の特許が抵触されていないかどうかをモニタリングするのにはコストもかかりますし，本当にすべての模倣を特定できているのかもわかりません。裁判になったときにもコストはかかりますし，判決には不確実な面もあります。

第2は，新しい技術を生み出すインセンティブという点で特許は過大評価されてきたのではないかという疑問です。新しい技術を開発し，それをビジネスに展開し，経済的な価値を生み出す上で，企業はそれほど強く特許に依存していないのではないかというものです。企業が経済的な価値を生み出す上では，移転が難しい暗黙的な知識や補完的な経営資源などの存在も重要であり，専有可能性を高めるのは特許だけではないのです。

第3は，特許の保護が強く，企業が独占的な利用を行使する程度が高くなれば，アントレプレナーシップを低下させてしまう恐れがあるという点です。特定の領域で特許が増えると，「共有地の悲劇」や「特許の藪」という現象が発生します[20]。ある製品やサービスを構成する上で必要な技術が多数の権利者によって，断片的に保有されていると，そこでビジネスをするためには，特許を有しているすべての権利者と交渉をしなければならなくなります。そのため，その領域でビジネスを行うコストが高くなってしまうのです。

さらに，パテント・トロール（Patent Troll）を行う企業も，産業でのアントレプレナーシップの程度を低下させる可能性があります。パテント・トロールとは，自社が保有する特許を侵害している可能性のある企業を，巨額の賠償金やライセンシング料をとることを目的として訴えるものです。パテント・トロールを行う企業は，多くの場合，特許で保護された技術を使用したビジネスを行っていません。そのようなビジネスを行っていないからこそ，

19　代表的なものとしては，Mazzoleni and Nelson［1998］，Jaffe［2000］，Cohen et al.［2000］などがあります。

20　Shapiro［2000］, Heller and Eisenberg［1998］.

見返りとして特許権侵害で訴えられるというリスクがありません。そのため，安心してパテント・トロールができるのです。このような企業が特許をとるのは，模倣を防ぐためではなく，むしろ侵害されることが目的です。パテント・トロールで稼ぐビジネスは法的に問題があるわけではありません。しかし，パテント・トロールは，そこでのビジネスのコストを高めることで，アントレプレナーシップを低下させる可能性があります。

　このように，特許は専有可能性を高めることにより，期待利益を高め，アントレプレナーシップの程度を高める側面があると同時に，ビジネスをするためのコストを高め，アントレプレナーシップを低下させてしまう可能性もあります。このように，特許がアントレプレナーシップに影響を与える経路は複数あり，相反する影響が同時に存在しているのです[21]。そのため，特許制度のどの側面が，どのような経路で，どのような影響をアントレプレナーシップに与えるのかを丁寧に紐解いていくことが大切です。

4　産業クラスターによる地域振興効果

　アントレプレナーシップの促進は，地域振興としても重要視されるようになっています。知識集約的な産業において新しいビジネス機会の追求がなされるようになると，ある特定の地域に特定の産業クラスターが形成されます。産業クラスターには雇用創出効果があり，地域経済への貢献が期待されているのです。

　地域振興策としての産業クラスターに注目が集まるきっかけとなったのは，アメリカのシリコンバレーにおける半導体を中心とした産業クラスターの興隆です。シリコンバレーでは，次々とエンプロイー・スタートアップが生まれ，新しいビジネス機会が追求されています[22]。知識は人を介して波及して

21　特許がどのような役割を担うかは，産業の性質によっても異なっています。たとえば，医薬品産業では，特許の排他的な側面が専有可能性を高め，研究開発投資のインセンティブになると考えられています。しかし，エレクトロニクスのようにさまざまな技術を組み合わせて製品やサービスをつくり出すような産業の場合には，排他的な側面だけでなく，共同でビジネスを展開する側面も重要になるでしょう。産業ごとの特許の重要性については，Fontana et al.［2013］を参照してください。

いきます。だからこそ，そこで働く人々のネットワークはとても大切であり，その範囲において産業クラスターが生成します。産業クラスターが成長すれば，当然，多くの雇用を生み出し，経済成長に貢献します。産業クラスターをサポートする産業（たとえば，ベンチャー・キャピタルなど）やサービス産業も増えてきます。そのため，地方政府や地域レベルでさまざまな産業クラスター促進のための政策がとられています。

　産業クラスター促進の有名な事例の1つとして，テキサス州オースティンをざっと見てみましょう[23]。1982年にアメリカで，マイクロエレクトロニクス・アンド・コンピュータ・コンソーシアム（MCC：Microelectronics and Computer Consortium）と呼ばれる研究開発コンソーシアムが組織されました。これは，新型コンピューターの開発を目標としたものであり，多くのエレクトロニクス企業が参加しており，当時は世界最大の研究開発コンソーシアムでした。当時，日本で進められていた次世代コンピューターがライバルでした。このコンソーシアムの本社がテキサス州のオースティンに置かれました。他にも候補地があったのですが，テキサス大学オースティン校や地元のビジネスリーダー，地元の政府関係者からの熱烈な誘致があり，オースティンが選ばれました。テキサス州はオースティン校の研究開発インフラを整備し，MCCの基礎研究を支援しました。こうして，オースティンを中心とした知識集約型のハイテククラスターが形成されました。MCCは2000年に解散となりましたが，MCCで生み出された知識を活用して新しいビジネス機会を追求するスピンアウトが生まれています[24]。特定の地域内での知識に対する投資が，アントレプレナーシップを促進し，経済的な成長をもたらすことを示す成長モデルもあります[25]。

　産業クラスターにおいて重要なポイントは，知識の波及効果を生み出すコアとなる拠点です。特定の研究領域において競争力がある大学が拠点となる

22　シリコンバレーについては多くの書籍があります。代表的なものは，Saxenian［1994］でしょう。

23　オースティンでの産業クラスターについては，福嶋［2013］が詳しく分析しています。

24　スピンアウトとは，親企業からの資本の提供を伴わないエンプロイー・スタートアップです。忘れてしまった人は第4章に戻ってください。

25　Audretsch and Keilbach［2008］，Braunerhjelm et al.［2010］.

こともありますし，大学や研究機関を集めたリサーチパークがその役割を担うこともあります。大切なポイントは，そのコアとなる拠点が知識基盤として機能するかどうかです。

5 アントレプレナーシップ促進政策の難しさ

アントレプレナーシップを促進するための政策が，中央政府や地方政府などさまざまなレベルでとられるようになっています。政策的にアントレプレナーシップを促進するには目標設定や効果の測定などに難しさもあります。

■ 複数の目標の存在とインセンティブ

公的に行われているスタートアップへの投資は，それが公的に行われているがゆえに，投資からリターンを得るということ以外の目標が存在していることがあります。投資からのリターンを得るというだけであれば，民間に任せればよいので，わざわざ政府が介入する必要はそもそもありません。政府が行うからこそ，投資からのリターンを最大化するというものだけではない政策目標が出てきます。たとえば，政府のスタートアップへの投資においては，投資のリターンの最大化だけでなく，ある技術や産業の振興も目標になっていることもよくあります。そもそも，目標が2つある組織のマネジメントは難しく，非効率になりやすいのです。目標が複数存在していると，政策担当者（あるいは公的な資金提供者）のインセンティブの設計も難しくなり，その結果，効果的な政策が実施されなくなってしまいます。公的な政策の場合には，政策の正当性を確保するために一石二鳥を狙うものの，結果としては同床異夢になってしまうということがあります[26]。

また，スタートアップへの投資を行うファンドをつくったまではよいものの，そのファンド・マネージャーに適切なインセンティブを与えることができない場合もあります。公的なファンドの場合，公務員のものに準ずる給与体系がファンド・マネージャーに適用されることが少なくありません。しかし，これではファンド・マネージャーに大きな経済的なリターンが見込める

---

26 この点については，谷口［2017］を参照してください。

プロジェクトを選択するインセンティブが十分に与えられているとはいえません。

■ 政策目標や効果の測定の難しさ

アントレプレナーシップの程度を政策的に高めるためには，アントレプレナーシップの測定がなされなければなりません。政策目標がなければ，効果的な政策はとれませんし，その効果の測定も検証できません。エビデンスに基づく政策にはなりません。

起業だけに焦点を絞り，新しい企業の設立の数値的な目標を立てることも可能です。たとえば，10 年間の間に 1000 社の大学発のスタートアップの設立を目標とすることもできます[27]。しかし，第 3 章で見たように，新規企業の数はアントレプレナーシップの程度を測る 1 つの代理的な指標にすぎません。新しい企業を設立するだけであれば，定款をつくり，それを認証してもらい，資本金を払い込むなどして，登記申請するプロセスを踏めばよいだけです。企業として登記されてはいるものの，ビジネスを行っている実態のない企業（ペーパー・カンパニーと呼ばれたりします）も多くあります。本当に新しいビジネス機会を追求しているかどうかはわからないのです。

■ 効果が出るまでに時間がかかる

アントレプレナーシップを促進する政策を政府がとる場合には，特定の企業が成功する必要は必ずしもありません。政策としては，一部の企業が成功してその地域の成長が実現すればよいのです。しかし，その成果が実際に観察されるようになるまでには長い時間が必要です。

政策の成果が表れるのに時間がかかる理由の 1 つは，補完的な制度の存在です。たとえば，起業を促進するような政策を打ち出したとしても，新興企業用のエクイティ・ファイナンスの市場や柔軟な労働市場などを支える制度がなければ，政策は効果的なものとはならないでしょう。SBIR と補完的な制度でも見たように，表面的に制度を模倣したとしても効果は出ないのです。

27　これは，いわゆる「平沼プラン」と呼ばれるもので，2001 年に当時の経済産業大臣であった平沼赳夫が発表した，10 年間で大学発ベンチャーを 1000 社設立するという計画です。

　また，制度は，公式的なものばかりではありません。その社会でどのような働き方が「良い」とされているのか，新しいビジネス機会を追求するのにどのような価値がおかれているのかなどは，非公式的な制度として人々の行動に影響します。そして，そのような制度が変化するのには時間がかかるのです。

　さらに，政策の目標は達成したものの，政策が副次的な効果として意図せざる結果を招く可能性もあります。たとえば，SBIRにはクラウディング・アウト効果が起こっており，SBIRが企業の研究開発や雇用を促進させているということは見られないという研究結果もあります[28]。SBIRは既存の組織からのスピンアウトを促進する結果，既存の研究開発プロジェクトの累積的な技術開発が停滞するというケースも見られています[29]。政策評価を行うときには，このような副次的な効果も含めて考える必要があります。政策の効果を観察するためには，政策がとられてからある程度の時間を見なければなりません。

■ 有望ではないプロジェクトを引きつける可能性

　起業促進のための補助金の支給などが多くの国に導入されています。このような支援策は，能力の低い起業家や有望とはいえないプロジェクトを引きつけてしまうかもしれません。

　政策担当者は，スキルの分布の極端な部分から起業への選択がなされていることは頭に入れておく必要があります。つまり，政策担当者のイメージとしては，次のビル・ゲイツ，スティーブ・ジョブズ，ラリー・ペイジ，マーク・ザッカーバーグなどがあるのかもしれません。確かに，そのイメージは良いかもしれませんが，多くの起業は小規模であり，しかも小規模であり続けるということには注意が必要です。もしも，起業のための補助金などにより起業を促したとしても，それによって起業を選択する人たちのスキルに

28　クラウディング・アウトとは，政府が失業対策などのために国債を発行して政府支出を増やすときに，意図せざる結果として，大量に発行した国債が金利の高騰を招き，その結果，企業の投資や個人の消費などが抑制的になってしまうような現象のことを意味しています（Wallsten [2000]）。

29　この点については，清水 [2016]，Shimizu [2019] を参照してください。

よっては，生産性の向上に貢献できるかどうかはわからないのです。むしろ，補助金をもらわなければ継続が難しいような生産性の低い起業を促してしまう可能性もあります。

6 アントレプレナーシップは教育できるのか

アントレプレナーシップの大切さが喧伝されてくると，「じゃあ，アントレプレナーシップに溢れる人材を育成しよう」ということになります。アントレプレナーシップが大学で扱われたのは，1947年のハーバード大学が最初だといわれています[30]。1970年代から，大学はアントレプレナーシップのコースを，学部やMBA，あるいはエンジニアリング・スクール（工学部やその大学院など）で熱心に設立しています[31]。

■ アントレプレナーシップの認識からスキルへ

アントレプレナーシップ教育では何が教えられてきたのでしょうか。初期の教育では，成功した起業家について教えられていました。たとえば，トーマス・エジソンや，ヘンリー・フォード，あるいはアンドリュー・カーネギーはどのような人物だったのか，どのようにビジネスを構築していったのかなどが教えられていました。企業家としてどのように成功していったのかというストーリーから学ぶわけです。もちろん，その企業家とまったく同じことをしても同じような結果にはならないでしょう。しかし，成功した企業家たちの経験や意思決定を追体験することで，新しいビジネスの構想の仕方やリーダーシップのあり方，組織のつくり方などを学んでいくのです。また，成功した企業家たちのストーリーは常に，エキサイティングです。大きな刺激を受け，自分でもやってみようと勇気づけられる人もいるでしょう。

しかし，この教育は大きく2つの課題がありました。1つめの課題は，成功した企業家の偶発性についてのものです。新しいビジネス機会の追求やその結果は，かなり文脈依存的です。トーマス・エジソンが行ったことをその

---

30 Katz [2003].
31 アントレプレナーシップの教育については，Bainée [2013] を参照してください。

まま異なる国や時代で行ったとしても，成功するわけではありません。ある人が，適切な場所に適切なタイミングでいることは，偶然の要素を含んでいます。もちろん，企業家は状況を判断し，適切な場所やタイミングを選んでいるという側面もあるでしょう。だからといって，自分が生まれる場所や時代を選べるわけではありません。そのため，個人の企業家に焦点を当てると，どうしても，運の要素が強くなってしまうのです。「結局，たまたまじゃないの」とか「運が良かった」ということになってしまうのです。もちろん，イノベーションを集めてくると，そこには経験的な規則性が見られています[32]。もしも，運の要素が大きければ，規則性は見られないはずです。しかし，個々のイノベーションやそれを生み出した企業家に焦点を当てると，運の要素が大きく見えるのです。

　もう1つの課題は，教育により直接的に関係するものです。成功した企業家についての伝記的な記述から，アントレプレナーシップを認識することはできます。企業家の意思決定を追体験するわけですから，その企業家なりのモノの見方やビジネスの構想，あるいは行動の存在を認識できます。そのモノの見方やビジネスの構想の仕方，あるいは行動に対して共感や理解はできなかったとしても，少なくとも認識はできます。しかし，認識すれば，アントレプレナーシップの程度が高まるとは必ずしも限らないのです。たとえば，王貞治さんがバッターボックスでどのようなことを考えていたのか，なぜ一本足打法をしようと思ったのかなどを知ることはできるかもしれません。しかし，それらを知ったからといって，王さんのようにホームランを打つことは（おそらく）できないでしょう。ホームランを打つためのスキルが必要です。スキルとは，教育や訓練などを通じて獲得できる能力のことです。スキル化できれば，教育によってその能力の習得を促すことができるのです。

■ 教育効果はあるのか

　現在，アントレプレナーシップの教育では，成功した企業家のストーリーから学ぶだけでなく，アントレプレナーシップをスキル化することが考えら

32　イノベーションに見られる経験的な規則性については，姉妹書『イノベーション』や清水［2019］を参照してください。

れています。新しいビジネス機会の追求のプロセスをできるだけ小さく分解し、そのプロセスを上手く実行するためのスキルを探り、それを教育に活かそうとしています。たとえば、新規性の高いプロジェクトを行うための資金調達の方法、試行錯誤を多くするためのポートフォリオ・マネジメント、知財戦略やイグジットの方法など、新しいビジネス機会の追求のプロセスで重要になるポイントがスキルやノウハウとして教えられています。もちろん、スキルやノウハウは常にアップデートしていかなければいけませんし、それを応用する能力も構築する必要があります。そもそも教育は、学ぶ人が新しいチャレンジに直面したときに、それまで学んだ知識を活用し、そこから新しいチャレンジに必要な要素を再構築することを可能にするものだからです。

　ただ、依然として、そもそも「アントレプレナーシップって教えられるの？」という疑問は浮かぶでしょう。「おいおい、そもそもこんな本まで書いているじゃないか」と思う人もいるかもしれません。

　教育効果があるかどうかは、卒業生のその後の活躍を見てみれば一目瞭然と考える人もいるでしょう。実際に、アントレプレナーシップの教育効果の分析では、教育と起業家のパフォーマンス（自営業の収入、企業の存続、利益、成長など）にはポジティブな関係が見られています[33]。スタンフォード大学の卒業生を対象とした調査では、アントレプレナーシップのプログラムに参加した人と実際の起業活動に、正の相関関係があることが見られています[34]。プログラムに参加した人は、起業活動をより行っていたのです。これは、良い知らせです。

　しかし、あるプログラムから多くの企業家が出ていたとしても、教育効果が出ているといえるほど単純ではありません。本当に教育効果があるのか、そもそも企業家としての能力がはじめから高い人が選抜されているだけなのかはわからないからです。もしかしたら、やる気のある人だけがそのような教育を受けているかもしれません。これは自己選択の問題です。

　アントレプレナーシップのプログラムに教育効果があったとは簡単に結論づけられなさそうです。これは結構やっかいな問題です。前述のように、そ

---

[33]　Unger et al. [2011], van der Sluis et al. [2008], Martin et al. [2013].
[34]　Eesley and Lee [2021].

もそも起業に強い興味がある人がプログラムに参加していたのであって，プ
ログラムが起業活動を促進したかどうかはわからないのです。

　先のスタンフォード大学のプログラムの研究では，アントレプレナーシッ
プのプログラムへの参加の程度が各大学で異なることを利用して，そのプロ
グラムがどの程度実際に起業率を促進したのかを分析してみたところ，驚き
の結果が出たのです。ビジネススクールのアントレプレナーシップのプログ
ラムは，起業率を上昇させるのではなく，むしろマイナスからせいぜいゼロ
の貢献だったのです。むしろプログラムに参加しないほうがましなぐらいで
す。また，エンジニアリング・スクールでのプログラムの参加は，起業率に
影響は与えていませんでした。

　しかし，落胆してはいけません。起業率は高ければよいというものではな
いのです。ビジネススクールが提供するアントレプレナーシップのプログラ
ムは，確かに起業率を低減させていました。しかし，起業の失敗の確率を減
らし，起業した場合の収益を増加させていたのです。つまり，そのプログラ
ムに参加した人は，より慎重にビジネス機会を吟味していたのです。つまり，
起業の質の向上につながっていたのです。

　それでも，そのような教育は役に立たないと考える人もいるでしょう。実
際に，アントレプレナーシップ教育，あるいはもう少し広く，経営学が役に
立つなら，商学部や経営学部，あるいは MBA を卒業した人，あるいは自分
で勉強した人は，もっと儲かっていてもよいはずだと思うわけです。確かに，
経営学（たとえば基礎的なマーケティングや簿記など）についてのトレーニ
ングやコンサルティングを受けた企業とそれを受けていない企業を比較した分
析では，これらのトレーニングによって企業のパフォーマンスが上がったと
いうことを示す証拠は見られにくいのです[35]。残念な結果なのです。「なん
だ，それならこの本を読んでいても意味がないのか」とすぐに落胆しないで
ください。これはトレーニングなどが意味がないということを示すものでは
ありません。実は，企業はそのような基礎的なトレーニングを受けているに
もかかわらず，それほど実施していない可能性があるのです。実際に，イン
ドにおいて企業にコンサルティングを行い，基礎的な経営学の施策を実行し

35　McKenzie and Woodruff [2014].

ていった場合には，労働者1人あたりの生産量が上がったり，品質の向上，在庫の低下などが達成できたのです[36]。経営学はしっかりと役に立っているわけです。

　少し話がそれたので，アントレプレナーシップのプログラムに話を戻しましょう。どうやらこのプログラムは教育効果はありそうだということがわかってきましたが，それでもまだ注意は必要です。

　そのプログラムを卒業したということが良いシグナリングとして機能している可能性があります。とくに，入学や卒業が難しいようなプログラムであればあるほど，教育をして能力を高めているのか，能力が高い人を選抜しているのかの区別がなかなかつかないのです。もちろん，選抜で生き残るためには，勉強しなければいけないので，そこに教育効果はあるでしょう。しかし，卒業生のパフォーマンスが高かったとしても，それが教育効果なのか，選抜効果なのかはわかりません。それを峻別するためには，同じような能力を持った人に，選抜の程度はそのままにして異なる教育をするか，同じ教育を行い選抜の程度を変えるかをして結果を見たいところです。ただし，それは簡単ではありません[37]。

　アントレプレナーシップの研究が体系的に行われ始めたのは，2000年代

36　Bloom et al.［2013］.

37　一橋大学の川口大司さんは，1969年に学生運動により東京大学で入試が実施できなかったことを自然実験として使って面白い分析をしています。1969年に東京大学の入試がなかったために，東京大学に入学できたかもしれない学生の多くが，その他の大学に入学しました。この論文では京都大学，大阪大学，一橋大学，東京工業大学，早稲田大学，慶應義塾大学が分析されています。1973年の大学卒業生がその後，上場企業や中央政府で同じ大学のその他の卒業年の人と比べてどの程度出世しているのかを分析しました。もしも，能力が高ければ，他の卒業年の人たちよりも出世しているはずです。その結果は，企業では1973年に卒業した人たちは，その他の年に卒業した人たちと比べて優れたパフォーマンスを示しているという証拠はありませんでした。しかし，中央政府では，1973年の卒業生たちは良い成績を残していたのです。この結果は，中央政府では，きちんと能力が評価され，「東大出身だから」という選抜効果による出世はそれほど存在していないことを示唆しています。ただし，中央政府では年次による昇進が多く，1973年卒業のコホートには東京大学出身者が不在であるということを考慮に入れなければいけません。この点を考慮に入れると，1973年卒業の人たちの中央政府での強いパフォーマンスはそれほど大きなものでなくなります。これは，「東京大学出身だから」という選抜効果がある程度は存在していることを示しています（Kawaguchi and Ma［2008］）。

に入ってからです。もちろん，それ以前にも研究はされてきましたが，2000年代以降に大きく進展しています[38]。研究と教育は表裏一体です。新しい知見が生み出されれば，それは教育に導入されていきます。そのため，教育の内容や方法などまだまだアップデートするべきポイントがたくさんあるでしょう。

7　本章のまとめ

　アントレプレナーシップを促進することはイノベーションにつながるため大切だということが社会的に広まってきました。そのため，国の関与はますます大きくなっています。国レベルでアントレプレナーシップを促進する競争が行われているといってもよいでしょう。また，中央政府だけでなく，地方政府，さらには大学などでもアントレプレナーシップ促進の政策がとられるようになっており，アントレプレナーシップを促進するための，起業支援や研究開発の助成，あるいは集積の中心となる拠点づくりなどが行われています。

　しかし，アントレプレナーシップ促進の政策を行えば，すぐに新しいビジネス機会の追求が進むというほど単純なものではありません。政策目標の設定や効果の測定は簡単ではありません。効果が出るまでには時間がかかります。それぞれの社会の文脈の中で効果的な政策を探索していかなければなりません。

もう一歩詳しく知るためのリーディング

　アントレプレナーシップを促進する政策はさまざまな国で，さまざまなかたちでとられてきていますが，そういった政策だけを上手くまとめた日本語の書籍は今のところ出ていません[39]。なぜ，アントレプレナーシップを高める政策が失敗するのかについては，ジョシュ・ラーナーが読みやす

---

[38]　1992年の段階では，1980年代から研究はされるようになってきたものの，理論的な基礎づけが弱いという指摘がされています（Bygrave and Hofer［1992］）。

[39]　その中でも体系的にまとめられているものとしては，Audretsch et al.［2007］がおすすめですが，翻訳は今のところ出版されていません。

くまとめてくれています。ただ，残念ながら翻訳が出ていません。

↪ Lerner, Josh [2009], *Boulevard of Broken Dreams: Why Public Efforts to Boost Entrepreneurship and Venture Capital Have Failed-and What to Do About It*, Princeton University Press.

　視点を変えて，個人的にも好きな本を1冊おすすめしましょう。国は民間に比べてアントレプレナーシップが小さく，イノベーションを生み出す力が弱いと一般的に考えられています。それに対して，マリアナ・マッツカートの次の本は，それは神話であって，イノベーションを生み出すためには国の関与がきわめて大切だということをわかりやすく説明してくれています。

↪ Mazzucato Mariana [2015], *The Entrepreneurial State: Debunking Public Vs. Private Sector Myths*, PublicAffairs.（大村昭人訳『企業家としての国家：イノベーション力で官は民に劣るという神話』薬事日報社，2015年）

第**15**章

アントレプレナーシップが促進されると
どうなるのか？

この章を読み進める前に

■ アントレプレナーシップの程度が高まると，社会にはどのような影響
  が出るでしょうか。あなたの考えをまとめてください。

■ 社会でアントレプレナーシップの程度が高まってきたときに，あなた
  はどのような行動をとるでしょうか。具体的に考えてください。

　　これまで，アントレプレナーシップについて考えてきま
した。流動性制約や機会費用，トップマネジメントの志向
性と組織のスラック，さらには心理的な特性までさまざま
なポイントを見てきました。これらは，基本的には，どの
ような場合に，新しいビジネス機会の追求の程度が大きく
なるのかを考えてきたわけです。
　　本章では，最後に，アントレプレナーシップの程度が高
くなると，社会にはどのような影響が出るのかを考えてい
きましょう。

1　経済的な成長

　アントレプレナーシップは，ビジネスについてのものですから，経済に対する影響が最初に気になるところです。アントレプレナーシップの重要さはさまざまなところで喧伝されていますが，経済的な成果に結びつくのでしょうか。

■ 経済成長につながるのか

　アントレプレナーシップは，新しいビジネス機会の追求の程度ですから，それが高まれば，当然，イノベーションが多く生み出されることが期待できます。その結果，経済成長も期待したいところです。また，新しいビジネス機会の追求が，次のビジネス機会を呼ぶという，波及効果もあります[1]。

　アントレプレナーシップとマクロ経済の成長との関係については，これまで多くの議論がなされてきました[2]。基本的に，アントレプレナーシップの程度が高まると，経済成長が期待できますが，まだそれほど実証的に強い基礎づけがされているわけではありません。

　その理由の1つは，本書でも繰り返し指摘してきたように，アントレプレナーシップの測定の難しさにあります。アントレプレナーシップは個人事業主の数や新しく設立された企業の数などで測定されることがほとんどです。しかし，個人事業主や新しく設立された企業のすべてが，新しいビジネス機会を追求しているとは限らないのです。むしろ，新しいビジネス機会を追求している個人事業主や新規設立企業のほうが少ないぐらいです。そのため，個人事業主や新規設立企業の数でアントレプレナーシップを測定すると，経済成長に対するアントレプレナーシップの程度の影響を過小評価してしまいます。もう1つの理由は，新しいビジネス機会を追求したとしても，多くの場合は，それがすぐに大きな成功に結びつくわけではないという点にあります。ビジネスが立ち上がり，成長し，経済的な成果を生み出すまでには，あ

　1　Ács et al.［2009］.
　2　Carree and Thurik［2010］, Wennekers and Thurik［1999］.

る程度の時間が必要です。

　もちろん，アントレプレナーシップの程度が小さくなることにより，経済成長の停滞が起こるというポイントは伝統的に指摘されています[3]。実証的にも，新規創業が小さくなると GDP や TFP が押し下げられるということも少しずつ明らかになっています[4]。

■ 雇用拡大につながるのか

　それでは，雇用に対する影響はどうでしょうか。これは，アントレプレナーシップの雇用創出効果に直接的に関係するものです。

　雇用において，スタートアップは重要な役割を担ってきたことがわかっています。まず，アメリカにおいてはいわゆる既存の大企業が雇用する人の労働人口に占める割合は，1970 年代から 1990 年代にかけておよそ 20％から 8.5％へと減少しています[5]。この傾向はヨーロッパでも見られています。OECD 諸国では，労働人口におけるビジネス・オーナーの割合が増えると失業率の低下が見られています[6]。

　もちろん，スタートアップのビジネスは不安定です。1986 年から 1997 年の間にベンチャー・キャピタルから資本調達を行ったスタートアップが 2007 年の時点でどのような成果を生んでいたのかを調べてみたところ，75％のスタートアップがすでに失敗に終わっていました[7]。もちろん，スタートアップでなくても，失敗するビジネスは多いでしょう。そのため同時期の同じ産業の同じ規模の企業と比較してみると，そのような企業が失敗してすでに廃業あるいは倒産している割合は 66％でした。やはり，ベンチャー・キャピタルから資本調達を受けているスタートアップのほうが失敗に終わるリスクの高いビジネスにチャレンジしていることが窺えます。

　重要なポイントはこれだけではありません。雇用に対するインパクトです。2007 年の時点でも生き残っていたスタートアップの雇用を見ると，最初の

---

3 Schumpeter［1942］，Cain and Hopkins［1993a］，［1993b］などが古典的です。

4 Gourio et al.［2016］，Alon et al.［2018］。

5 Carlsson［1992］，［1999］。

6 Audretsch and Thurik［2000］。

7 Kerr, Nanda, and Rhodes-kropf［2014］。

資本調達の時点での雇用の364％となっており，大きな成長を見せていたのです。ベンチャー・キャピタルから資本調達をしていないいわゆる中小企業の雇用はというと，67％（つまり，およそ3分の2に減っていた）でしかなかったのです。雇用の創出という点で，スタートアップが果たしている役割は重要だといえるでしょう。

■ 新規参入としての効果

新しいビジネス機会を追求するということは，定義的に，新規参入ということになります。新規参入は，スタートアップなどの新しい企業の設立を伴うことを必ずしも必要としていないことは重要なポイントです。既存企業であったとしても，新しいビジネスに参入することはたくさんあるのです。

新規参入は，産業の生産性の向上につながります。なぜでしょうか。新規参入が生じるのは，まず，そこにビジネス機会があると企業家が認識し，それを追求するからです。ビジネス機会があるということは，①既存企業よりも低いコストで製品やサービスを提供できる，②既存企業とは異なる製品やサービスを提供できるということが通常です。さらに，③既存企業よりも生産性が高くなかったとしても（つまり，既存企業よりも低いコストで生産できたり，異なる製品を生産できたりしなくても），既存企業が独占的なポジションを背景に価格づけをしている場合には，新規参入の余地が生じます。

これらの3点から考えると，新規参入は効率性を高めてくれるものだということがわかります。それまで高かったものがより低い価格で提供されるようになったり，これまで提供されてこなかった新しい製品やサービスが提供されるようになったりするわけです。

さらに，新規参入があることによって，産業はより競争的になります。競争的になることによって，生産性の低い企業は退出せざるをえなくなります。その結果，産業全体の生産性は高まることが期待できます。若い企業の退出率は高い一方で，競争に生き残り，存続している若い企業は，加齢している企業に比べて高い成長率を達成しています[8]。

もちろん，新規参入が常に経済的に良いものというわけではありません。

---

8 Haltiwanger et al. [2013].

経済的な厚生を低下させてしまうと考えられるのは，規模の経済性が重要な役割を担っている場合です。規模の経済性が働く場合には，参入企業が増えるに伴って，その経済性の効果は小さくなってしまいます。小さな規模の企業が乱立してしまうと，重複して固定費を支払わなければならず，規模の経済性が活かせなくなり，生産コストがむしろ上がってしまうのです。

　また，新規参入をする企業の効率性が既存企業よりも低い場合にも，経済的な厚生を低下させてしまうことにつながります。効率性の低い企業による参入は，当然ですが全体の生産性を下げてしまいます。それでは，なぜそもそも生産性の低い企業が新規参入してしまうのでしょうか。これは，前述の③がなぜ起こるのかという点です。これは，同質的な製品を生産する企業が，その生産量で寡占的な競争を行っている場合には，市場価格は独占的な市場の場合よりも低くなりますが，競争が激しい場合よりは高くなります。ここに新規参入の余地が生まれるわけです。

　最後に，イノベーションの性質にも影響があると考えられています。新規性の高いイノベーションや破壊的なイノベーションが，若い企業から生み出される傾向があることはよく知られています[9]。新規参入企業が既存企業に対して競争優位性を構築することはなかなか大変です。そのため，既存企業の競争優位性を補完するような製品やサービスを展開するか，既存企業の競争優位性を陳腐化させるような破壊的なイノベーションを生み出して参入することが重要になるからです。そのため，新規参入が多くなると，イノベーションの性質も変化してくることが予想されます。これは，産業の脱成熟を促進すると考えられています[10]。

2　リスク・シェアの仕組みの変化

　アントレプレナーシップが促進されると，リスク・シェアの仕組みや社会的な分業にも変化が見られるようになります。

　新しいビジネス機会の追求は，不確実性が高いものです。不確実性が高い

---

9 Darby and Zucker [2003], Christensen [1993].
10 Agarwal et al. [2007].

とどうしてもそれを下げたくなります。確実性を求めたり，事前にできるだけチャレンジを精査しようとします。気持ちはわかりますが，それでは，チャレンジはどうしても新規性の小さいものばかりになってしまいます。新規性が小さければ（究極的には何も新しくなければ），だいたいどの程度の経済的な価値が生み出せるのかを算出することは難しくありません。実績があるからです。しかし，これではどんどん新規性が小さくなってしまい，イノベーションからも遠くなります（「実績はあるのか」と3回ぐらい続けて部下に問う上司が組織にいると，あっという間にその組織からイノベーションのタネはなくなっていきます）。

　だからこそ，リスクがとれるような仕組み，端的にいえば，リスクをシェアする仕組みが必要です。リスクのシェアとは，ここでは，経済的な価値が変動することによるコストの負担です。このコストを誰がどのように負担するのかによって，リスク・テイクがなされたり，なされにくくなってしまったりするのです。

■ 社内でのリスク・シェアから産業レベルでのリスクのシェア

　いわゆる大企業が行ってきたイノベーションのためのリスク・シェアの仕組みは，ビジネスのポートフォリオです。これは，第8章で見たものです。

　社内でのビジネスのポートフォリオは重要なリスク・シェアの仕組みでした。このリスク・シェアの仕組みは，流動性制約が大きい場合にはとくに合理的でした。日本は，企業にとっては整理解雇がとてもしにくい社会を構築してきました。判例的に整理解雇がしにくいのです。ヒトについての流動性制約が大きいといえます。これは，企業にとってはあるビジネスに集中することのリスクが高まるということを意味します。もしもそのビジネスが陳腐化してしまったときに，整理解雇を行い，そのビジネスを整理し次のビジネスへと転換することが難しいのです。だからこそ，社内にさまざまなビジネスを内部化して，リスクのシェアを図ることが合理的だったのです。あるビジネスが競争力を失ったとしても，社内の配置転換などを通じて，ビジネスを転換していくわけです。

　アメリカやヨーロッパなどでも，1980年代までは多角化の程度の高いいわゆるコングロマリット型の企業が多くありました。しかし，そのような企

業も，徐々に多角化の程度を小さくし，ビジネスの選択と集中を図っていったのです。

　その理由の1つは，社内のポートフォリオだけではイノベーションに伴うリスクがシェアしきれなくなってきた点にあります。だからこそ，できるだけ外部の経営資源を利用することを始めたのです。これは，オープン・イノベーションと呼ばれて，日本でも大流行しています[11]。オープン・イノベーションは，これまで新しいアイディアの探索という点から考えられてきましたが，リスクのシェアの新しい仕組みでもあります。自社の経営資源のみで新しいモノゴトを生み出すのではなく，外部の組織で行われてきた試行錯誤の結果も活用しようという点がポイントです。

　そこで中心的な役割を担っているのはスタートアップです。既存企業はスタートアップとコラボレーションすることで，新規性の高いプロジェクトをスタートアップに任せ，自らは既存のビジネスの強みをさらに強くする，あるいは期待できるスタートアップを買収し事業の転換を図っています。スタートアップが新規性の高い試行錯誤を行い，既存企業がその規模を拡大していく社会的な分業ができつつあります。新しいアイディアや技術を生み出すことに伴うリスクをとっているのは，スタートアップの起業家や研究者たちです。

　それではなぜ起業家や研究者たちはリスクがとれるのでしょうか。もちろん，リスク愛好的な人もいるかもしれません。しかし，大切なのは，リスク愛好的な人だけに頼らない仕組みです。

　本書で見てきたように，起業家たちを支える仕組みにはさまざまなものがあります。新興企業向けの研究開発助成であるSBIRやエクイティ・ファイナンスを行うエンジェルやベンチャー・キャピタルなどは代表的なものです。最近では既存企業も優れたアイディアや技術を持っているスタートアップ，あるいは起業前のビジネス・パーソンや研究者たちへの出資や研究費の提供も行うようになっています[12]。これらが整備されると，新規性の高いチャレンジをして失敗したとしても，自分の資産がなくなってしまうなどというこ

11　安本・真鍋［2017］，米倉・清水［2015］。
12　Yamaguchi et al.［2021］。

とはありません。自分の資産をなげうって，新しいチャレンジをするのは，
「博打」です。博打の結果，大当たりを引くこともあるでしょう。しかし，
これだとチャレンジするのは，博打打ちだけになってしまいます。

　債務者保護の強さも大切です。あまりに債権者に対する保護を強くしてし
まうと，企業は保守的な経営になる傾向があります。企業を容易に倒産させ
ることができないからです。債務者保護が強くなると，経営者が企業を倒産
させやすくなります。そのため，リスクをとりやすくなります。

　柔軟な労働市場も忘れてはいけません。労働市場がきちんと機能している
ということは，新しいチャレンジをして，もしも失敗したとしても，自分の
市場価値に応じて次の職場を見つけることが比較的容易だということを意味
しています。労働市場が上手く機能していないと，新しいチャレンジをする
コストが大きくなってしまうのです。もしも，失敗した場合，いくら自分の
市場価値が高かったとしても，上手く次の職場を見つけることが難しいので
す。

　このようなリスク・シェアの仕組みのアップデートは 1970 年代後半から
アメリカで始まってきました。このような仕組みがあると，起業家や研究者
たちは新しいチャレンジをしやすくなります。チャレンジしないほうが損な
のです。

　なぜ，エンジェルやベンチャー・キャピタルは，不確実性の高いスタート
アップに出資することができるのでしょうか。企業家に熱心に口説かれ，そ
のビジネスに賭けてみようと思って出資する人もいるでしょう。もちろん，
そのビジネスが有望だと期待するから出資するわけですが，「博打」ではあ
りません。スタートアップに出資できるのは，資産を運用する上で投資の
ポートフォリオを組んでいるからです。安全性の高い資産（ローリスク・
ローリターン）と，リスクは高くてもその分高いリターンを期待できるもの
を組み合わせるのが基本的な考え方です。ポートフォリオの組み方はさまざ
まです。ポイントは分散投資となるポートフォリオです。これができている
からこそ一世一代の賭けの投資ではなく，投資ポートフォリオの一部として，
ハイリスク・ハイリターンのスタートアップに資金を配分できるわけです[13]。

　このように，アントレプレナーシップが促進されると，リスク・シェアの
仕組みも変化していきます。企業が社内でリスク・シェアの仕組みを構築し

ていたものから，社会的な分業関係におけるリスク・シェアへと変化して
いっています。スタートアップが新規性の高い試行錯誤を担い，既存企業が
そのビジネスの規模を拡大していくという社会的な分業が構築されるように
なっています。

3　社会への影響

　最後に，もう少し視点を広げて見てみましょう。新しいビジネス機会の追
求が進むことの影響は経済的な側面だけではありません。その影響はより広
い範囲で出てきます。ここでは社会的な側面への影響を見ていきましょう。

■ 公共財としての新しいビジネス機会の源泉

　新しいビジネス機会の源泉は，情報の非対称性にあるということは第2章
で見てきました。アントレプレナーシップが社会的に促進されてくると，こ
の源泉がとても大切になります。しかし，企業家たちは，この源泉自体を生
み出すことにはそれほど熱心ではありません。もう少し言い方を変えると，
源泉を生み出すことに熱心になるインセンティブは大きくないのです。

　研究開発型のスタートアップを例に考えてみましょう。研究開発型のス
タートアップであったとしても，その研究開発が基礎的なものであればある
ほど，そこに投資をすることは難しいのです。そもそも研究開発の投資は，
専有可能性が低いという特徴があります。

　専有可能性とは，イノベーションを生み出した企業（あるいは個人）が，
そのリターンを専有できる程度です。ここでは，研究開発を行った企業が，
そこから得られるリターンをどの程度獲得できるのかということになります。
これまで見たように，研究開発投資には，知識の波及効果があります。他の
組織が行った研究開発投資の成果から学習できるのです。知識は，組織を超
えて波及していくのです。研究開発の成果のすべてを自社で専有しようとす
るのはなかなか難しいのです。

13　分散投資は基本中の基本ともいえるほど大切です。ただし，第11章で見たように，
　　プライベート・エクイティ・プレミアム・パズルが存在しています。「クレイジー」
　　な人たちがアントレプレナーシップを支えているのかもしれません。

　基礎的な研究になればなるほど，専有可能性は低下していきます。基礎的な研究の多くの目的は，「モノゴトの理解」にあります。その成果は，ある現象がなぜ起きるのか（あるいは起こらないのか）についての理解です。基礎的な科学の成果は，多くの場合，論文として公開されます。モノゴトの理解ができたとしても，そのままでは特許化することもできません。特許は，自然法則を利用した発明でなければダメです。つまり，自然法則についての新しい理解ができたとしても，それだけでは特許にできないのです。論文は，一般に公開されるので，基礎的な研究の成果を独り占めすることはできません。

　そのため，企業は基礎的な研究開発を行うインセンティブが小さいのです[14]。専有可能性が低い基礎的な研究開発には，ベンチャー・キャピタルも投資をするインセンティブを持っていません。企業だけに研究開発を任せていると，社会的には研究開発投資が過少投資になってしまいます。

　これまで見てきたように，スタートアップは，外部からの資金調達に頼らざるをえないため，とくに基礎的な研究開発に投資することは難しいのです。スタートアップの研究開発は，新しい成果をどのようにビジネスとして展開していくのかを主眼においた応用・開発研究が中心です。換言すれば，スタートアップの研究開発は，手近な果実もぎになりやすいのです。手近な果実もぎが悪いというわけではありません。大学や公的な研究機関で生み出された（あるいは生み出されつつある）新規性の高い研究成果をビジネスとして社会に提供していくことが，スタートアップの重要な社会的な機能ですから，むしろどんどんやってもらいたいのです。しかし，そのための果実づくりを，スタートアップの促進とセットでやらなければなりません。

　このようなポイントは，基礎的な研究が下支えされているアメリカですら指摘されています。たとえば，ノースウエスタン大学のロバート・ゴードンは，これまでの歴史を振り返ると，電気，内燃機関，そして屋内配管の3つが，きわめて重要な役割を担っていたと議論しています[15]。これらはどれもジェネラル・パーパス・テクノロジーと呼ばれる汎用性のきわめて高い技術

14　Nelson［1959］.
15　Gordon［2012］.

です。ジェネラル・パーパス・テクノロジーは，さまざまな産業で使われて
生産性の向上に寄与しうるため，経済全体に与えるインパクトはきわめて大
きいものです[16]。レーザーやAI，ブロックチェーンなどが今後，さらに重要
性を増してくるであろうジェネラル・パーパス・テクノロジーでしょう。社
会がそのような技術を継続的に生み出していけるかどうかが長期的な経済成
長にとって重要です。1970年以降，このような汎用性の高い技術は生み出
されておらず，今後の経済成長についてゴードンは，懐疑的な見方を示して
います。このような指摘をしているのはゴードンだけではありません。
ジョージ・メイソン大学のタイラー・コーエンも2011年に，アメリカは
「過去300年以上にわたり，手近な果実をもいで暮らしてきたということだ」
と指摘しています[17]。

■ イノベーションに追いつかない制度整備

　新しいビジネス機会の新規性が大きくなればなるほど，社会的な制度の整
備は追いつきません。たとえば，自動車が発明されたときから，自動車用の
交通規則があったわけではありません。当たり前ですが，自動車が発明され，
それが商業化されてから交通規則の整備が進んだのです。配車サービスや民
泊，ドローンなども同じです。新しい製品やサービスが生み出されてから，
それについての社会的な制度が遅れてやってくるのです。

　新規性の高い研究開発がなされると，新しい科学的な知見や技術も生み出
されてくるでしょう。たとえば，遺伝子組換技術やクローン技術などについ
ても，その技術が生み出された後で，リスクや倫理的な側面についての議論
やそれに基づく制度化がなされるのです。

　このように新規性の高いものが生み出された場合には，その新しさゆえに，
社会的なルールの整備が追いつかないということになります。グレーゾーン
がたくさん出てきます[18]。われわれがどのようなモノを受け入れ，どのよう
なものを拒否するのかは，人々の考え，倫理や道徳に大きく依存していま

16　ジェネラル・パーパス・テクノロジーとそこにおけるスタートアップの役割につい
　　ては，Shimizu [2019]，清水 [2016] を参照してください。
17　Cowen [2011].
18　この点については，尾田 [2019] がおすすめです。

す[19]。

■ 格差問題

　アントレプレナーシップの社会的な機能は，これまでになかったような新しいビジネス機会を追求し，人々の生活を便利にし，経済的な成長をもたらすことにあります。しかし，経済的な成長は，誰にとってのものか，という問題を含んでいます。

　経済的な格差が開いてしまう可能性があるのです。格差について，世界的に大きな関心を集めたのはパリ・スクール・オブ・エコノミックスのトーマス・ピケティです[20]。ピケティは高額所得者の所得の分布の推移を分析し，1980年代以降，アメリカやイギリス，カナダ，オーストラリアなどで高所得者に所得が集中する割合が高まっていることを示しました。この傾向は国ごとに若干の違いはあるものの，ヨーロッパやアジアでも見られています。ピケティは，これらの格差の原因を「資本収益率＞経済成長率」というとてもわかりやすい1つの式で説明しました。

　これに対して，格差の原因はイノベーションにあるのではないかという指摘がなされてきています[21]。この点については，姉妹書の『イノベーション』の第15章で詳しく見ているので，ここでは軽くふれる程度にしましょう。新しいビジネス機会が追求されると，結果として，イノベーションも増えてきます。イノベーションは創造的破壊といわれるように，創造的な側面と破壊的な側面の両面があります。今までのモノゴトを壊し，新しい価値を生み出すのです。ということは，壊されるタスクがあるわけです。そのタスクに就いていた人たちの賃金が低下したり，失業の問題が起こったりするのです。

　新しいビジネス機会を追求して，それが成功した場合の経済的な成果をまず手にするのは企業家たちです。アメリカでは成功した企業家やそこに資金を提供した人に富の集中が見られています[22]。もちろん，その経済的な成果は，長期的には広く社会に浸透していきます。しかし，それは，再分配が適

19　この点については，標葉［2020］がおすすめです。

20　Piketty and Goldhammer［2014］.

21　たとえば，Autor and Dorn［2013］。

切になされるかどうかにかかっています。再分配は，政治の問題です。つまり，最終的には国民の投票行動が決め手です。イノベーションが促進されてくると，イノベーションによって陳腐化されてしまうタスクに就いていた人の所得が下がります。イノベーションが社会的に促進されればされるほど，タスクが陳腐化する人も増えてきます。アントレプレナーシップが高まるほど，再分配の仕組みが社会的には重要になってきます。

■ 社会的企業家

　新規性の高いものが生み出されると社会制度の整備が追いつかなかったり，それによって代替されてしまうタスクが出てきたりします。これらに対する対処をすべて政府任せにしていては，なかなか政府も大変ですし，きめ細かい対応ができません。そこで大切になると考えられているのが，社会的企業家（Social Entrepreneur）です。

　社会的企業家とは，社会的な課題を新しいやり方で解決したり，新しい社会的な課題を見つけて解決したりする人です。ソーシャル・アントレプレナーシップは，「現在手にしている経営資源にとらわれることなく，新しい社会的な課題解決を追求する程度」と定義することができます[23]。新しい社会的な課題としていますが，もちろん，既存の社会的な課題を新しい方法で解決することも含まれています。ビジネスは社会的な課題を解決する重要な仕組みです。しかし，それだけではすべての課題は解決しきれないのです。どうしても，ビジネスを通じては解決しにくい課題や，ビジネスが活発に行われるからこそ生み出される課題があるのです。

　社会的企業家は，社会的な課題の解決を追求しているのですが，その手段として商業的な活動を展開することもあります。寄付金や公的な補助金に頼っていては，社会的な課題の持続的な解決が難しい場合もあるからです。ムハンマド・ユヌスは，社会的な課題を解決するためにビジネスを行う企業のことをソーシャル・ビジネスと呼んでいます[24]。ソーシャル・ビジネス（ソーシャル・エンタープライズと呼ばれることもあります）では，余剰金が生

22　Quadrini［2000］.

23　Dess et al.［2003］.

24　Yunus［2007］.

み出された場合には，そのビジネスやコミュニティに再投資されます。

　現在では，ソーシャル・ビジネスという考え方は，もう少し拡大して使われています。貧困層市場への社会的な支援を行いながらビジネスを浸透させていくものも，ソーシャル・ビジネスとして考えられることもあります[25]。

■ 変化する企業観

　「企業観」も変化していきます。これまで，企業には中長期的な存続と繁栄が期待されてきました。企業の存続はとくに重要な問題と考えられてきました。働き，生活を送る上での重要なコミュニティが企業だったのです。

　スタートアップが多くなってくると，このような企業観が変化していきます。スタートアップを多くするためには，第7章で見たように，債権者保護の程度を弱めて，起業家の再生の機会を多くするために，企業が破産しやすくしてあげる必要があります。そして，企業はあくまでもビジネスを行うための人々の分業という側面が強くなっていきます。企業の存在が前提にあり，その存続・繁栄のためにビジネスを行うという企業観から，企業はあくまでもあるビジネスを行うための仕組みという企業観に変わっていくでしょう。もしも，そのビジネスが上手くいかなくなったときには，無理やり存続させるというよりも，上手くいかなかったビジネスをきちんと整理することが増えていきます。これは，産業全体の生産性の向上という点においても大切です。

4　本章のまとめ

　本章では，アントレプレナーシップが促進され，新しいビジネス機会がどんどん追求されていくと社会にはどのような影響が出るのかを見てきました。アントレプレナーシップは，それだけで「善きもの」と考えられがちです。世の中では，企業家の華々しいストーリーがたくさん語られています。また，それを消費させるビジネスもありますし，それを消費する人たちもいます。

25　いわゆる BoP（Base of Pyramid や Bottom of Pyramid の略です）ビジネスについてはさまざまな書籍や論文がありますが，Prahalad［2005］は代表的なものです。

しかし，「善きこと」しかないものなど，社会にはほとんどないのではない
でしょうか。ほとんどのものにメリットとデメリットの両面があります。ア
ントレプレナーシップも同じです。

　アントレプレナーシップの程度が高まれば，経済的な成長につながると考
えられていますし，実際に，雇用の成長にはつながっているということがわ
かっています。さらに，アントレプレナーシップの高まりからスタートアッ
プが増えれば，産業レベルでの脱成熟や生産性の向上も期待できます。しか
し，良いことばかりでもありません。新しいビジネス機会の源泉となる公共
財としての知識の生産が小さくなってしまう可能性があります。また，次々
とイノベーションが生み出されてくると，社会制度がそれに追いつかなかっ
たり，経済的な格差が開いてしまったりします。これらは必ずしも企業家に
責任があるものではありません。むしろ，社会的には，企業家はどんどん新
しいビジネス機会を追求していくことが求められています。そのメリットを
取り込みつつ，社会としては，アントレプレナーシップが高まったことによ
る意図せざる結果をいかに小さくしていくかを考えていく必要があります。

もう一歩詳しく知るためのリーディング

　アントレプレナーシップについてのいわゆる「幻想」を考えさせてくれ
るものとしては，シェーンの本がおすすめです。ただし，「起業」を自営
業や開業という側面から見ているということに注意をしてください。

⮕ Shane, S. A. [2008], *The Illusions of Entrepreneurship: The Costly Myths
　that Entrepreneurs, Investors, and Policy Makers Live By,* Yale University
　Press.（谷口功一・中野剛志・柴山桂太訳『「起業」という幻想：アメ
　リカン・ドリームの現実』白水社，2017 年）

　また，イノベーションやアントレプレナーシップの高まりが社会にどの
ような影響を与えるのかについては，次の本の第3部で詳しく見ています。
イノベーションの基本的なパターンについても敷居は低く，奥が深くなる
ような説明をしていますので，ぜひ挑戦してください。

⮕ 清水洋 [2019]，『野生化するイノベーション：日本経済「失われた20
　年」を超える』新潮社。

補　論

よくある質問

　アントレプレナーシップについてよくある，素朴だけれども大切な質問を3つ見ていきましょう。

質問1 アントレプレナーシップは高いほうが良いのですか？

　何にとって，という視点がなければ，なかなか答えにくい質問です。ただ，ビジネスにおいてということであれば，高いに越したことはないでしょう。しかし，高い水準のアントレプレナーシップは，誰もが目指すべき目標というわけではありません。ビジネスを構築し，効率的に運営していく上では，いろいろな役割を担う人材が必要です。アントレプレナーシップを起業という観点から考えたとしても，これは職業選択ですから，皆さんが自分で考えて選択すればよいはずです。起業するほうが良いとか，しないほうが良いとかいうこともありません。自分の人生ですから，自分の好きにしていただければよいと思います。

　それよりも，新しいビジネス機会の追求だけではなく，その影響もぜひとも考えてほしいところです。追求しようとしているビジネス機会が新しければ新しいほど，社会にどのような影響があるかは事前にはよくわかりません。新しいビジネス機会であれば，法律などの社会制度もまだ整備されていないのが普通です。だからこそ，自分の好き勝手にやり放題では困ります。自分が構想しているビジネスの社会への影響は考えてほしいところです。これは，アダム・スミスや渋沢栄一も強く指摘しているところです[1]。倫理観や道徳観，あるいはどのような社会をつくっていくのかについてのビジョンなきアントレプレナーシップは単なる拝金主義です。何がなくても高いアントレプレナーシップを，というのはヤバい考え方だと思います。

1　Smith［2010］，渋沢・道添［2017］.

質問2 アントレプレナーシップを発揮するために日々やれることはありますか？

　新しいビジネス機会を追求する上では，自分の市場価値を上げておくことは大切ではないでしょうか。自分の市場価値が高ければ，追求したい新しいビジネス機会が出てきたときに，コミットできるでしょう。

　困るのは，現在働いている組織での評価のほうが，自分の市場価値よりも高い場合です。このような場合には，現在の組織にしがみつく人が多くなります。新しいビジネス機会が訪れたときにも，チャレンジしにくくなります。もしも，組織を離れてしまい，新しいビジネス機会の追求に失敗した場合，今よりも悪い条件で働かなくてはならないからです。そもそも，自分の仕事や職場が好きでないのに，それにしがみついているというのは，精神的にも良くありません。

　その反対に，現在働いている組織での評価よりも，自分の市場価値のほうが高い場合は，いつ現在働いている組織を離れても問題ありません。そのため，新しいビジネス機会を追求したいと思えば，すぐにでもできるでしょう。もしも，失敗したとしても，自分の市場価値に従って，新しい就業機会を見つけることはそれほど難しくありません。

　また，自分の市場価値が高い場合は，「他の職場でも十分仕事はできるし，なんならそちらのほうが給与は高い。だけども，今の仕事や職場が好きだから，そこで仕事している」ということになります。このほうが精神的にも良いのではないでしょうか。

　組織での評価よりも市場価値のほうが高ければ，自分がコミットしたいと思ったものに出会ったときに，思い切ったチャレンジができます。

質問3 好きなアントレプレナーを教えてください

　好きな企業家はたくさんいます。しかし，これは一番困る質問です。企業家についての評価を含むからです。そもそも，企業家をある1つの側面から評価することはできません。一般的には，大きな富を築けば成功したといわれるかもしれません。しかし，それは，単に，生産者余剰をたくさんとったというだけで，社会的余剰をたいして生み出していないかもしれません（つまり，自分の取り分が増えただけで，社会を豊かにはしていないという場合もあ

るのです)[2]。ビジネスパーソンとして構築したビジネスは素晴らしかったかもしれませんが，そのプロセスに問題がある場合もあるでしょう。視点が必要です。それがなければ，オマール海老のスープとカツ丼とティラミスを比べるようなものです。

　「そんなことはいいから，早く言え！」という声が聞こえてきそうです。本書のアントレプレナーシップという観点から，3名挙げるとすれば，西山弥太郎さん，松下幸之助さん，小倉昌男さんです。クラシックです。

2　生産者余剰や社会的余剰については，姉妹書『イノベーション』の第1章を参照してください。

313

参考文献

欧文文献

Abernathy, William J. and Kim B. Clark [1985], "Innovation: Mapping the Winds of Creative Destruction," *Research Policy*, 14 (1), 3-22.

Abrams, Irene, Grace Leung and Ashley J. Stevens [2009], "How Are U.S. Technology Transfer Offices Tasked and Motivated: Is It All About the Money?" *Research Management Review*, 17 (1), 18-50.

Acemoglu, Daron, Ufuk Akcigit, Harun Alp, Nicholas Bloom and William Kerr [2018], "Innovation, Reallocation, and Growth," *The American Economic Review*, 108 (11), 3450-3491.

Ács, Zoltán J., Erkko Autio and László Szerb [2014], "National Systems of Entrepreneurship: Measurement Issues and Policy Implications," *Research Policy*, 43 (3), 476-494.

Ács, Zoltán J., Pia Arenius, Michael Hay and Maria Minniti [2004], *Global Entrepreneurship Monitor: Executive Report,* Babson College and London Business School.

Ács, Zoltán J., Pontus Braunerhjelm, David B. Audretsch and Bo Carlsson [2009], "The Knowledge Spillover Theory of Entrepreneurship," *Small Business Economics*, 32 (1), 15-30.

Agarwal, Rajshree, David Audretsch and M. B. Sarkar [2007], "The Process of Creative Construction: Knowledge Spillovers, Entrepreneurship, and Economic Growth," *Strategic Entrepreneurship Journal*, 1 (3-4), 263-286.

Agarwal, Rajshree, Raj Echambadi, April M. Franco and M.B. Sarkar [2004], "Knowledge Transfer through Inheritance: Spin-out Generation, Development, and Survival," *Academy of Management Journal*, 47 (4), 501-522.

Ahl, Helene [2006], "Why Research on Women Entrepreneurs Needs New Directions," *Entrepreneurship Theory and Practice*, 30 (5), 595-621.

Akerlof, George A. [1978], "The Market for "Lemons": Quality Uncertainty and the Market Mechanism," in Peter Diamond and Michael Rothschild (eds.), *Uncertainty in Economics: Readings and Exercises,* Elsevier, 235-251.

Akerlof, George A. and Robert J. Shiller [2009], *Animal Spirits: How Human Psychology Drives the Economy, and Why It Matters for Global Capitalism,* Princeton University Press. (山形浩生訳『アニマルスピリット：人間の心理がマクロ経済を動かす』東洋経済新報社, 2009 年)

Aldrich, Howard E. and Jennifer E. Cliff [2003], "The Pervasive Effects of Family on Entrepreneurship: Toward a Family Embeddedness Perspective," *Journal of Business Venturing*, 18 (5), 573-596.

Almus, Matthias and Eric A. Nerlinger [1999], "Growth of New Technology-Based Firms: Which Factors Matter?" *Small Business Economics*, 13 (2), 141-154.

Alon, Titan, David Berger, Robert Dent and Benjamin Pugsley [2018], "Older and Slower: The Startup Deficit's Lasting Effects on Aggregate Productivity Growth," *Journal of Monetary Economics*, 93, 68-85.

Alvarez, Sharon A. and Jay B. Barney [2013], "Epistemology, Opportunities, and Entrepreneurship: Comments on Venkataraman et al. (2012) and Shane (2012)," *The Academy of Management Review*, 38 (1), 154-157.

Alvarez, Sharon A., Jay B. Barney, Russ McBride and Robert Wuebker [2014], "Realism in the Study of Entrepreneurship," *The Academy of Management Review*, 39 (2), 227-231.

Amabile, Teresa M. [1996], "The Motivation for Creativity in Organizations," *Harvard Business School Background Note*, 396-240.

Amit, Raphael, Eitan Muller and Iain Cockburn [1995], "Opportunity Costs and Entrepreneurial Activity," *Journal of Business Venturing*, 10 (2), 95-106.

Anderson, Brian S., Patrick M. Kreiser, Donald F. Kuratko, Jeffrey S. Hornsby and Yoshihiro Eshima [2015], "Reconceptualizing Entrepreneurial Orientation," *Strategic Management Journal*, 36 (10), 1579-1596.

Anderson, Stuart and Michaela Platzer [2006], "American Made: The Impact of Immigrant Entrepreneurs and Professionals on U.S. Competitiveness," National Foundation for American Policy.

Andersson, Lina and Mats Hammarstedt [2010], "Intergenerational Transmissions in Immigrant Self-Employment: Evidence from Three Generations," *Small Business Economics*, 34 (3), 261-276.

―――― [2011], "Transmission of Self-Employment across Immigrant Generations: The Importance of Ethnic Background and Gender," *Review of Economics of the Household*, 9 (4), 555-577.

Ansoff, H. Igor [1957], "Strategies for Diversification," *Harvard Business Review*, 35 (5), 113-124.

Anton, James J. and Dennis Yao [1995], "Start-Ups, Spin-Offs, and Internal Projects," *Journal of Law, Economics, and Organization*, 11 (2), 362-378.

Apicella, Coren L., Anna Dreber, Benjamin Campbell, Peter B. Gray, Moshe Hoffman and Anthony C. Little [2008], "Testosterone and Financial Risk Preferences," *Evolution and Human Behavior*, 29 (6), 384-390.

Apicella, Coren L., Justin M. Carré and Anna Dreber [2015], "Testosterone and Economic Risk Taking: A Review," *Adaptive Human Behavior and Physiology*, 1 (3), 358-385.

Aral, Sinan and Dylan Walker [2012], "Identifying Influential and Susceptible Members of Social Networks," *Science*, 337 (6092), 337-341.

Armour, John and Douglas Cumming [2008], "Bankruptcy Law and Entrepreneurship," *American Law and Economics Review*, 10 (2), 303-350.

Arora, Ashish and Robert P. Merges [2004], "Specialized Supply Firms, Property Rights and Firm Boundaries," *Industrial and Corporate Change*, 13 (3), 451-475.

Arrow, Kenneth Joseph [1993], "Innovation in Large and Small Firms," *Journal of Small*

Business Finance, 2 (2), 111-124.

Arthur, Brian [2009], *The Nature of Technology : What It Is and How It Evolves*, Free Press. (有賀裕二監修，日暮雅通訳『テクノロジーとイノベーション：進化／生成の理論』み すず書房，2011 年)

Åstebro, Thomas, Pontus Braunerhjelm and Anders Broström [2013], "Does Academic Entrepreneurship Pay?" *Industrial and Corporate Change*, 22 (1), 281-311.

Audretsch, David B. [1995], "Firm Profitability, Growth, and Innovation," *Review of Industrial Organization*, 10 (5), 579-588.

Audretsch, David B. and Max Keilbach [2008], "Resolving the Knowledge Paradox: Knowledge-Spillover Entrepreneurship and Economic Growth," *Research Policy*, 37 (10), 1697-1705.

Audretsch, David B., Isabel Grilo and A. Roy Thurik [2007], *Handbook of Research on Entrepreneurship Policy,* Edward Elgar Publishing.

Audretsch, David B., Albert N. Link and John T. Scott [2002], "Public/Private Technology Partnerships: Evaluating SBIR-Supported Research," *Research Policy*, 31 (1), 145-158.

Audretsch, David B. and A. Roy Thurik [2000], "Capitalism and Democracy in the 21st Century: From the Managed to the Entrepreneurial Economy," *Journal of Evolutionary Economics*, 10 (1-2), 17-34.

Autor, David H. and David Dorn [2013], "The Growth of Low-Skill Service Jobs and the Polarization of the US Labor Market," *The American Economic Review*, 103 (5), 1553-1597.

Baas, Matthijs, Carsten K.W. de Dreu and Bernard A. Nijstad [2008], "A Meta-Analysis of 25 Years of Mood-Creativity Research: Hedonic Tone, Activation, or Regulatory Focus?" *Psychological Bulletin*, 134 (6), 779-806.

Babina, Tania and Sabrina T. Howell [2018], "Entrepreneurial Spillovers from Corporate R&D," National Bureau of Economic Research Working Paper, 25360.

Bainée, Jonathan [2013], "Entrepreneurship Education," in E.G. Carayannis (ed.), *Encyclopedia of Creativity, Invention, Innovation and Entrepreneurship*, Springer, 649-654.

Bajwa, Sohaib Shahid, Xiaofeng Wang, Anh Nguyen Duc and Pekka Abrahamsson [2017], "'Failures' to Be Celebrated: An Analysis of Major Pivots of Software Startups," *Empirical Software Engineering*, 22 (5), 2373-2408.

Baker, Malcolm and Paul A. Gompers [2003], "The Determinants of Board Structure at the Initial Public Offering," *The Journal of Law and Economics*, 46 (2), 569-598.

Baker, Ted and Reed E. Nelson [2005], "Creating Something from Nothing: Resource Construction through Entrepreneurial Bricolage," *Administrative Science Quarterly*, 50 (3), 329-366.

Bandura, Albert [1977], "Self-Efficacy: Toward a Unifying Theory of Behavioral Change," *Psychological Review*, 84 (2), 191-215.

BankBoston [1997], *MIT: The Impact of Innovation, A BankBoston Economics Department Special Report,* BankBoston.

Barsade, Sigal G. [2002], "The Ripple Effect: Emotional Contagion and Its Influence on Group Behavior," *Administrative Science Quarterly*, 47 (4), 644-675.

Bartelsman, Eric, Stefano Scarpetta and Fabiano Schivardi [2003], "Comparative Analysis of Firm Demographics and Survival: Micro-Level Evidence for the OECD Countries," OECD Economics Department Working Papers, No. 348, OECD Publishing.

Basu, Anuradha and Eser Altinay [2002], "The Interaction between Culture and Entrepreneurship in London's Immigrant Businesses," *International Small Business Journal*, 20 (4), 371-393.

Bates, Timothy [1990], "Entrepreneur Human Capital Inputs and Small Business Longevity," *The Review of Economics and Statistics*, 72 (4), 551-559.

＿＿ [1991], "Commercial Bank Financing of White-and Black-Owned Small Business Start-Ups," *Quarterly Review of Economics and Business*, 31 (1), 64-80.

＿＿ [1995], "Self-Employment Entry across Industry Groups," *Journal of Business Venturing*, 10 (2), 143-156.

Baumol, William J. [1968], "Entrepreneurship in Economic Theory," *The American Economic Review*, 58 (2), 64-71.

＿＿ [1996], "Entrepreneurship: Productive, Unproductive, and Destructive," *Journal of Business Venturing*, 11 (1), 3-22.

Becker, Gary S. [1962], "Investment in Human Capital: A Theoretical Analysis," *Journal of Political Economy*, 70 (5, Part 2), 9-49.

Bergemann, Dirk and Ulrich Hege [1998], "Venture Capital Financing, Moral Hazard, and Learning," *Journal of Banking & Finance*, 22 (6), 703-735.

Berger, Allen N., Geraldo Cerqueiro and María F. Penas [2011], "Does Debtor Protection Really Protect Debtors? Evidence from the Small Business Credit Market," *Journal of Banking & Finance*, 35 (7), 1843-1857.

Berkowitz, Jeremy and Michelle J. White [2004], "Bankruptcy and Small Firms' Access to Credit," *The RAND Journal of Economics*, 35 (1), 69-84.

Bhide, Amar [1994], "How Entrepreneurs Craft Strategies That Work," *Harvard Business Review*, 72 (2), 150-161.

Black, Bernard S. and Ronald J. Gilson [1998], "Venture Capital and the Structure of Capital Markets: Banks versus Stock Markets," *Journal of Financial Economics*, 47 (3), 243-277.

Blanchflower, David G. [2000], "Self-Employment in OECD Countries," *Labour Economics*, 7 (5), 471-505.

Bloom, Nicholas, Benn Eifert, Aprajit Mahajan, David McKenzie and John Roberts [2013], "Does Management Matter? Evidence from India," *The Quarterly Journal of Economics*, 128 (1), 1-51.

Bloom, Nicholas and John van Reenen [2007], "Measuring and Explaining Management Practices across Firms and Countries," *The Quarterly Journal of Economics*, 122 (4), 1351-1408.

Boeker, Warren [1988], "Organizational Origins: Entrepreneurial and Environmental

Imprinting of the Time of Founding," University of Illinois at Urbana-Champaign's Academy for Entrepreneurial Leadership Historical Research Reference in Entrepreneurship, Avairable at SSRN: https://ssrn.com/abstract=1497762.

Bogan, Vicki and William Darity Jr. [2008], "Culture and Entrepreneurship? African American and Immigrant Self-Employment in the United States," *The Journal of Socio-Economics*, 37 (5), 1999-2019.

Bok, Derek [2009], *Universities in the Marketplace: The Commercialization of Higher Education,* Princeton University Press. (宮田由紀夫訳『商業化する大学』玉川大学出版部，2004 年)

Bono, Joyce E. and Remus Ilies [2006], "Charisma, Positive Emotions and Mood Contagion," *The Leadership Quarterly*, 17 (4), 317-334.

Bono, Joyce E., Hannah Jackson Foldes, Gregory Vinson and John P. Muros [2007], "Workplace Emotions: The Role of Supervision and Leadership," *Journal of Applied Psychology*, 92 (5), 1357-1367.

Borjas, George J. and Stephen G. Bronars [1989], "Consumer Discrimination and Self-Employment," *Journal of Political Economy*, 97 (3), 581-605.

Boyer, Tristan and Régis Blazy [2014], "Born to Be Alive? The Survival of Innovative and Non-Innovative French Micro-Start-Ups," *Small Business Economics*, 42 (4), 669-683.

Bozkaya, Ant and William R. Kerr [2013], "Labor Retulations and European Venture Capital," *Journal of Economics and Management Strategy*, 23 (4), 776-810.

Brady, Tim [2000], *The American Aviation Experience: A History,* Southern Illinois University Press.

Braguinsky, Serguey, Steven Klepper and Atsushi Ohyama [2012], "High-Tech Entrepreneurship," *The Journal of Law and Economics*, 55 (4), 869-900.

Braunerhjelm, Pontus, Zoltan J. Acs, David B. Audretsch and Bo Carlsson [2010], "The Missing Link: Knowledge Diffusion and Entrepreneurship in Endogenous Growth," *Small Business Economics*, 34 (2), 105-125.

Brock, William A., David Sparks Evans and Bruce D. Phillips [1986], *The Economics of Small Businesses: Their Role and Regulation in the U.S. Economy,* Holmes & Meier.

Brockhaus Sr., Robert H. [1980], "Risk Taking Propensity of Entrepreneurs,"*Academy of Management Journal*, 23 (3), 509-520.

Brüderl, Josef, Peter Preisendörfer and Rolf Ziegler [1992], "Survival Chances of Newly Founded Business Organizations," *American Sociological Review*, 57 (2), 227-242.

Buddelmeyer, Hielke, Paul H. Jensen and Elizabeth Webster [2010], "Innovation and the Determinants of Company Survival," *Oxford Economic Papers*, 62 (2), 261-285.

Buenstorf, Guido and Steven Klepper [2010], "Submarket Dynamics and Innovation: The Case of the US Tire Industry," *Industrial and Corporate Change*, 19 (5), 1563-1587.

Buenstorf, Guido, Kristian Nielsen and Bram Timmermans [2017], "Steve Jobs or No Jobs? Entrepreneurial Activity and Performance among Danish College Dropouts and Graduates," *Small Business Economics,* 48 (1), 179-197.

Burgelman, Robert A. [1983], "Corporate Entrepreneurship and Strategic Management: Insights from a Process Study," *Management Science*, 29 (12), 1349-1364.

Burgelman, Robert A., Clayton M. Christensen and Steven C. Wheelwright [2009], *Strategic Management of Technology and Innovation* (5th ed.), McGraw-Hill. (岡真由美ほか訳『技術とイノベーションの戦略的マネジメント（上・下）』翔泳社，2007 年)

Burlingham, Bo. [2014], *Finish Big: How Great Entrepreneurs Exit Their Companies on Top*, Penguin Publishing Group. (出張勝也監訳，上原裕美子訳『Finish Big 起業家たちへの，悔いなき出処進退のためのアドバイス』英治出版，2016 年)

Burt, Ronald S. [1992], *Structural Holes: The Social Structure of Competition*, Harvard University Press. (安田雪訳『競争の社会的構造：構造的空隙の理論』新曜社，2006 年)

Buttner, E. Holly [1992], "Entrepreneurial Stress: Is It Hazardous to Your Health?" *Journal of Managerial Issues*, 4 (2), 223-240.

Bygrave, William D. and Andrew Zacharakis [2008], *Entrepreneurship*, John Wiley & Sons. (高橋徳行・田代泰久・鈴木正明訳『アントレプレナーシップ』日経 BP 社，2009 年)

Bygrave, William D. and Charles W. Hofer [1992], "Theorizing About Entrepreneurship," *Entrepreneurship Theory and Practice*, 16 (2), 13-22.

Caballero, Richard J., Takeo Hoshi and Anil K. Kashyap [2008], "Zombie Lending and Depressed Restructuring in Japan," *The American Economic Review*, 98 (5), 1943-1977.

Cader, Hanas A. and John C. Leatherman [2011], "Small Business Survival and Sample Selection Bias," *Small Business Economics*, 37 (2), 155-165.

Cagetti, Marco and Mariacristina de Nardi [2006], "Entrepreneurship, Frictions, and Wealth," *Journal of Political Economy*, 114 (5), 835-870.

Cain, P. J. and A. G. Hopkins [1993a], *British Imperialism: Innovation and Expansion, 1688-1914*, Longman. (竹内幸雄・秋田茂訳『ジェントルマン資本主義の帝国 I：創生と膨張 1688-1914』名古屋大学出版会，1997 年)

___ [1993b], *British Imperialism: Crisis and Deconstruction, 1914-1990*, Longman. (木畑洋一・旦祐介訳『ジェントルマン資本主義の帝国 II：危機と解体 1914-1990』名古屋大学出版会，1997 年)

Calvo, José L. [2006], "Testing Gibrat's Law for Small, Young and Innovating Firms," *Small Business Economics*, 26 (2), 117-123.

Campbell, Benjamin A., Martin Ganco, April M. Franco and Rajshree Agarwal [2012], "Who Leaves, Where to, and Why Worry? Employee Mobility, Entrepreneurship and Effects on Source Firm Performance," *Strategic Management Journal*, 33 (1), 65-87.

Campbell, Jeffrey R. and Mariacristina de Nardi [2009], "A Conversation with 590 Nascent Entrepreneurs," *Annals of Finance*, 5 (3-4), 313-340.

Cantillon, Richard [1755], *Essai sur la Nature du Commerce en Général*. (戸田正雄訳『商業論』日本評論社，1943 年)

Cardon, Melissa S. [2008], "Is Passion Contagious? The Transference of Entrepreneurial Passion to Employees," *Human Resource Management Review*, 18 (2), 77-86.

Carlsson, Bo [1992], "The Rise of Small Business: Causes and Consequences," Research

Institute of Industrial Economics Working Paper, 357.

＿＿ [1999], "Small Business, Entrepreneurship, and Industrial Dynamics," in Z. J. Acs (ed.), *Are Small Firms Important?: Their Role and Impact*, Springer, 99-110.

Carree, Martin A. and A. Roy Thurik [2010], "The Impact of Entrepreneurship on Economic Growth," in Z. J. Acs and D. B. Audretsch (eds.), *Handbook of Entrepreneurship Research: An Interdisciplinary Survey and Introduction*, Springer, 557-594.

Carter, Nancy M., William B. Gartner, Kelly G. Shaver and Elizabeth J. Gatewood [2003], "The Career Reasons of Nascent Entrepreneurs," *Journal of Business Venturing*, 18 (1), 13-39.

Casson, Mark [1982], *The Entrepreneur: An Economic Theory*, Robertson.

Cefis, Elena and Orietta Marsili [2005], "A Matter of Life and Death: Innovation and Firm Survival," *Industrial and Corporate Change*, 14 (6), 1167-1192.

＿＿ [2006], "Survivor: The Role of Innovation in Firms' Survival," *Research Policy*, 35 (5), 626-641.

Cerqueiro, Geraldo and María Fabiana Penas [2017], "How Does Personal Bankruptcy Law Affect Startups?" *The Review of Financial Studies*, 30 (7), 2523-2554.

Cette, Gilbert, John Fernald and Benoit Mojon [2016], "The Pre-Great Recession Slowdown in Productivity," *European Economic Review*, 88, 3-20.

Chandler, Gaylen N. and Douglas W. Lyon [2001], "Issues of Research Design and Construct Measurement in Entrepreneurship Research: The Past Decade," *Entrepreneurship Theory and Practice*, 25 (4), 101-113.

Chandler Jr., Alfred Dupont [1962], *Strategy and Structure: Chapters in the History of the Industrial Enterprise*, MIT Press. (三菱経済研究所訳『経営戦略と組織：米国企業の事業部制成立史』実業之日本社，1967 年)

＿＿ [1977], *The Visible Hand: The Managerial Revolution in American Business*, Belknap Press. (鳥羽欽一郎・小林袈裟治訳『経営者の時代：アメリカ産業における近代企業の成立（上・下）』東洋経済新報社，1979 年)

Chatterji, Aaron K. [2009], "Spawned with a Silver Spoon? Entrepreneurial Perrofmance and Innovation in the Medical Device Industry," *Strategic Management Journal*, 30 (2), 185-206.

Chava, Sudheer, Alexander Oettl, Ajay Subramanian and Krishnamurthy V. Subramanian [2013], "Banking Deregulation and Innovation," *Journal of Financial Economics*, 109 (3), 759-774.

Chell, Elizabeth, David E. Wicklander, Shane G. Sturman and L. Wayne Hoover [2008], *The Entrepreneurial Personality: A Social Construction* (2nd ed.), Routledge.

Cheshin, Arik, Anat Rafaeli and Nathan Bos [2011], "Anger and Happiness in Virtual Teams: Emotional Influences of Text and Behavior on Others' Affect in the Absence of Non-Verbal Cues," *Organizational Behavior and Human Decision Processes*, 116 (1), 2-16.

Christensen, Clayton M. [1993], "The Rigid Disk Drive Industry, 1956-90: A History of Commercial and Technological Turbulence," *Business History Review*, 67 (4), 531-588.

Cohen, Wesley M., Richard R. Nelson and John P. Walsh [2000], "Protecting Their Intellectual Assets: Appropriability Conditions and Why U.S. Manufacturing Firms Patent (or Not)," National Bureau of Economic Research Working Paper, 7552.

Colombier, Nathalie and David Masclet [2008], "Intergenerational Correlation in Self Employment: Some Further Evidence from French ECHP Data," *Small Business Economics*, 30 (4), 423-437.

Cosh, Andy, Douglas Cumming and Alan Hughes [2009], "Outside Entrepreneurial Capital," *The Economic Journal*, 119 (540), 1494-1533.

Covin, Jeffrey G. and Morgan P. Miles [1999], "Corporate Entrepreneurship and the Pursuit of Competitive Advantage," *Entrepreneurship Theory and Practice*, 23 (3), 47-63.

Cowen, Tyler [2011], *The Great Stagnation: How America Ate All the Low-Hanging Fruit of Modern History, Got Sick, and Will (Eventually) Feel Better,* Dutton.（池村千秋訳『大停滞』NTT 出版, 2011 年）

Cressy, Robert [1996], "Are Business Startups Debt-Rationed?" *The Economic Journal*, 106 (438), 1253-1270.

Cumming, Douglas, Michele Meoli and Silvio Vismara [2019], "Does Equity Crowdfunding Democratize Entrepreneurial Finance?" *Small Business Economics*, 56 (2), 533-552.

Da Rin, Marco, Giovanna Nicodano and Alessandro Sembenelli [2006], "Public Policy and the Creation of Active Venture Capital Markets," *Journal of Public Economics*, 90 (8-9), 1699-1723.

Dahl, Michael S. and Olav Sorenson [2013], "The Who, Why, and How of Spinoffs," *Industrial and Corporate Change*, 23 (3), 661-688.

Dahl, Michael S. and Toke Reichstein [2007], "Are You Experienced? Prior Experience and the Survival of New Organizations," *Industry and Innovation*, 14 (5), 497-511.

Darby, Michael R. and Lynne G. Zucker [2003], "Growing by Leaps and Inches: Creative Destruction, Real Cost Reduction, and Inching Up," *Economic Inquiry*, 41 (1), 1-19.

Dasborough, Marie T., Neal M. Ashkanasy, Eugene Y.J. Tee and Herman H.M. Tse [2009], "What Goes around Comes Around: How Meso-Level Negative Emotional Contagion Can Ultimately Determine Organizational Attitudes toward Leaders," *The Leadership Quarterly*, 20 (4), 571-585.

De Wit, Gerrit and Frans A. A. M. van Winden [1989], "An Empirical Analysis of Self-Employment in the Netherlands," *Small Business Economics*, 1 (4), 263-272.

Debackere, Koenraad and Reinhilde Veugelers [2005], "The Role of Academic Technology Transfer Organizations in Improving Industry Science Links," *Research Policy*, 34 (3), 321-342.

Del Sarto, Nicola, Diane A. Isabelle and Alberto Di Minin [2020], "The Role of Accelerators in Firm Survival: An fsQCA Analysis of Italian Startups," *Technovation*, 90-91.

Dess, Gregory G., R. Duane Ireland, Shaker A. Zahra, Steven W. Floyd, Jay J. Janney and Peter J. Lane [2003], "Emerging Issues in Corporate Entrepreneurship," *Journal of Management*, 29 (3), 351-378.

DeTienne, Dawn R. [2010], "Entrepreneurial Exit as a Critical Component of the Entrepreneurial Process: Theoretical Development," *Journal of Business Venturing*, 25 (2), 203-215.

Devigne, David, Sophie Manigart and Mike Wright [2016], "Escalation of Commitment in Venture Capital Decision Making: Differentiating between Domestic and International Investors," *Journal of Business Venturing*, 31 (3), 253-271.

Djankov, Simeon, Rafael La Porta, Florencio Lopez-de-Silanes and Andrei Shleifer [2002], "The Regulation of Entry," *The Quarterly Journal of Economics*, 117 (1), 1-37.

Dodd, Sarah Drakopoulou and Paul Timothy Seaman [1998], "Religion and Enterprise: An Introductory Exploration," *Entrepreneurship Theory and Practice*, 23 (1), 71-86.

Doerr, John E. [2018], *Measure What Matters: How Google, Bono, and the Gates Foundation Rock the World with OKRs,* Portfolio/Penguin. (土方奈美訳『メジャー・ホワット・マターズ：伝説のベンチャー投資家が Google に教えた成功手法 OKR』日本経済新聞出版社，2018 年)

Dosi, Giovanni and Richard R. Nelson [2010], "Technical Change and Industrial Dynamics as Evolutionary Processes," in B. H. Hall and N. Rosenberg (eds.), *Handbook of the Economics of Innovation,* Elsevier, 51-127.

Dunn, Thomas and Douglas Holtz-Eakin [2000], "Financial Capital, Human Capital, and the Transition to Self-Employment: Evidence from Intergenerational Links," *Journal of Labor Economics,* 18 (2), 282-305.

Dushnitsky, Gary and Michael J. Lenox [2005a], "When Do Firms Undertake R&D by Investing in New Ventures?" *Strategic Management Journal*, 26 (10), 947-965.

＿＿ [2005b], "When Do Incumbents Learn from Entrepreneurial Ventures?: Corporate Venture Capital and Investing Firm Innovation Rates," *Research Policy*, 34 (5), 615-639.

＿＿ [2006], "When Does Corporate Venture Capital Investment Create Firm Value?" *Journal of Business Venturing*, 21 (6), 753-772.

Dyer, Jeffrey H., Hal B. Gregersen and Clayton M. Christensen [2008], "Entrepreneur Behaviors, Opportunity Recognition, and the Origins of Innovative Ventures," *Strategic Entrepreneurship Journal*, 2 (4), 317-338.

＿＿ [2011], *The Innovator's DNA: Mastering the Five Skills of Disruptive Innovators,* Harvard Business Review Press. (櫻井祐子訳『イノベーションの DNA：破壊的イノベータの 5 つのスキル』翔泳社，2012 年)

Eagly, Alice H. [2013], *Sex Differences in Social Behavior: A Social-Role Interpretation,* Psychology Press.

Eberhart, Robert N., Charles E. Eesley and Kathleen M. Eisenhardt [2012], "Failure is an Option: Failure Barriers and New Firm Performance," *Academy of Management Annual Meeting Proceedings,* 2012 (1).

Eckhardt, Jonathan T. and Scott A. Shane [2003], "Opportunities and Entrepreneurship," *Journal of Management*, 29 (3), 333-349.

Eesley, Charles E. and Yong Suk Lee [2021], "Do University Entrepreneurship Programs

Promote Entrepreneurship?" *Strategic Management Journal*, 42 (4), 833-861.

Eisenberger, Robert, Stephen Armeli, Barbara Rexwinkel, Patrick D. Lynch and Linda Rhoades [2001], "Reciprocation of Perceived Organizational Support," *Journal of Applied Psychology*, 86 (1), 42-51.

Eisenmann, Thomas R. [2021], *Why Startups Fail: A New Roadmap for Entrepreneurial Success*, Currency. (グロービス訳『起業の失敗大全：スタートアップの成否を決める6つのパターン』ダイヤモンド社, 2022年)

Etzkowitz, Henry and Loet Leydesdorff [2000], "The Dynamics of Innovation: From National Systems and 'Mode 2' to a Triple Helix of University–Industry–Government Relations," *Research Policy*, 29 (2), 109-123.

Eurostat [2005], Structural Business Statistics (SBS)-Factor of Business Success (FOBS) survey.

Evans, David S. and Boyan Jovanovic [1989], "An Estimated Model of Entrepreneurial Choice under Liquidity Constraints," *Journal of Political Economy*, 97 (4), 808-827.

Evans David S. and Linda S. Leighton [1990], "Small Business Formation by Unemployed and Employed Workers," *Small Business Economics*, 2 (4), 319-330.

Ewens, Michael, Ramana Nanda and Matthew Rhodes-Kropf [2018], "Cost of Experimentation and the Evolution of Venture Capital," *Journal of Financial Economics*, 128 (3), 422-442.

Fairlie, Robert W. [2005], "Self-Employment, Entrepreneurship, and the NLSY79," *Monthly Labor Review*, 128 (2), 40-47.

Fairlie, Robert W. and Bruce D. Meyer [2000], "Trends in Self-Employment among White and Black Men During the Twentieth Century," *The Journal of Human Resources*, 35 (4), 643-669.

Fairlie, Robert W. and William Holleran [2012], "Entrepreneurship Training, Risk Aversion and Other Personality Traits: Evidence from a Random Experiment," *Journal of Economic Psychology*, 33 (2), 366-378.

Fama, Eugene F. and Kenneth R. French [2002], "Testing Trade-Off and Pecking Order Predictions About Dividends and Debt," *The Review of Financial Studies*, 15 (1), 1-33.

Fan, Wei and Michelle J. White [2003], "Personal Bankruptcy and the Level of Entrepreneurial Activity," *The Journal of Law and Economics*, 46 (2), 543-567.

Ferrucci, Edoardo, Roberto Guida and Valentina Meliciani [2021], "Financial Constraints and the Growth and Survival of Innovative Start-Ups: An Analysis of Italian Firms," *European Financial Management*, 27 (2), 364-386.

Fichman, Mark and Dainel A. Levinthal [1991], "Honeymoons and the Liability of Adolescence: A New Perspective on Duration Dependence in Social and Organizational Relationships," *The Academy of Management Review*, 16 (2), 442-468.

Fischer, Eileen M., A. Rebecca Reuber and Lorraine S. Dyke [1993], "A Theoretical Overview and Extension of Research on Sex, Gender, and Entrepreneurship," *Journal of Business Venturing*, 8 (2), 151-168.

Florida, Richard [2005], *Cities and the Creative Class*, Routledge. (小長谷一之訳『クリエイティブ都市経済論：地域活性化の条件』日本評論社，2010 年)

Fontana, Roberto, Alessandro Nuvolari, Hiroshi Shimizu and Andrea Vezzulli [2013], "Reassessing Patent Propensity: Evidence from a Dataset of R&D Awards, 1977-2004," *Research Policy*, 42 (10), 1780-1792.

Fossen, Frank M. [2011], "The Private Equity Premium Puzzle Revisited: New Evidence on the Role of Heterogeneous Risk Attitudes," *Economica*, 78 (312), 656-675.

Fowler, James H. and Nicholas A. Christakis [2008], "Dynamic Spread of Happiness in a Large Social Network: Longitudinal Analysis over 20 Years in the Framingham Heart Study," *BMJ*, 337.

Franco, April Mitchell and Darren Filson [2006], "Spin-Outs: Knowledge Diffusion through Employee Mobility," *The RAND Journal of Economics*, 37 (4), 841-860.

Fritsch, Michael and Alexandra Schroeter [2011], "Why Does the Effect of New Business Formation Differ across Regions?" *Small Business Economics*, 36 (4), 383-400.

Gans, Joshua S., David H. Hsu and Scott Stern [2002], "When Does Start-Up Innovation Spur the Gale of Creative Destruction?" *The RAND Journal of Economics*, 33 (4), 571-586.

____ [2008], "The Impact of Uncertain Intellectual Property Rights on the Market for Ideas: Evidence from Patent Grant Delays," *Management Science*, 54 (5), 982-997.

Gans, Joshua S. and Lars Persson [2013], "Entrepreneurial Commercialization Choices and the Interaction between IPR and Competition Policy," *Industrial and Corporate Change*, 22 (1), 131-151.

Gartner, William B. [1985], "A Conceptual Framework for Describing the Phenomenon of New Venture Creation," *The Academy of Management Review*, 10 (4), 696-706.

____ [1989], "'Who Is an Entrepreneur?' Is the Wrong Question," *Entrepreneurship Theory and Practice*, 13 (4), 47-68.

Gaston, Robert J. and Sharon E. Bell [1988], *Informal Supply of Capital*, U.S. Small Business Administration, Office of Advocacy.

Gaw, Kevin F. [2000], "Reverse Culture Shock in Students Returning from Overseas," *International Journal of Intercultural Relations*, 24 (1), 83-104.

George Jennifer M. and Jing Zhou [2007], "Dual Tuning in a Supportive Context: Joint Contributions of Positive Mood, Negative Mood, and Supervisory Behaviors to Employee Creativity," *Academy of Management Journal*, 50 (3), 605-622.

Geroski, Paul and Steve Machin [1992], "Do Innovating Firms Outperform Non-Innovators?" *Business Strategy Review*, 3 (2), 79-90.

Ghosh, Shikhar and Ramana Nanda [2010], "Venture Capital Investment in the Clean Energy Sector," Harvard Business School Working Paper, 11-020.

Giddens, Anthony [1993], *New Rules of Sociological Method: A Positive Critique of Interpretative Sociologies* (2nd ed.), Stanford University Press. (松尾精文・藤井達也・小幡正敏訳『社会学の新しい方法規準：理解社会学の共感的批判』而立書房，2000 年)

Gompers, Paul A. [1996], "Grandstanding in the Venture Capital Industry," *Journal of*

Financial Economics, 42 (1), 133-156.

Gompers, Paul A., Anna Kovner and Josh Lerner [2009], "Specialization and Success: Evidence from Venture Capital," *Journal of Economics and Management Strategy*, 18 (3), 817-844.

Gompers, Paul A. and Josh Lerner [1999], "What Drives Venture Capital Fundraising?" National Bureau of Economic Research Working Paper, 6906.

Gopinath, Gita, Şebnem Kalemli-Özcan, Loukas Karabarbounis and Carolina Villegas-Sanchez [2017], "Capital Allocation and Productivity in South Europe," *The Quarterly Journal of Economics*, 132 (4), 1915-1967.

Gordon, Robert J. [2012], "Is U. S. Economic Growth Over? Faltering Innovation Confronts the Six Headwinds," National Bureau of Economic Research Working Paper, 18315.

Gourio, François, Todd Messer and Michael Siemer [2016], "Firm Entry and Macroeconomic Dynamics: A State-Level Analysis," *The American Economic Review*, 106 (5), 214-218.

Granovetter, Mark S. [1973], "The Strength of Weak Ties," *American Journal of Sociology*, 78 (6), 1360-1380.

Grimaldi, Rosa, Martin Kenney, Donald S. Siegel and Mike Wright [2011], "30 Years after Bayh–Dole: Reassessing Academic Entrepreneurship," *Research Policy*, 40 (8), 1045-1057.

Gropp, Reint, John Karl Scholz and Michelle J. White [1997], "Personal Bankruptcy and Credit Supply and Demand," *The Quarterly Journal of Economics*, 112 (1), 217-251.

Guiso, Luigi, Paola Sapienza and Luigi Zingales [2003], "People's Opium? Religion and Economic Attitudes," *Journal of Monetary Economics*, 50 (1), 225-282.

Guler, Isin [2007], "Throwing Good Money after Bad? Political and Institutional Influences on Sequential Decision Making in the Venture Capital Industry," *Administrative Science Quarterly*, 52 (2), 248-285.

Gupta, Vishal K., Alice M. Wieland and Daniel B. Turban [2019], "Gender Characterizations in Entrepreneurship: A Multi-Level Investigation of Sex-Role Stereotypes About High-Growth, Commercial, and Social Entrepreneurs," *Journal of Small Business Management*, 57 (1), 131-153.

Hadlock, Charles J. and Joshua R. Pierce [2010], "New Evidence on Measuring Financial Constraints: Moving Beyond the Kz Index," *The Review of Financial Studies*, 23 (5), 1909-1940.

Hall, Bronwyn H. and Josh Lerner [2010], "The Financing of R&D and Innovation," in B.H. Hall and N. Rosenberg (eds.), *Handbook of the Economics of Innovation,* Elsevier, 609-639.

Haltiwanger, John, Ron S. Jarmin and Javier Miranda [2013], "Who Creates Jobs? Small Versus Large Versus Young," *The Review of Economics and Statistics*, 95 (2), 347-361.

Hamilton, Barton H. [2000], "Does Entrepreneurship Pay? An Empirical Analysis of the Returns to Self – Employment," *Journal of Political Economy*, 108 (3), 604-631.

Hardymon, G. Felda, Josh Lerner and Ann Leamon [2004], "Best Practices: Decision Making among Venture Capital Firms," *Harvard Business School Background Note,* 804-

176.

Hart, Oliver [1989], "An Economist's Perspective on the Theory of the Firm," *Columbia Law Review*, 89 (7), 1757-1774.

Hayton, James C., Gerard George and Shaker A. Zahra [2002], "National Culture and Entrepreneurship: A Review of Behavioral Research," *Entrepreneurship Theory and Practice*, 26 (4), 33-52.

Hegde, Deepak and Justin Tumlinson [2014], "Does Social Proximity Enhance Business Partnerships? Theory and Evidence from Ethnicity's Role in U. S. Venture Capital," *Management Science*, 60 (9), 2355-2380.

Heller, Michael A. and Rebecca S. Eisenberg [1998], "Can Patents Deter Innovation? The Anticommons in Biomedical Research," *Science*, 280 (5364), 698-701.

Hellmann, Thomas and Manju Puri [2000], "The Interaction between Product Market and Financing Strategy: The Role of Venture Capital," *The Review of Financial Studies*, 13 (4), 959-984.

Henderson, Rebecca M., Adam B. Jaffe and Manuel Trajtenberg [1998], "Universities as a Source of Commercial Technology: A Detailed Analysis of University Patenting, 1965-1988," *The Review of Economics and Statistics*, 80 (1), 119-127.

Henley, Andrew [2005], "Job Creation by the Self-Employed: The Roles of Entrepreneurial and Financial Capital," *Small Business Economics*, 25 (2), 175-196.

Hensley, Wayne E. [1977], "Probability, Personality, Age, and Risk Taking," *The Journal of Psychology*, 95 (1), 139-145.

Hermann, Daniel [2017], "Determinants of Financial Loss Aversion: The Influence of Prenatal Androgen Exposure (2D : 4D)," *Personality and Individual Differences*, 117, 273-279.

Highfield, Richard and Robert Smiley [1987], "New Business Starts and Economic Activity: An Empirical Investigation," *International Journal of Industrial Organization*, 5 (1), 51-66.

Hipple, Steven F. [2010], "Self-Employment in the United States," *Monthly Labor Review*, 133 (9), 17-32.

Hirschman, Albert O. [1967], *Development Projects Observed*, Brookings Institution.

Hochberg, Yael, Alexander Ljungqvist and Yang Lu [2007], "Whom You Know Matters: Venture Capital Networks and Investment Performance," *The Journal of Finance*, 62 (1), 251-301.

Hornaday, John A. [1982], "Research About Living Entrepreneurs," in Calvin A. Kent et al. (eds.), *Encyclopedia of Entrepreneurship*, Prentice-Hall.

Hsieh, Chang-Tai and Peter J. Klenow [2009], "Misallocation and Manufacturing TFP in China and India," *The Quarterly Journal of Economics*, 124 (4), 1403-1448.

Hundley, Greg [2000], "Male/Female Earnings Differences in Self-Employment: The Effects of Marriage, Children, and the Household Division of Labor," *Industrial and Labor Relations Review*, 54 (1), 95-114.

Hurst, Erik and Annamaria Lusardi [2004], "Liquidity Constraints, Household Wealth, and

Entrepreneurship," *Journal of Political Economy*, 112 (2), 319-347.

Hyytinen, Ari, Mika Pajarinen and Petri Rouvinen [2015], "Does Innovativeness Reduce Startup Survival Rates?" *Journal of Business Venturing*, 30 (4), 564-581.

Ireland, R. Duane, Christopher R. Reutzel and Justin W. Webb [2005], "Entrepreneurship Research in AMJ: What Has Been Published, and What Might the Future Hold?" *Academy of Management Journal*, 48 (4), 556-564.

Jaffe, Adam B. [2000], "The U. S. Patent System in Transition: Policy Innovation and the Innovation Process," *Research Policy*, 29 (4-5), 531-557.

Jeng, Leslie A. and Philippe C. Wells [2000], "The Determinants of Venture Capital Funding: Evidence across Countries," *Journal of Corporate Finance*, 6 (3), 241-289.

Jennings, Jennifer E. and Candida G. Brush [2013], "Research on Women Entrepreneurs: Challenges to (and from) the Broader Entrepreneurship Literature?" *Academy of Management Annals*, 7 (1), 663-715.

Johnson, Stefanie K. [2008], "I Second That Emotion: Effects of Emotional Contagion and Affect at Work on Leader and Follower Outcomes," *The Leadership Quarterly*, 19 (1), 1-19.

Jordan, Bertland [2008], *L'humanité au Pluriel : la Génétique et la Question des Races*, Éditions du Seuil. (山本敏充監修, 林昌宏訳『人種は存在しない：人種問題と遺伝学』中央公論新社, 2013 年)

Jovanovic, Boyan [1994], "Firm Formation with Heterogeneous Management and Labor Skills," *Small Business Economics*, 6 (3), 185-191.

Kahneman, Daniel [2011], *Thinking, Fast and Slow,* Macmillan.

Kahneman, Daniel and Amos Tversky [1979], "Prospect Theory: An Analysis of Decision under Risk," *Econometrica*, 47 (2), 263-292.

Kanter, Rosabeth [1985], "Supporting Innovation and Venture Development in Established Companies," *Journal of Business Venturing*, 1 (1), 47-60.

Kanter, Rosabeth Moss [1988], "When a Thousand Flowers Bloom: Structural, Collective, and Social Conditions for Innovation in Organizations," *Research in Organizational Behaviour*, 10, 169-211.

Kartashova, Katya [2014], "Private Equity Premium Puzzle Revisited," *The American Economic Review*, 104 (10), 3297-3334.

Kato, Masatoshi, Hiroyuki Okamuro and Yuji Honjo [2015], "Does Founders' Human Capital Matter for Innovation? Evidence from Japanese Start-Ups," *Journal of Small Business Management*, 53 (1), 114-128.

Kato, Masatoshi, Koichiro Onishi and Yuji Honjo [2021], "Does Patenting Always Help New Firm Survival? Understanding Heterogeneity among Exit Routes," *Small Business Economics*, 1-27.

Kato, Masatoshi and Yuji Honjo [2015], "Entrepreneurial Human Capital and the Survival of New Firms in High- and Low-Tech Sectors," *Journal of Evolutionary Economics*, 25 (5), 925-957.

Katz, Jerome A. [2003], "The Chronology and Intellectual Trajectory of American

Entrepreneurship Education: 1876–1999," *Journal of Business Venturing*, 18 (2), 283-300.

Kawaguchi, Daiji and Wenjie Ma [2008], "The Causal Effect of Graduating from a Top University on Promotion: Evidence from the University of Tokyo's 1969 Admission Freeze," *Economics of Education Review*, 27 (2), 184-196.

Kerr, William R., Josh Lerner and Antoinette Schoar [2014], "The Consequences of Entrepreneurial Finance: Evidence from Angel Financings," *The Review of Financial Studies*, 27 (1), 20-55.

Kerr, William R. and Ramana Nanda [2009], "Democratizing Entry: Banking Deregulations, Financing Constraints, and Entrepreneurship," *Journal of Financial Economics*, 94 (1), 124-149.

Kerr, William R., Ramana Nanda and Matthew Rhodes-Kropf [2014], "Entrepreneurship as Experimentation," *Journal of Economic Perspectives*, 28 (3), 25-48.

Kesting, Stefan and Sabina Jaeger [2013], "Female Entrepreneurship," in E.G. Carayannis (ed.), *Encyclopedia of Creativity, Invention, Innovation and Entrepreneurship*, Springer, 717-724.

Keynes, John Maynard [1936], *The General Theory of Employment, Interest and Money*, Macmillan. (塩野谷祐一訳『雇用・利子および貨幣の一般理論』東洋経済新報社，1995年)

Kihlstrom, Richard E. and Jean-Jacques Laffont [1979], "A General Equilibrium Entrepreneurial Theory of Firm Formation Based on Risk Aversion," *Journal of Political Economy*, 87 (4), 719-748.

Kim, Illsoo [1981], *New Urban Immigrants: The Korean Community in New York*, Princeton University Press.

Klapper, Leora, Luc Laeven and Raghuram Rajan [2006], "Entry Regulation as a Barrier to Entrepreneurship," *Journal of Financial Economics*, 82 (3), 591-629.

Knight, Frank H. [1921], *Risk, Uncertainty and Profit*, Houghton Mifflin Company. (桂木隆夫・佐藤方宣・太子堂正称訳『リスク，不確実性，利潤』筑摩書房，2021年)

Kolvereid, Lars and Espen Isaksen [2006], "New Business Start-up and Subsequent Entry into Self-Employment," *Journal of Business Venturing*, 21 (6), 866-885.

Koudstaal, Martin, Randolph Sloof and Mirjam van Praag [2016], "Risk, Uncertainty, and Entrepreneurship: Evidence from a Lab-in-the-Field Experiment," *Management Science*, 62 (10), 2897-2915.

Kramer, Adam D. I., Jamie E. Guillory and Jeffrey T. Hancock [2014], "Experimental Evidence of Massive-Scale Emotional Contagion through Social Networks," *Proceedings of the National Academy of Sciences*, 111 (24), 8788-8790.

Krueger Jr., Norris F. and Alan L. Carsrud [1993], "Entrepreneurial Intentions: Applying the Theory of Planned Behaviour," *Entrepreneurship & Regional Development*, 5 (4), 315-330.

Kuhn, Thomas S. [1962], *The Structure of Scientific Revolutions*, University of Chicago Press. (中山茂訳『科学革命の構造』みすず書房，1971年)

Kupor, Scott [2019], *Secrets of Sand Hill Road: Venture Capital and How to Get It*, Virgin

Books.（庭田よう子訳『VC（ベンチャー・キャピタル）の教科書：VC とうまく付き合いたい起業家たちへ』東洋経済新報社，2020 年）

Kushnirovich, Nonna and Sibylle Heilbrunn [2008], "Financial Funding of Immigrant Businesses," *Journal of Developmental Entrepreneurship*, 13 (2), 167-184.

Lanahan, Lauren and Maryann P. Feldman [2015], "Multilevel Innovation Policy Mix: A Closer Look at State Policies That Augment the Federal SBIR Program," *Research Policy*, 44 (7), 1387-1402.

Langlois, Richard N. [2007], *The Dynamics of Industrial Capitalism: Schumpeter, Chandler, and the New Economy,* Routledge.（谷口和弘訳『消えゆく手：株式会社と資本主義のダイナミクス』慶應義塾大学出版会，2011 年）

Laspita, Stavroula, Nicola Breugst, Stephan Heblich and Holger Patzelt [2012], "Intergenerational Transmission of Entrepreneurial Intentions," *Journal of Business Venturing*, 27 (4), 414-435.

Le Maire, Daniel and Bertel Schjerning [2007], "Earnings, Uncertainty, and the Self-Employment Choice," Copenhagen Business School, Centre for Economic and Business Research, Discussion Paper, 4 (4).

Lerner, Josh [1996], "The Government as Venture Capitalist: The Long-Run Effects of the SBIR Program," National Bureau of Economic Research Working Paper, 5753.

_____ [2000], "The Government as Venture Capitalist: The Long-Run Impact of the SBIR Program," *The Journal of Private Equity*, 3 (2), 55-78.

_____ [2009], *Boulevard of Broken Dreams: Why Public Efforts to Boost Entrepreneurship and Venture Capital Have Failed—and What to Do About It,* Princeton University Press.

_____ [2012], *The Architecture of Innovation: The Economics of Creative Organizations,* Harvard Business Review Press.

Lévesque, Moren and Maria Minniti [2006], "The Effect of Aging on Entrepreneurial Behavior," *Journal of Business Venturing*, 21 (2), 177-194.

Levine, Ross [2005], "Finance and Growth: Theory and Evidence," in Philippe Aghion and Steven N. Durlauf (eds.), *Handbook of Economic Growth*, Vol.1, Part A, Elsevier, 865-934.

Li, Yong and Tailan Chi [2013], "Venture Capitalists' Decision to Withdraw: The Role of Portfolio Configuration from a Real Options Lens," *Strategic Management Journal*, 34 (11), 1351-1366.

Liang, James, Hui Wang and Edward P. Lazear [2018], "Demographics and Entrepreneurship," *Journal of Political Economy*, 126 (S1), S140-S196.

Lin, Pei-Chou and Deng-Shing Huang [2008], "Technological Regimes and Firm Survival: Evidence Across Sectors and Over Time," *Small Business Economics*, 30 (2), 175-186.

Lindh, Thomas and Henry Ohlsson [1996], "Self-Employment and Windfall Gains: Evidence from the Swedish Lottery," *The Economic Journal*, 106 (439), 1515-1526.

Lindquist, Matthew J., Joeri Sol and Mirjam van Praag [2015], "Why Do Entrepreneurial Parents Have Entrepreneurial Children?" *Journal of Labor Economics*, 33 (2), 269-296.

Link, Albert N. and John T. Scott [2010], "Government as Entrepreneur: Evaluating the

Commercialization Success of SBIR Projects," *Research Policy*, 39 (5), 589-601.

Lipset, Seymour Martin [2000], "Values and Entrepreneurship in the Americas," in R. Swedberg (ed.), *Entrepreneurship: The Social Science View*, Oxford University Press, 110-128.

Livesay, Harold C. [1979], *American Made: Men Who Shaped the American Economy*, Little, Brown.

Lööf, Hans and Almas Heshmati [2006], "On the Relationship between Innovation and Performance: A Sensitivity Analysis," *Economics of Innovation and New Technology*, 15 (4-5), 317-344.

Low, Murray B. [2001], "The Adolescence of Entrepreneurship Research: Specification of Purpose," *Entrepreneurship Theory and Practice*, 25 (4), 17-26.

Low, Murray B. and Ian C. MacMillan [1988], "Entrepreneurship: Past Research and Future Chllenges," *Journal of Management*, 14 (2), 139-161.

Lowe, Robert A. and Arvids A. Ziedonis [2006], "Overoptimism and the Performance of Entrepreneurial Firms," *Management Science*, 52 (2), 173-186.

Lucas Jr., Robert E. [1978], "On the Size Distribution of Business Firms," *The Bell Journal of Economics*, 9 (2), 508-523.

Lumpkin, George Thomas and Gregory G. Dess [1996], "Clarifying the Entrepreneurial Orientation Construct and Linking It to Performance," *The Academy of Management Review*, 21 (1), 135-172.

_____ [2001], "Linking Two Dimensions of Entrepreneurial Orientation to Firm Performance: The Moderating Role of Environment and Industry Life Cycle," *Journal of Business Venturing*, 16 (5), 429-451.

_____ [2015], "Entrepreneurial Orientation," in Michael Morris and Don Kuratko (eds.), *Wiley encyclopedia of management*, Vol.3: *Entrepreneurship*, John Wiley & Sons.

MacMillan, Ian C. [1987], "New Business Development: A Challenge for Transformational Leadership," *Human Resource Management*, 26 (4), 439-454.

MacMillan, Ian, Robin Siegel and P. N. Subba Narasimha [1985], "Criteria Used by Venture Capitalists to Evaluate Business Plans," *Journal of Business Venturing*, 1 (1), 108-119.

Mahieu, Jeroen, Francesca Melillo and Peter Thompson [2022], "The Long-Term Consequences of Entrepreneurship: Earnings Trajectories of Former Entrepreneurs," *Strategic Management Journal*, 43 (2), 213-236.

Mahieu, Jeroen, Francesca Melillo, Toke Reichstein and Peter Thompson [2021], "Shooting Stars? Uncertainty in Hiring Entrepreneurs," *Strategic Entrepreneurship Journal*, 15 (4): 526-567.

Malmendier, Ulrike and Geoffrey Tate [2005], "CEO Overconfidence and Corporate Investment," *The Journal of Finance*, 60 (6), 2661-2700.

Manigart, Sophie, Katleen Baeyens and Wim van Hyfte [2002], "The Survival of Venture Capital Backed Companies," *Venture Capital: An International Journal of Entrepreneurial Finance*, 4 (2), 103-124.

Manning, John T. [2002], *Digit Ratio: A Pointer to Fertility, Behavior, and Health*, Rutgers University Press.

Manso, Gustavo [2011], "Motivating Innovation," *The Journal of Finance*, 66 (5), 1823-1860.

＿＿ [2016], "Experimentation and the Returns to Entrepreneurship," *The Review of Financial Studies*, 29 (9), 2319-2340.

Martin, Ben R. [2012], "Are Universities and University Research under Threat? Towards an Evolutionary Model of University Speciation," *Cambridge Journal of Economics*, 36 (3), 543-565.

Martin, Bruce C., Jeffrey J. McNally and Michael J. Kay [2013], "Examining the Formation of Human Capital in Entrepreneurship: A Meta-Analysis of Entrepreneurship Education Outcomes," *Journal of Business Venturing*, 28 (2), 211-224.

Mathews, Charles H. and Steven B. Moser [1995], "Family Background and Gender: Implications for Interest in Small Firm Ownership," *Entrepreneurship & Regional Development*, 7 (4), 365-378.

Mazzoleni, Roberto and Richard R. Nelson [1998], "The Benefits and Costs of Strong Patent Protection: A Contribution to the Current Debate," *Research Policy*, 27 (3), 273-284.

Mazzucato, Mariana [2015], *The Entrepreneurial State: Debunking Public vs. Private Sector Myths,* PublicAffairs.（大村昭人訳『企業家としての国家：イノベーション力で官は民に劣るという神話』薬事日報社，2015 年）

McClelland, David. C. [1961], *The Achieving Society,* Free Press.（林保監訳『達成動機：企業と経済発展におよぼす影響』産業能率短期大学出版部，1971 年）

McKenzie, David and Christopher Woodruff [2014], "What Are We Learning from Business Training and Entrepreneurship Evaluations around the Developing World?" *The World Bank Research Observer*, 29 (1), 48-82.

Menzies, Teresa V., Monica Diochon, Yvon Gasse and Susan Elgie [2006], "A Longitudinal Study of the Characteristics, Business Creation Process and Outcome Differences of Canadian Female vs. Male Nascent Entrepreneurs," *The International Entrepreneurship and Management Journal*, 2 (4), 441-453.

Merton, Robert K. [1949], *Social Theory and Social Structure: Toward the Codification of Theory and Research,* Free Press.（森東吾・森好夫・金沢実・中島竜太郎訳『社会理論と社会構造』みすず書房，1961 年）

Millán, José María, Emilio Congregado, Concepción Román, Mirjam van Praag and André van Stel [2014], "The Value of an Educated Population for an Individual's Entrepreneurship Success," *Journal of Business Venturing*, 29 (5), 612-632.

Morrison, Toni [2017], *The Origin of Others,* Harvard University Press.（荒このみ訳『「他者」の起源：ノーベル賞作家のハーバード連続講演録』集英社，2019 年）

Moskowitz,Tobias J. and Annette Vissing-Jørgensen [2002], "The Returns to Entrepreneurial Investment: A Private Equity Premium Puzzle?" *The American Economic Review*, 92 (4), 745-778.

Mowery, David C. and Bhaven N. Sampat [2001], "University Patents and Patent Policy

Debates in the USA, 1925-1980," *Industrial and Corporate Change*, 10 (3), 781-814.

Murayama, Kota, Makoto Nirei and Hiroshi Shimizu [2015], "Management of Science, Serendipity, and Research Performance: Evidence from a Survey of Scientists in Japan and the U. S.," *Research Policy*, 44 (4), 862-873.

Mustar, Philippe, Marie Renault, Massimo G. Colombo, Evila Piva, Margarida Fontes, Andy Lockett, Mike Wright, Bart Clarysse and Nathalie Moray [2006], "Conceptualising the Heterogeneity of Research-Based Spin-Offs: A Multi-Dimensional Taxonomy," *Research Policy*, 35 (2), 289-308.

Nanda, Ramana and Matthew Rhodes-Kropf [2013], "Investment Cycles and Startup Innovation," *Journal of Financial Economics*, 110 (2), 403-418.

_____ [2017], "Financing Risk and Innovation," *Management Science*, 63 (4), 901-918.

Nelson, Richard R. [1959], "The Simple Economics of Basic Scientific Research," *Journal of Political Economy*, 67 (3), 297-306.

Neyse, Levent, Ferdinand M. Vieider, Patrick Ring, Catharina Probst, Christian Kaernbach, Thilo van Eimeren and Ulrich Schmidt [2020], "Risk Attitudes and Digit Ratio (2D:4D): Evidence from Prospect Theory," *Journal of Risk and Uncertainty*, 60 (1), 29-51.

Nielsen, François [1985], "Toward a Theory of Ethnic Solidarity in Modern Societies," *American Sociological Review*, 50 (2), 133-149.

Nucci, Alfred R. [1999], "The Demography of Business Closings," *Small Business Economics*, 12 (1), 25-39.

Odean, Terrance [1998], "Are Investors Reluctant to Realize Their Losses?" *The Journal of Finance*, 53 (5), 1775-1798.

Oe, Akitsu and Hitoshi Mitsuhashi [2013], "Founders' Experiences for Startups' Fast Break-Even," *Journal of Business Research*, 66 (11), 2193-2201.

Ouimet, Paige and Rebecca Zarutskie [2014], "Who Works for Startups? The Relation between Firm Age, Employee Age, and Growth," *Journal of Financial Economics*, 112 (3), 386-407.

Paré, Sylvie and Kelogue Therasme [2010], "Entrepreneurs in the New Economy: Immigration and Sex Effects in the Montreal Metropolitan Area," *Journal of International Entrepreneurship*, 8 (2), 218-232.

Penrose, Edith Tilton [1980], *The Theory of the Growth of the Firm,* M. E. Sharpe.

Petersen, Mitchell A. and Raghuram G. Rajan [1994], "The Benefits of Lending Relationships: Evidence from Small Business Data," *The Journal of Finance*, 49 (1), 3-37.

Phillips, Damon J. [2002], "A Genealogical Approach to Organizational Life Chances: The Parent-Progeny Transfer among Silicon Valley Law Firms, 1946-1996," *Administrative Science Quarterly*, 47 (3), 474-506.

Piketty, Thomas and Arthur Goldhammer. [2014], *Capital in the Twenty-First Century,* The Belknap Press of Harvard University Press. (山形浩生・守岡桜・森本正史訳『21世紀の資本』みすず書房, 2014年)

Pinchot, Gifford [1985], *Intrapreneuring: Why You don't Have to Leave the Corporation to*

Become an Entrepreneur, Harper & Row（清水紀彦訳『企業内起業家』講談社，1989 年）

Pinillos, María-José and Luisa Reyes [2011], "Relationship between Individualist–Collectivist Culture and Entrepreneurial Activity: Evidence from Global Entrepreneurship Monitor Data," *Small Business Economics,* 37 (1), 23-37.

Polanyi, Karl [1944], *The Great Transformation,* Farrar & Rinehart inc.

Porter, M. Theodore [1995], *Trust in Numbers: The Pursuit of Objectivity in Science and Public Life.* Princeton University Press.（藤垣裕子訳『数値と客観性：科学と社会における信頼の獲得』みすず書房，2013 年）

Porter, Michael E. [1980], *Competitive Strategy: Techniques for Analyzing Industries and Competitors,* Free Press.（土岐坤・中辻萬治・服部照夫訳『競争の戦略』ダイヤモンド社，1995 年）

Portes, Alejandro and Leif Jensen [1989], "The Enclave and the Entrants: Patterns of Ethnic Enterprise in Miami before and after Mariel," *American Sociological Review,* 54 (6), 929-949.

Poschke, Markus [2013], "Who Becomes an Entrepreneur? Labor Market Prospects and Occupational Choice," *Journal of Economic Dynamics and Control,* 37 (3), 693-710.

Praag, C. Mirjam van, and Hans van Ophem [1995], "Determinants of Willingness and Opportunity to Start as an Entrepreneur." *Kyklos,* 48 (4), 513-540.

Prahalad, Coimbatore Krishna [2005], *The Fortune at the Bottom of the Pyramid,* Wharton School Pub.（スカイライトコンサルティング訳『ネクスト・マーケット：「貧困層」を「顧客」に変える次世代ビジネス戦略』英治出版，2005 年）

Puri, Manju and Rebecca Zarutskie [2012], "On the Life Cycle Dynamics of Venture-Capital- and Non-Venture-Capital-Financed Firms," *The Journal of Finance,* 67 (6), 2247-2293.

Quadrini, Vincenzo [2000], "Entrepreneurship, Saving, and Social Mobility," *Review of Economic Dynamics,* 3 (1), 1-40.

Raz, Ornit and Peter A. Gloor [2007], "Size Really Matters—New Insights for Start-Ups' Survival," *Management Science,* 53 (2), 169-177.

Read, Stuart, Saras Sarasvathy, Nick Dew and Robert Wiltbank [2016], *Effectual Entrepreneurship* (2nd ed.), Routledge.（寺澤朝子・弘中史子訳『エフェクチュアル・アントレプレナーシップ：創業——すでにここにある未来』ナカニシヤ出版，2018 年）

Rees, Hedley and Anup Shah [1986], "An Empirical Analysis of Self-Employment in the U.K," *Journal of Applied Econometrics,* 1 (1), 95-108.

Reid, Gavin C. and Julia A. Smith [2000], "What Makes a New Business Start-up Successful?" *Small Business Economics,* 14 (3), 165-182.

Reynolds, Paul Davidson [2007], *Entrepreneurship in the United States: The Future Is Now,* Springer.

Reynolds Paul D., Nancy M. Carter, William B. Gartner and Patricia G. Greene [2004], "The Prevalence of Nascent Entrepreneurs in the United States: Evidence from the Panel Study of Entrepreneurial Dynamics," *Small Business Economics,* 23 (4), 263-284.

Reynolds, Paul D. and Sammis B. White [1997], *The Entrepreneurial Process: Economic*

Growth, Men, Women, and Minorities, Quorum Books.

Richardson, G. B. [1972], "The Organisation of Industry," *The Economic Journal,* 82 (327), 883-896.

Ries, Eric [2011], *The Lean Startup: How Today's Entrepreneurs Use Continuous Innovation to Create Radically Successful Businesses,* Crown Business.（井口耕二訳『リーン・スタートアップ：ムダのない起業プロセスでイノベーションを生みだす』日経 BP 社，2012年）

Robb, Alicia M. and David T. Robinson [2014], "The Capital Structure Decisions of New Firms," *The Review of Financial Studies,* 27 (1), 153-179.

Roberts, Edward B. [1991], *Entrepreneurs in High Technology: Lessons from MIT and Beyond,* Oxford University Press.

Rocha, Vera and Mirjam van Praag [2020], "Mind the Gap: The Role of Gender in Entrepreneurial Career Choice and Social Influence by Founders," *Strategic Management Journal,* 41 (5), 841-866.

Romer, Paul M. [1990], "Endogenous Technological Change," *Journal of Political Economy,* 98 (5, Part2), S71-S102.

Rosen, Sherwin [1981], "The Economics of Superstars," *The American Economic Review,* 71 (5), 845-858.

Rosenberg, Nathan [1976], "The Direction and Technological Change: Inducement Mechanisms and Focusing Devices," in N. Rosenberg (ed.), *Perspectives on Technology,* Cambridge University Press,

Rosenbusch, Nina, Jan Brinckmann and Andreas Bausch [2011], "Is Innovation Always Beneficial? A Meta-Analysis of the Relationship between Innovation and Performance in SMEs," *Journal of Business Venturing,* 26 (4), 441-457.

Rotter, Julian B. [1966], "Generalized Expectancies for Internal versus External Control of Reinforcement," *Psychological Monographs: General and Applied,* 80 (1), 1-28.

Roy, Andrew Donald [1951], "Some Thoughts on the Distribution of Earnings," *Oxford Economic Papers,* 3 (2), 135-146.

Ryan, Michelle K. and S. Alexander Haslam [2005], "The Glass Cliff: Evidence That Women Are over-Represented in Precarious Leadership Positions," *British Journal of Management,* 16 (2), 81-90.

Sahlman, William A. [1990], "The Structure and Governance of Venture-Capital Organizations," *Journal of Financial Economics,* 27 (2), 473-521.

Salter, Ammon J. and Ben R. Martin [2001], "The Economic Benefits of Publicly Funded Basic Research: A Critical Review," *Research Policy,* 30 (3), 509-532.

Samuelsson, Mikael and Per Davidsson [2009], "Does Venture Opportunity Variation Matter? Investigating Systematic Process Differences between Innovative and Imitative New Ventures," *Small Business Economics,* 33 (2), 229-255.

Sarasvathy, Saras D. [2009], *Effectuation: Elements of Entrepreneurial Expertise,* Edward Elgar Publishing.（高瀬進・吉田満梨訳『エフェクチュエーション：市場創造の実効理

論』碩学舎，2015 年)

Saxenian, AnnaLee [1990a], "The Origins and Dynamics of Production Networks in Silicon Valley," *Research Policy*, 20 (5), 423-437.

—— [1990b], "Regional Networks and the Resurgence of Silicon Valley," *California Management Review*, 33 (1), 89-112.

—— [1994], *Regional Advantage: Culture and Competition in Silicon Valley and Route 128*, Harvard University Press. (山形浩生・柏木亮二訳『現代の二都物語：なぜシリコンバレーは復活し，ボストン・ルート 128 は沈んだか』日経 BP 社，2009 年)

Schein, Edgar H. [1990], *Career Anchors: Discovering Your Real Values*, University Associates. (金井壽宏訳『キャリア・アンカー：自分のほんとうの価値を発見しよう』白桃書房，2003 年)

Schumpeter, Joseph Alois and Redvers Opie [1934], *The Theory of Economic Development: An Inquiry into Profits, Capital, Credit, Interest, and the Business Cycle*, Harvard University Press. (八木紀一郎・荒木詳二訳『シュンペーター経済発展の理論（初版）』日経 BP 日本経済新聞出版本部，2020 年)

Schumpeter, Joseph Alois [1942], *Capitalism, Socialism, and Democracy*, Harper. (大野一訳『資本主義，社会主義，民主主義』日経 BP 社，2016 年)

Scotchmer, Suzanne [2004], *Innovation and Incentives,* MIT Press. (安藤至大訳『知財創出：イノベーションとインセンティブ』日本評論社，2008 年)

Sexton, Donald L., Hans Landström and Nova Southeastern University, School of Business and Entrepreneurship (eds.) [2000], *The Blackwell Handbook of Entrepreneurship,* Blackwell Business.

Shane, Scott A. [2004], *Academic Entrepreneurship: University Spinoffs and Wealth Creation*, Edward Elgar Publishing. (金井一頼・渡辺孝監訳，『大学発ベンチャー：新事業創出と発展のプロセス』中央経済社，2005 年)

—— [2005], *Finding Fertile Ground: Identifying Extraordinary Opportunities for New Ventures,* Pearson Education. (スカイライトコンサルティング株式会社訳『プロフェッショナル・アントレプレナー：成長するビジネスチャンスの探求と事業の創造』英治出版，2005 年)

—— [2008a], *Fool's Gold?: The Truth Behind Angel Investing in America,* Oxford University Press.

—— [2008b], *The Illusions of Entrepreneurship: The Costly Myths that Entrepreneurs, Investors, and Policy Makers Live By,* Yale University Press. (谷口功一・中野剛志・柴山桂太訳『「起業」という幻想：アメリカン・ドリームの現実』白水社，2017 年)

—— [2012], "The Importance of Angel Investing in Financing the Growth of Entrepreneurial Ventures," *The Quarterly Journal of Finance*, 02 (02), 1250009.

Shane, Scott and S. Venkataraman [2000], "The Promise of Entrepreneurship as a Field of Research," *The Academy of Management Review*, 25 (1), 217-226.

—— [2001], "Entrepreneurship as a Field of Research: A Response to Zahra and Dess, Singh, and Erikson," *The Academy of Management Review*, 26 (1), 13-16.

Shane, Scott and Toby Stuart [2002], "Organizational Endowments and the Performance of University Start-Ups," *Management Science*, 48 (1), 154-170.

Shapero, Albert and Lisa Sokol [1982], "The Social Dimensions of Entrepreneurship," University of Illinois at Urbana-Champaign's Academy for Entrepreneurial Leadership Historical Research Reference in Entrepreneurship, Avairable at SSRN: https://ssrn.com/abstract=1497759.

Shapiro, Carl [2000], "Navigating the Patent Thicket: Cross Licenses, Patent Pools, and Standard Setting," *Innovation Policy and the Economy*, 1, 119-150.

Shimizu, Hiroshi [2019], *General Purpose Technology, Spin-Out, and Innovation: Technological Development of Laser Diodes in the United States and Japan,* Springer.

Siegel, Donald S., David A. Waldman, Leanne E. Atwater and Albert N. Link [2003], "Commercial Knowledge Transfers from Universities to Firms: Improving the Effectiveness of University-Industry Collaboration," *The Journal of High Technology Management Research*, 14 (1), 111-133.

＿＿ [2004], "Toward a Model of the Effective Transfer of Scientific Knowledge from Academicians to Practitioners: Qualitative Evidence from the Commercialization of University Technologies," *Journal of Engineering and Technology Management*, 21 (1-2), 115-142.

Siegel, Donald S. and Mike Wright [2015], "Academic Entrepreneurship: Time for a Rethink?" *British Journal of Management*, 26 (4), 582-595.

Slaughter, Sheila and Gary Rhoades [2004], *Academic Capitalism and the New Economy: Markets, State, and Higher Education,* Johns Hopkins University Press. （阿曽沼明裕ほか訳『アカデミック・キャピタリズムとニュー・エコノミー：市場，国家，高等教育』法政大学出版局，2012 年）

Slaughter, Sheila and Larry L. Leslie [1997], *Academic Capitalism: Politics, Policies, and the Entrepreneurial University,* Johns Hopkins University Press.

Slevin, Dennis P. and Jeffrey G. Covin [1990], "Juggling Entrepreneurial Style and Organizational Structurebou: How to get Your Act Together," *Sloan Management Review,* 31 (2), 43.

Smith, Adam [2010], *The Theory of Moral Sentiments*, Penguin Books. （村井章子・北川知子訳『道徳感情論』日経 BP 社，2014 年）

Smith, Richard L. and Janet Kiholm Smith [2004], *Entrepreneurial Finance* (2nd ed.), Wiley. （山本一彦総監訳，岸本光永・忽那憲治監訳，コーポレート・キャピタル・コンサルティング訳『MBA 最新テキスト　アントレプレナー・ファイナンス：ベンチャー企業の価値評価とディール・ストラクチャー』中央経済社，2004 年）

Sobel, Russell S., Nabamita Dutta and Sanjukta Roy [2010], "Does Cultural Diversity Increase The Rate of Entrepreneurship?" *The Review of Austrian Economics*, 23 (3), 269-286.

Sørensen, Jesper B. [2007], "Closure and Exposure: Mechanisms in the Intergenerational Transmission of Self-Employment," in M. Ruef and M. Lounsbury (eds.), *The Sociology of*

Entrepreneurship. Emerald Group Publishing Limited.

Sørensen, Morten [2007], "How Smart Is Smart Money? A Two-Sided Matching Model of Venture Capital," *The Journal of Finance*, 62 (6), 2725-2762.

Sorenson, Olav and Pino G. Audia [2000], "The Social Structure of Entrepreneurial Activity: Geographic Concentration of Footwear Production in the United States, 1940-1989," *American Journal of Sociology*, 106 (2), 424-462.

Stafford, Kathryn, Karen A. Duncan, Sharon Dane and Mary Winter [1999], "A Research Model of Sustainable Family Businesses," *Family Business Review*, 12 (3), 197-208.

Staw, Barry M. [1981], "The Escalation of Commitment to a Course of Action," *The Academy of Management Review*, 6 (4), 577-587.

Stenstrom, Eric, Gad Saad, Marcelo V. Nepomuceno and Zack Mendenhall [2011], "Testosterone and Domain-Specific Risk: Digit Ratios (2D : 4D and rel2) as Predictors of Recreational, Financial, and Social Risk-Taking Behaviors," *Personality and Individual Differences*, 51 (4), 412-416.

Stephan, Ute [2018], "Entrepreneurs' Mental Health and Well-Being: A Review and Research Agenda," *Academy of Management Perspectives*, 32 (3), 290-322.

Sternberg, Rolf and Sander Wennekers [2005], "Determinants and Effects of New Business Creation Using Global Entrepreneurship Monitor Data," *Small Business Economics*, 24 (3), 193-203.

Stevenson, Howard H. and Carlos J. Jarillo [1990], "A Paradigm of Entrepreneurship: Entrepreneurial Management," *Strategic Management Journal*, 11 (Special Issue: Corporate Entrepreneurship), 17-27.

Swedberg, Richard [2000], "The Social Science View of Entrepreneurship: Introduction and Practical Applications," in R. Swedberg (ed.), *Entrepreneurship: The Social Science View*, Oxford University Press, 7-44.

Sy, Thomas, Jin Nam Choi and Stefanie K. Johnson [2013], "Reciprocal Interactions between Group Perceptions of Leader Charisma and Group Mood through Mood Contagion," *The Leadership Quarterly*, 24 (4), 463-476.

Sy, Thomas, Stéphane Côté and Richard Saavedra [2005], "The Contagious Leader: Impact of the Leader's Mood on the Mood of Group Members, Group Affective Tone, and Group Processes," *Journal of Applied Psychology*, 90 (2), 295-305.

Szkudlarek, Betina [2010], "Reentry—A Review of the Literature," *International Journal of Intercultural Relations*, 34 (1), 1-21.

Tavassoli, Sam and Nunzia Carbonara [2014], "The Role of Knowledge Variety and Intensity for Regional Innovation," *Small Business Economics*, 43 (2), 493-509.

Taylor, Mark P. [1996], "Earnings, Independence or Unemployment: Why Become Self-Employed?" *Oxford Bulletin of Economics and Statistics*, 58 (2), 253-266.

Teece, David J. [1986], "Profiting from Technological Innovation: Implications for Integration, Collaboration, Licensing and Public Policy," *Research Policy*, 15 (6), 285-305.

Toole, Andrew A. and Dirk Czarnitzki [2010], "Commercializing Science: Is There a

University 'Brain Drain' from Academic Entrepreneurship?" *Management Science*, 56 (9), 1599-1614.

Torpey, Elka and Brian Roberts [2018], *Small-business Options: Occupational Outlook for Self-employed Workers*, May, U. S. Bureau of Labor Statistics, Career Outlook.

Totterdell, P. [2000], "Catching Moods and Hitting Runs: Mood Linkage and Subjective Performance in Professional Sport Teams," *Journal of Applied Psychology*, 85 (6), 848-859.

Tushman, Michael L. and Philip Anderson [1986], "Technological Discontinuities and Organizational Environments," *Administrative Science Quarterly*, 31 (3), 439-465.

Unger, Jens M., Andreas Rauch, Michael Frese and Nina Rosenbusch [2011], "Human Capital and Entrepreneurial Success: A Meta-Analytical Review," *Journal of Business Venturing*, 26 (3), 341-358.

van der Sluis, Justin, Mirjam van Praag and Wim Vijverberg [2008], "Education and Entrepreneurship Selection and Performance: A Review of the Empirical Literature," *Journal of Economic Surveys*, 22 (5), 795-841.

van Gelderen, Marco, Roy Thurik and Niels Bosma [2005], "Success and Risk Factors in the Pre-Startup Phase," *Small Business Economics*, 24 (4), 365-380.

van Praag, C. Mirjam [2003], "Business Survival and Success of Young Small Business Owners," *Small Business Economics*, 21 (1), 1-17.

van Praag, C. Mirjam and Hans Van Ophem [1995], "Determinants of Willingness and Opportunity to Start as an Entrepreneur," *Kyklos*, 48 (4), 513-540.

van Stel, André, David J. Storey and A. Roy Thurik [2007], "The Effect of Business Regulations on Nascent and Young Business Entrepreneurship," *Small Business Economics*, 28 (2-3), 171-186.

Verheul, Ingrid, Martin Carree and Roy Thurik [2009], "Allocation and Productivity of Time in New Ventures of Female and Male Entrepreneurs," *Small Business Economics*, 33 (3), 273-291.

Volery, Thierry [2007], "Ethnic Entrepreneurship: A Theoretical Framework," in Léo-Paul Dana (ed.), *Handbook of Research on Ethnic Minority Entrepreneurship: A Co-evolutionary View on Resource Management,* Edward Elgar, 30-41.

Vroom, Victor H. and Bernd Pahl [1971], "Relationship between Age and Risk Taking among Managers," *Journal of Applied Psychology*, 55 (5), 399-405.

Wadhwa, Vivek, AnnaLee Saxenian, Ben A. Rissing and Gary Gereffi [2007], "America's New Immigrant Entrepreneurs: Part I," Duke Science, Technology & Innovation Paper, 23.

Wadhwa, Vivek, Krisztina Holly, Raj Aggarwal and Alex Salkever [2009], "Anatomy of an Entrepreneur: Family Background and Motivation," Kauffman Foundation Small Research Projects Research, Available at SSRN: https://ssrn.com/abstract=1431263.

Wagner, Stefan and Iain Cockburn [2010], "Patents and the Survival of Internet-Related IPOs," *Research Policy*, 39 (2), 214-228.

Wallsten, Scott J. [2000], "The Effects of Government-Industry R&D Programs on Private R&D: The Case of the Small Business Innovation Research Program," *The RAND Journal of Economics*, 31 (1), 82-100.

Walsh, John P., Wesley M. Cohen and Charlene Cho [2007], "Where Excludability Matters: Material versus Intellectual Property in Academic Biomedical Research," *Research Policy*, 36 (8), 1184-1203.

Wasserman, Noam [2012], *The Founder's Dilemmas: Anticipating and Avoiding the Pitfalls That Can Sink a Startup,* Princeton University Press. (小川育男訳『起業家はどこで選択を誤るのか：スタートアップが必ず陥る 9 つのジレンマ』英治出版，2014 年)

Weber, Max [1930], *The Protestant Ethic and the Spirit of Capitalism,* Charles Scribner's Sons. (中山元訳『プロテスタンティズムの倫理と資本主義の精神』日経 BP 社，2010 年)

Weick, Karl E. [1979], *The Social Psychology of Organizing* (2nd ed.), McGraw-Hill Inc. (遠田雄志訳『組織化の社会心理学』文眞堂，1997 年)

Wennekers, Sander, André van Wennekers, Roy Thurik and Paul Reynolds [2005], "Nascent Entrepreneurship and the Level of Economic Development," *Small Business Economics*, 24 (3), 293-309.

Wennekers, Sander and Roy Thurik [1999], "Linking Entrepreneurship and Economic Growth," *Small Business Economics*, 13 (1), 27-56.

Werner, F. M. De Bondt and Richard H. Thaler [1990], "Do Security Analysts Overreact?" *The American Economic Review*, 80 (2), 52-57.

Westover, Tara [2018], *Educated: A Memoir,* Random House. (村井理子訳『エデュケーション：大学は私の人生を変えた』早川書房，2020 年)

Wiener, Martin J. [1981], *English Culture and the Decline of the Industrial Spirit, 1850-1980,* Cambridge University Press. (原剛訳『英国産業精神の衰退：文化史的接近』勁草書房，1984 年)

Wiklund, Johan and Dean Shepherd [2003], "Knowledge-Based Resources, Entrepreneurial Orientation, and the Performance of Small and Medium-Sized Businesses," *Strategic Management Journal*, 24 (13), 1307-1314.

＿＿ [2005], "Entrepreneurial Orientation and Small Business Performance: A Configurational Approach," *Journal of Business Venturing*, 20 (1), 71-91.

Wilson, Kenneth L. and Alejandro Portes [1980], "Immigrant Enclaves: An Analysis of the Labor Market Experiences of Cubans in Miami," *American Journal of Sociology*, 86 (2), 295-319.

Yamaguchi, Shotaro, Ryuji Nitta, Yasushi Hara and Hiroshi Shimizu [2018], "Staying Young at Heart or Wisdom of Age: Longitudinal Analysis of Age and Performance in US and Japanese Firms," IIR Working Paper, WP#18-41.

＿＿ [2021], "Who Explores Further? Evidence on R&D Outsourcing from the Survey of Research and Development," *R&D Management*, 51 (1), 114-126.

Yasuda, Takehiko [2005], "Firm Growth, Size, Age and Behavior in Japanese Manufacturing," *Small Business Economics*, 24 (1), 1-15.

Yunus, Muhammad [2007], *Banker to the Poor: Micro-Lending and the Battle against World*

Poverty, PublicAffairs.

Zahra, Shaker and Gregory G. Dess [2001], "Entrepreneurship as a Field of Research: Encouraging Dialogue and Debate," *The Academy of Management Review*, 26 (1), 8-10.

Zahra, Shaker A. and Gerard George [2002], "Absorptive Capacity: A Review, Reconceptualization, and Extension," *The Academy of Management Review*, 27 (2), 185-203.

Zhang, Jing, Poh Kam Wong and Yuen Ping Ho [2016], "Ethnic Enclave and Entrepreneurial Financing: Asian Venture Capitalists in Silicon Valley," *Strategic Entrepreneurship Journal*, 10 (3), 318-335.

Zhang, Ting and Zoltan Acs [2018], "Age and Entrepreneurship: Nuances from Entrepreneur Types and Generation Effects," *Small Business Economics*, 51 (4), 773-809.

Zucker, Lynne G. and Michael R. Darby [2001], "Capturing Technological Opportunity Via Japan's Star Scientists: Evidence from Japanese Firms' Biotech Patents and Products," *The Journal of Technology Transfer*, 26 (1-2), 37-58.

Zucker, Lynne G., Michael R. Darby and Jeff S. Armstrong [1998], "Geographically Localized Knowledge: Spillovers or Markets?" *Economic Inquiry*, 36 (1), 65-86.

邦文文献

上山隆大 [2010], 『アカデミック・キャピタリズムを超えて：アメリカの大学と科学研究の現在』NTT 出版。

江島由裕 [2018], 『小さな会社の大きな力：逆境を成長に変える企業家的志向性 (EO)』中央経済社。

尾田基 [2019], 「新事業の社会的正当化における無料提供の効果：グーグル・ストリートビューを事例として」『組織科学』52 (3), 57-68。

加藤雅俊 [2022], 『スタートアップの経済学：新しい企業の誕生と成長プロセスを学ぶ』有斐閣。

苅谷剛彦 [2002], 『知的複眼思考法：誰でも持っている創造力のスイッチ』講談社。

カンティヨン, 戸田正雄訳 [1943], 『商業論』日本評論社。

忽那憲治・長谷川博和・高橋徳行・五十嵐伸吾・山田仁一郎 [2013], 『アントレプレナーシップ入門：ベンチャーの創造を学ぶ』有斐閣。

後藤晃・小田切宏之編 [2003], 『サイエンス型産業』(植草益総編集『日本の産業システム③』) NTT 出版。

標葉隆馬 [2020], 『責任ある科学技術ガバナンス概論』ナカニシヤ出版。

渋沢栄一・道添進編訳 [2017], 『論語と算盤：モラルと起業家精神』日本能率協会マネジメントセンター。

清水洋 [2010], 「日本の科学技術：研究開発の効率性と資源配分」『一橋ビジネスレビュー』58 (2), 58-72.

清水洋 [2016], 『ジェネラル・パーパス・テクノロジーのイノベーション：半導体レーザーの技術進化の日米比較』有斐閣。

清水洋 [2019], 『野生化するイノベーション：日本経済「失われた20年」を超える』新

潮社。

清水洋・野間幹晴［2017］,「イノベーションとアントレプレナーシップ」一橋大学イノベーション研究センター編『イノベーション・マネジメント入門』（第2版）日本経済新聞社。

ジョルダン，ベルトラン　山本敏充監修・林昌宏訳［2013］,『人種は存在しない：人種問題と遺伝学』中央公論新社。

新藤晴臣［2015］,『アントレプレナーの戦略論：事業コンセプトの創造と展開』中央経済社。

武石彰・青島矢一・軽部大［2012］,『イノベーションの理由：資源動員の創造的正当化』有斐閣。

谷口諒［2017］,「シンボルを用いた資源獲得の成功による資源配分の失敗：『バイオマス・ニッポン総合戦略』の事例」『組織科学』50（4）,66-81。

西口敏宏・辻田素子［2016］,『コミュニティー・キャピタル：中国・温州企業家ネットワークの繁栄と限界』有斐閣。

新田隆司［近刊］,「組織移動から始まるオープン・イノベーション：離職者との共同研究開発を通じた知の『探索』と『活用』」『組織科学』。

沼上幹［2003］,『組織戦略の考え方：企業経営の健全性のために』筑摩書房。

沼上幹［2004］,『組織デザイン』日本経済新聞社。

福嶋路［2013］,『ハイテク・クラスターの形成とローカル・イニシアティブ：テキサス州オースティンの奇跡はなぜ起こったのか』東北大学出版会。

堀新一郎・琴坂将広・井上大智［2020］,『Startup：優れた起業家は何を考え，どう行動したか』ニューズピックス。

牧兼充［2022］,『イノベーターのためのサイエンスとテクノロジーの経営学』東洋経済新報社。

森川正之［2015］,「経済成長政策の定量的効果について：既存研究に基づく概観」RIETI Policy Discussion Paper Series, 15-P-001。

安本雅典・真鍋誠司［2017］,『オープン化戦略：境界を越えるイノベーション』有斐閣。

山田幸三・江島由裕編著［2017］,『1からのアントレプレナーシップ』碩学舎。

山田仁一郎［2015］,『大学発ベンチャーの組織化と出口戦略』中央経済社。

米倉誠一郎［1998］,「企業家および企業家能力：研究動向と今後の指針（特集 現代経済と企業システム）」『社会科学研究』50（1）,29-42。

米倉誠一郎［1999］,『経営革命の構造』岩波書店。

米倉誠一郎・清水洋［2015］,『オープン・イノベーションのマネジメント：高い経営成果を生む仕組みづくり』有斐閣。

渡辺周［2017］,「強い監視による看過の増幅：コミットメント・エスカレーションに役員が与える影響」『組織科学』50（4）,54-65。

あとがき

　本書のまえがきでもふれたように，アントレプレナーシップは社会科学の知識のフロンティアの１つです。まだまだわかっていない点がたくさんあります。それでも，少しずつ明らかになってきたメカニズムもあります。本書を読んだだけでアントレプレナーシップが高まったりすることはないのですが，それでもアントレプレナーシップを高めたり，その社会的な影響を考えたりするための材料はそろってきつつあります。アントレプレナーシップやイノベーションは一般的な関心も高い領域であり，そこではキャッチーなバズワードも次々と生み出されます。流行りのバズワードに惑わされることなく，本書が基本的なメカニズムから考える上での手伝いになれば幸いです。

　最後に，お世話になった方々へのお礼を述べさせていただきたいと思います。まず，ずいぶん遅れてしまった原稿を（きっと，いやもしかしたら）温かく待っていてくれた有斐閣の藤田裕子さんに感謝を申し上げます。いつもありがとうございます。

　本書は私にとっては初めての単著での教科書でした。テキストを書くことがこれほど大変だとは知りませんでした。本書を書くにあたって，いろいろな領域の教科書を手にとってみたのですが，優れたテキストはそれまでのものとは異なるポイントがあることを知りました。既存の教科書をなぞり，事例などを新しくすることはそれほど難しくありません。しかし，それでは知識の境界は広がりません。本書がどこまで境界を広げられたかはわかりませんが，既存のテキストとは異なるポイントはあるはずです。読みやすく，なおかつ知識の境界を広げるテキストをこれまでに書いてきてくださった方々，本当にありがとうございます。

　本書は私の学生時代の先生方や就職してからの同僚，学会での研究仲間などから大きな影響を受けています。恵まれた研究コミュニティで仕事をさせていただいています。本当にありがとうございます。

　一橋大学の大学院生の新田隆司さん，早稲田大学の大学院生の趙夢茹さん，

坂井貴之さん，学部ゼミ生の皆さんには丁寧に原稿を読んでいただきました。秘書の遠藤幸子さんには，とても研究しやすい環境をつくっていただいています。ありがとうございます。妻の靖子と娘の希実にはいつも「ちょっとまってね」と言ってばかりです。待っていてくれるときには，美味しそうなものを食べている気がしますが（私の分はほぼ残されていません），いつも支えてくれてありがとう。

　本書でこれまで見てきたように，アントレプレナーシップの学術的な定義は少しずつイノベーションから離れていっています。それでも，アントレプレナーシップの先には，イノベーションがあります。だからこそ，大切なのです。イノベーションは創造的破壊といわれています。創造的な側面もあるのですが，同時に既存のモノゴトやスキルを破壊する側面もあります。そのため，再分配やスキルのアップデートの機会が大切です。しかし，誰にも同じようにその機会が与えられているわけではありません。恵まれない環境におかれた子どもたちの支援のために，本書の印税をすべて寄付したいと思います。

　　2022 年 4 月

清 水　洋

索 引

事項索引

人名索引

♣ 著者紹介

清水 洋（しみず・ひろし）

現在，早稲田大学商学学術院教授

1973 年，神奈川県生まれ。1997 年，中央大学商学部卒業。1999 年，一橋大学大学院商学研究科修士。2002 年，ノースウェスタン大学大学院歴史学研究科修士。2007 年，ロンドン・スクール・オブ・エコノミクスより Ph.D（経済史）。アイントホーヘン工科大学ポストドクトラル・フェロー，一橋大学大学院商学研究科・イノベーション研究センター専任講師・准教授・同教授を経て，2019 年より現職。

【主な著作】

『ジェネラル・パーパス・テクノロジーのイノベーション：半導体レーザーの技術進化の日米比較』有斐閣，2016 年（組織学会高宮賞，日経・経済図書文化賞受賞）。英訳版 *General Purpose Technology, Spin-Out, and Innovation: Technological Development of Laser Diodes in the United States and Japan*, Springer, 2019（シュンペーター賞受賞）。『イノベーション・マネジメント入門　第 2 版』（共編著）日本経済新聞出版社，2017 年。『野生化するイノベーション：日本経済「失われた 20 年」を超える』新潮社，2019 年。『イノベーション』有斐閣，2022 年（近刊）。論文は，*Research Policy, R&D Management, Journal of Evolutionary Economics, Business History Review* などに多数。

アントレプレナーシップ
Entrepreneurship: From Basics to Frontiers

2022 年 7 月 30 日 初版第 1 刷発行

著 者	清 水 　 洋
発 行 者	江 草 貞 治
発 行 所	株式会社 有 斐 閣

郵便番号 101-0051
東京都千代田区神田神保町 2-17
http://www.yuhikaku.co.jp/

印刷・萩原印刷株式会社／製本・大口製本印刷株式会社

ISBN 978-4-641-16598-4